孩子的行为，

是对父母的行为做出的回应。

父母和孩子之间不断地互动的过程及其结果，

就是教育。

父母 挑战

[美]鲁道夫·德雷克斯—著　玉冰—译

THE CHALLENGE
OF
PARENTHOOD

时代文艺出版社
SHIDAI WENYI CHUBANSHE

图书在版编目（CIP）数据

父母：挑战／（美）鲁道夫·德雷克斯著；玉冰译．
-- 长春：时代文艺出版社，2023.1
ISBN 978-7-5387-7111-4

Ⅰ.①父… Ⅱ.①鲁…②玉… Ⅲ.①家庭教育 – 教育心理学 – 通俗读物 Ⅳ.① G780-49

中国国家版本馆 CIP 数据核字 (2023) 第 002541 号

父母　挑战

FUMU　TIAOZHAN

[美] 鲁道夫·德雷克斯　著　　玉冰　译

出 品 人：吴　刚
责任编辑：杜佳钰
监　　制：黄　利　万　夏
特约编辑：张久越　胡　杨
营销支持：曹莉丽
装帧设计：紫图装帧

出版发行：时代文艺出版社
地　　址：长春市福祉大路5788号　龙腾国际大厦A座15层　（130118）
电　　话：0431-81629751（总编办）　　0431-81629758（发行部）
官方微博：weibo.com / tlapress
开　　本：787mm×1092mm　1 / 32
字　　数：270千字
印　　张：13.75
印　　刷：艺堂印刷（天津）有限公司
版　　次：2023年1月第1版
印　　次：2023年1月第1次印刷
定　　价：79.90元

图书如有印装错误　请寄回印厂调换

引 言

Introduction

亲爱的父母朋友们：

    我们常常探讨孩子们给父母造成的问题。你是否意识到，我们真正关心的正是你这样的父母？为人父母是你需要面对的挑战；而你作为孩子的父母，也是我们需要面对的挑战。我这样说，首先是出于我作为一名精神科医生的职责。家长们总是要求我"治好他们的孩子"，每当此时对我而言都是极大的考验。在与他们的交谈中，我总是被两种情绪剧烈地拉扯着，既为他们所遭受的不幸和痛苦深表同情，又因他们对待孩子的不当行为愤慨不已。这本书是献给你的，也许会让你明白我和许多精神科医生共同的矛盾心理。有些精神病学家会走向两个不同的极端：一个极端是怒斥宠溺子女的母亲，她们宠坏了整整一代人，造成孩子无法适应社会生活；另一个极端则是对父母的深切同情，认为他们当中的大多数，尤其是做母亲的，都是需要心理治疗的情绪疾病患者。想要在这两种极端之间找到恰当的平衡点，这并不容易。虽然我会尽力以合适的方式表达我的想法，但万一我有无法用合适的表达方式而触怒你们的地方，还请你们务必原谅。父母们要理解，写一本书，远比我面对面地指导一位病患更难。若是当面会谈，一旦我的话伤到了对方的感情，我立即就能觉察到犯了错误，并即刻加以纠正。可是，当你阅读这本书时，我却无法看到你，因此若有什么地方令你不悦，我无法向你道歉。我只能在这本书的开篇，郑重地向你保证，我绝对不愿意伤害你的感情。最关键的是，假如你因读了这本书而感到气馁，我宁愿你没有阅读它，因为气馁不能产生任何有益的帮助。

不幸的是，没有作者能保证读者一定会从书中汲取作者最想要表达的意蕴。我想要传达给你一些信息和鼓励，因为我知道在抚养孩子的艰巨工作中最需要的就是这些。然而，这本书只能等着你去阅读它，从中寻找你愿意吸收和消化的内容。乐观的读者很容易从本书中找到支持他保持乐观的依据。可是，一些悲观而气馁的家长却可能从中找到印证他悲观念头的合理性，这背离了我的初衷。为此，我只能恳求你在阅读本书时注意你的情绪反应。

但是，你——我这里所说的"你"指的一直是各位父母们——还不仅仅是我们这些精神科医生需要面对的问题。你也是整个社会所面临的最大问题，因为你所处的位置，比任何其他公民群体都更具有重要的战略意义，决定着我们国家的发展方向。你是连接过去和未来的纽带。在社会进步缓慢、社会群体都相对稳定、每代人之间变化甚微的年代里，父母们的任务相对简单一些。他们只是把从父母那里学到的东西传递给孩子。可是，今天的我们却处在人类社会的一个关键时期。社会环境、道德观、价值观和日常生活方式都在迅速发生着变化。作为孩子的父母，你一只脚仍站在过去，另一只脚却已经步入未来，难怪你会在自己不知道缘由的痛苦中感到被拉扯。在与孩子的日常相处中，你不断体验到深陷困境带来的痛苦。但你可能不知道的是，你每天经历的磨砺和苦难对我们当前的社会文化及其剧变具有非常重要的意义。如今的父母很容易陷入挫败之中。父母最大的愿望就是让孩子快乐，让孩子为成功而美好的明天做好准备。然而，父母却不知道给孩子造成了多少伤害，父母对他们的压制远远多于对他们的引导。

让我说得更具体一点儿。我们眼下正发生着具有划时代意义的重大社会变革和文化变革。它标志着延续五六千年的文化时期即将结束，预示着人类即将进入一个新时代。我们把这个新时代称之为"原子时代"。的确，原子能的发现和利用，必将加速我们整个社会组织和社会文化的发展，加速新的生活方式的变革。但是，新时代的特征及其最基本的元素，似乎都与"民主"这一新概念相关联。

从人类文明的开始，我们的祖先就一直在追求以民主为基础的和谐社会生活的理想，但梦想从未成真。只有到了今天，我们才终于看见这一理想即将得以实现的曙光。民主的基本理念是从根本上承认全人类的社会平等。一旦达到这个阶段，就会呈现全新的社会环境。

你也许会问："这一切与为人父母所遇到的问题有什么关系呢？"实际上，父母们之所以会面临眼下的困境，正是因为他们陷入了我们正经历的、过渡性文化时期所特有的混乱中。所有的人际关系之间都表现出同样的困惑。我们希望生活在和平与和谐之中，可是我们的努力却一再惨遭失败。我们不断摸索，尝试了种种方式，结果却没有解决问题，而是制造出更多的矛盾。这些困惑与矛盾，在国内和国际关系之中同样非常明显。不同的民族之间、种族之间、信仰之间、劳资双方之间、男女之间、两代人之间，乃至父母与儿女之间的关系，都面临同样的困惑和矛盾。你与你的孩子之间的问题，和美国与俄罗斯之间、白人与有色人种之间、劳资双方之间、男人与女人之间、管理者与劳工之间的问题，都非常相似。只要出现一方害怕无法控制另一方的情形，那就一定会陷入相似的困局。全世界都会面临这样令人困惑的问题，我们所犯下的错误也是一样的。

养育孩子是社会生活的一部分。因为人们对于该如何共同生活茫然无知，作为父母，恰如同你不知该如何跟工作中的同事相处、不知该如何跟社会上的其他人相处一样，你也不知该怎么跟孩子相处。教育孩子的正确方式，可能与对待其他任何人的正确方式是一样的；训练孩子的方法，与你处理与任何其他人之间冲突的方法也是一样的。

你无疑已经意识到，民主是唯一令人满意的生活方式。你不喜欢别人的专制，不愿意受他人摆布，相信家里的孩子也拥有他们的权利。但是，身为父亲或母亲，你是怎么做的呢？我见过许多声称属于自由派的人，在家中却是名副其实的独裁者，所有家人和孩子都必须对他言听计从。你教育孩子的方式，很可能仍延续了祖先从数百年前流传下来的传统，都是以奖励和惩罚为基础的。你完全没有意识到，这么做意味着把孩子看作一个不讲道理、没有头脑、不可信任、低等卑微的小家伙，若是没有奖励和惩罚，孩子必定不会听话，而这正是大多数父母所遵循的教导方式。虽然这种方式以前是行得通的，可是在当今社会注定行不通了。过去是皇帝和国王以强权掌控着天下，将自己的子民视为无知而无能的奴隶。如今，我们已经推翻了霸权；我们都已经知道，只要给人以自主，任何人都能管理好自己。我们今天追求的是民主。

这本书将有助于你了解如何在家中建立民主，如何帮助你的孩子为将来进入民主社会做好准备，学会如何在无人支配或胁迫的情况下承担责任。许多父母可能都尝试过给予孩子自由和自我表达的权利，但是，由于父母们没有被自己的父母这样对待过，所以也无从知晓该怎样在自由的氛围下教导孩子，于是父母往往以为给孩子自由就等于允许孩子散漫不羁、恣意放纵、不讲秩序、不守规矩。可是，这样的做法当然违背了社会生活的基本要求，父母也必然会遭遇失败。一旦父母发现"给孩子自由"的教育方式会失败之后，他们又会恢复熟悉的权威的、严厉和逼迫的老方法。我们当代的大多数家长都是如此，在放纵孩子和压制孩子之间来回摇摆，因此给孩子带来了破坏性的影响。可是，我们却不能因此而责怪孩子的父母，毕竟从没有人教过他们到底该怎么做，他们本身就是这些混乱与冲突的受害者。我们必须把教育问题视作当前最重要的问题之一，而我们这些教育工作者、心理学家和精神病学家必须履行自身的职责，通过指导和咨询来帮助我们的每个家庭，否则今天的问题和挑战很可能会成为明天的威胁。

近年来，精神病学进入教育和培训孩子的领域。在此之前，这个领域一直完全局限在宗教导师、教育家和哲学家的范围内。正是他们这些人研究并建立了伦理原则和教育法则。精神科医生在治疗成年人的情绪失调和人格障碍时，意识到问题是出在教育方面。他们发现，童年经历所造成的伤害以及不恰当的训练方式，是造成成年后生活痛苦的根源。他们注意到，在患者恼人行为的背后，隐藏着心理上的内在因素和动机。他们还发现，儿童和成年人在面对外界影响时会产生内在的反应。通过精神病学的研究、调查与分析，我们如今已经了解孩子在接受所谓"正常"训练方式时的感受，明白他们的成长经历和不当行为之间的因果关系。过去，精神病学的主要关注对象是精神病和神经错乱，以致后来人们普遍对精神病学产生了偏见，精神病学家们迄今仍需不断地与公众的这种偏见做斗争。虽然如此，如今的精神科医生却可以帮助父母了解你的孩子。我们建议的儿童训练方式，是根据我们观察到的正常儿童的心理反应总结出来的。我们关心的，并不是孩子的不当行为中涉及的道德问题；我们要谈论的也不是伦理学和教育哲学。在这里我们关注的，只是孩子为何会有不当行为，以及他们心里的想法是什么。我们愿意把研究成果告诉父母，也许，我们还能帮父母了解自己在面对孩子行为时的反应，以及行为背后的原因。

从这个角度而言，希望父母能接受这本书，这是给新时代父母的工具书，希望能帮助你了解你的孩子，了解为人父母之道。孩子的教育和培训在今天是一项非常艰巨的任务，更是一门艺术。如果不刻意努力掌握这门艺术所需的工具，父母或许会很难完成这项任务。

最好是在孩子出生之前，父母就已经阅读过此类书籍。我希望在不久的将来，高中会采用类似的书籍作为课本，让青少年能懂得如何理解幼儿，如何与幼儿相处。我由衷地希望，今后这类知识能成为生活常识的一部分，成为公民普及教育中的必修科目，其重要性不亚于我们每个人都必须掌握的读写算知识。

当然，这本书是专门为那些已经陷入痛苦的亲子关系中的父母而写。在与孩子相处的过程中，父母们难免会犯错，尤其是在当今所处的时代，孩子的成长过程难免会出现问题。不过，无论你与孩子之间的关系面临多少困难，无论你与孩子之间的冲突是灾难性的还是无足轻重的，你都有机会改进亲子关系。重新审视你对待孩子的方式和态度，这永远都不晚，永远都会有所帮助。可以肯定的是，你的孩子不可能像天使般完美，但你在任何时候都可以成为比以前更完美的家长。希望这本书能给你带来帮助。

您最忠诚的

医学博士

鲁道夫·德雷克斯

Chapter

2　孩子面临的处境

Chapter

3　有效的方式

A. 维持秩序　063

D. 家庭会议　112

4　最常见的育儿错误

Chapter

5　具体的教育措施

6　理解孩子

Chapter

行为模式：消极—破坏性

B. 权力之争

Chapter

7　指导与再调整

Chapter

1

父母
面临的
处境

父母的行为，

不仅影响着现有家庭的亲子关系，

而且影响着孩子未来的整个人生。

"成为一个父亲容易，难的是做一个父亲。[1]"要为孩子提供充分的照顾和支持，是一份巨大的责任，而在你看来，孩子一些不必要的、令人费解的行为，更给你平添了无数烦恼。孩子可以是带给我们快乐的源泉，大多数父母也确实非常喜爱自己的孩子，至少有时如此。然而，孩子也给你带来很多的烦恼、痛苦、悲伤、困惑和恼怒。鉴于全国各地乃至整个文明世界都存在同样的摩擦和冲突，我们不能不思考背后是否隐藏着共同的根本原因。

父母往往因为自己深陷其中而看不清造成如此困扰的原因，于是只能把问题归咎于其他理由，比如经济上的困难，或者是孩子的性格问题，或是其他家人的责任——丈夫怪罪妻子，妻子怪罪丈夫，进而怪罪丈夫的家人或者妻子的家人。很少有人意识到，在养育孩子的种种问题中，父母自己才是造成问题的关键。

想要了解常见的亲子关系，我们首先需要对父母常犯的错误有一个清晰的认识。如果不能透彻地理解其中可能涉及的问题，我们就不可能做出真正明智的行动。只有认识到过去做过

1　这句话是威廉·布施（Wilhelm Busch）的名言，他是19世纪德国著名画家。

的错事、持有的错误心态，我们才有可能采取积极的、有建设性的改进措施。知道"什么是不该做的"，这对明确"什么是应该做的"非常重要。

在养育过程中遭遇过困境的人，必定都能理解父母所面临的艰难处境。为人父母确实是一份艰难的工作，要经历无数的磨砺。看着父母不断地碰壁，他们想要达到的目标和得到的实际结果之间的差距如此之大，他们对此的茫然无助，这实在令人非常痛心。绝大多数父母都真诚地渴望自己能成为好父母，他们尽自己最大的努力，想要把孩子培养成快乐的、有所成就的人。父母的行为，不仅影响着现有家庭的亲子关系，而且影响着孩子未来的整个人生。父母怎么对待孩子，无疑是孩子成长过程中最重要的一个因素。

父母不要给孩子过度的爱

毫无疑问，父母都爱孩子。孩子是父母生命的一部分，是这个地球上最亲近的一个小生命。他能否茁壮成长，取决于父母的爱。

人人都认为，父母之爱是人世间最深厚、最美好的情感。既然如此，这种情感怎么可能造成如此多的不幸与痛楚呢？往往正是因为爱，人们才会陷入深深的痛苦之中；往往正是因为爱，人们内心才有了沉重的负担。

父母与孩子之间的爱，通常被认为是最纯粹的爱，与复杂的爱毫无关联。母爱的本质是对孩子的同情、理解和无私奉献。然而，正因为这份对孩子的爱，母亲们承受了多少痛苦和焦虑！她们的孩子又因此承受了多少的不幸与痛苦！

孩子需要从母爱中汲取力量和推动力，才能促进他个性的健康发展。没有任何生命像新生儿这般需要母爱的滋养。孩子出生后第一次的哺乳和照料，便需要母亲全身心地投入。然而，过多的母爱又会压抑孩子，他的成长会被过度的爱阻碍，甚至是破坏。这听起来自相矛盾。难道善意与美好不应该多多益善吗？我们必须意识到，很多被人们称之为"爱"的情感，其实名不副实。因为日常生活中的艰难挣扎、生存本身的岌岌可危，使得人们形成了不少错误的观念和心态，进而丧失了真正去爱的能力。对有些人来说，爱的唯一目的就是占有；爱最大的特点是恐惧；爱的真正意图是索取；爱的过程无疑充满嫉妒。这种以自我为中心的、不肯承担责任的爱，在乎的只是自己是"付出"爱的人，以及自己的愿望和需求。他认为他之所以受苦都是因为自己在付出爱。

真正爱孩子的母亲，会更重视孩子的需要而不是自己的欲望。但是，有些父母在控制欲和自私心的驱使下，却无视孩子的真正需要。他们会打扰孩子的睡眠，把他当作自己的杰作向别人炫耀，把他打扮成一个专供成年人寻开心的"玩偶"。他们的"爱"驱使着他们在不恰当的时候哄逗孩子，在不恰当的时候给他不必要的拥抱和亲吻。他们甚至否认孩子对定时哺乳的需要，因为他们的"爱"使得他们不忍心听到孩子哭泣。为了他们的"爱",他们把孩子当作小祖宗一般对待,迎合他一切稀奇古怪的要求,常常把孩子养成家里的"小皇帝"。为了得到孩子全部的爱,他们经常隔绝他与外部的接触,阻止他与小朋友和小玩伴进行正常的交往。如此"有爱"的父母把孩子变成了自己的玩具或奴隶。在这样的环境下,孩子往往朝着以下两个方向发展:要么他完全适应不了正常的社会生活,陷入令他绝望和纠结的无尽痛苦中;要么他会最终痛恨这个"金色的牢笼",成为一个叛逆而执拗的人。

然而,即便是纯洁无私的爱,也隐藏着陷阱。爱是有偏见的,这份偏见会阻碍孩子的客观判断。爱也是盲目的,这是它的特权,但是,教育却不能享有这样的特权。如果父母爱一个孩子,往往会忽视他的错误,这最终将导致无可挽回的结果。父母也可能会高估自己的孩子,从而促使他产生错误的自我认知。因此,父母对孩子的爱常常会使亲子之间的关系变得复杂。像任何其他形式的爱一样,父母的爱很容易导致孩子对父母的依赖;或者反之,父母还可能沦为孩子手中随时可用的工具,而不是成为他的引导者和老师。

父母的焦虑,会投射给孩子

当对孩子的爱与焦虑交织在一起时,事情会变得更糟糕。遭遇挫折的人,往往容易放大人性的脆弱和外部世界的敌意。在孩子成为父母之后,他们的后代会使他们更加焦虑。毕竟,在所有的生物当中，婴儿无疑是最无助的。

过度担心孩子的安危是一种人格缺陷。如果父母在面对生活时感到信心不足，就很可能也对自己孩子面对生活的能力缺乏信心。反之，父母越自信，就越是对自己的孩子有信心，相信他有足够的能力和办法去面对生活。

造成父母焦虑的原因有很多。其中之一往往是我们上文提及的自私的爱。那些以自我为中心的心态来爱孩子的父母，通常是胆小怕事、容易气馁的人，他们总是过于担心自己的安危。对他们来说，每时每刻都潜藏着危险因素，而他们不愿面对任何风险。还有些父母依附于自己的孩子，若是失去孩子，那对他们中的任何人来说都是致命的打击。幸运的是，并非所有家长都把失去孩子的偶然性当作一切养育工作的核心与根基，否则这样的心态必将严重阻碍孩子的正常发展和成长。

父母强烈的责任感，往往会进一步加重焦虑程度。父母也许害怕自己会忽视了为人父母的重大职责，因此孩子的每个小过失都会被无限放大，仿佛孩子的未来注定会受到影响。对真正有效的育儿常识知道得越少，这种"责任感"给父母造成的心理负担就越沉重。

正如父母的爱可能会使他们高估孩子的优点，对孩子未来的焦虑同样会放大他的缺点。这两种相反的心态可以同时投射在孩子身上，其结果便是在某一时刻，你觉得孩子是完美的；下一刻你又觉得他一无是处、前途无望。

 父母不要将自己的期望强加在孩子身上

如果你是这种既高估又担忧孩子的父母，那么你很可能是一个对孩子期望太高的人，希望孩子能替你实现未曾实现的愿望。这种让孩子替你实现愿望的念头，只会加深你既为他骄傲又对他不满这两种情绪之间的冲突。因为，父母的期望过高，往往会超出孩子能够企及的高度。

父母应该对孩子抱有什么样的期望呢？有人可能认为，只要孩子能成长为一个有用且快乐的人，父母就该感到心满意足。然而不幸的是，许多父母的表现是，好像生孩子就是为了让孩子去实现他们未竟的人生理想，为他们去获得迟到的荣誉、幸福和满足。有些父母甚至雄心勃勃地期盼孩子将来能成为有权有势的大人物。如果父亲因为没有多少文化而吃尽苦头，他们也许会希望自己的孩子能成为一名学者。如果他们一生都不得不辛勤劳作，也许会下定决心要让自己的孩子过上轻松快乐的日子。若是他们深恨自己曾遭受过别人的轻视和诽谤，也许会教导孩子将来如何为他们报仇雪恨。假如父母是个对爱情深深失望的人，那么有可能通过对孩子的爱来填补自己心中的失落和遗憾。一个认为自己被男人遗弃的女人，很可能会把儿子看作是属于她的男人，一个她永远不可能失去、也永远不可能背弃她的男人。

所有这些不同的欲望和期望，使孩子变成父母相互争夺的棋子，尤其在父母意见不一致的情况下。孩子被不同的力量拉

扯，最终他只能令父母双方都感到失望。总之，父母对孩子的诸多期望的最终结果，大多数情况下都是失望而非满意。孩子必须主导自己的生活。他的个人追求和抱负，往往与父母对他的期望完全不同。

对孩子提出合理的要求

　　父母对孩子的要求，往往超出了应有的合理范围。如果我们希望他能成长为一个有用的人，他就必须能适应需要循规蹈矩的生活方式，学会符合社会规范的思考及行为模式，能适应环境，愿意承担责任。他还必须培养出社会交往所必需的各种得体举止。这些要求无疑都是正确且恰当的。然而，父母的要求并不会仅限于此。

　　也许父母要求孩子表现完美，却很少反思自己是否做出了示范，成为孩子的榜样。也许父母会认为，要多提出一些要求，这样孩子至少能做到一部分，可结果注定事与愿违，因为这样的方法只会让孩子习惯于无视你的所有要求。父母可能要求孩子要绝对诚实，可是你自己就从来没有过谎言和欺骗吗？要求孩子绝对不能偷懒，你自己是否做到勤勤恳恳，无人指责了？要求孩子必须无条件地服从，不许顶嘴，你自己就是这般毫无疑问地服从命令吗？双重标准是行不通的，孩子和父母都是同样的人。

　　另一方面，父母想要得到安宁和享受时，难免会纵容自己。

父母对孩子的很多要求，其实更多地是为了自己的舒适，而不是为了有益于孩子的成长。在这种情况下，孩子的正当要求往往被忽视。当父母想要休息时，孩子必须保持安静，这固然没错，但是若不想让他休息时，他就必须乖乖地放弃休息的权利，这种态度根本就是无视孩子成长的需要。

👦 父母错误的心态和动机，会导致亲子冲突

我们前面谈论了不少为人父母的错误心态，包括自私的爱、霸道的爱、对孩子的极度焦虑、不相信孩子自身的能力、对孩子不合理的期望、不合理的要求，等等。父母这些不正确的心态，将会引发亲子之间无数的痛苦斗争。亲子冲突和两性冲突都是我们这个时代典型的表现。性格的不同、眼界的差异，不足以解释父母和孩子之间为何不能好好合作。这种频繁的矛盾冲突的背后，必定存在着更深层次的原因。一般来说，权力之争往往是引发利益冲突的一个重要因素。

如今我们都能感受到来自各方面的威胁。个人的经济状况越发地不稳定，未来的社会地位和政治影响力也是如此。因此，一个人更容易感到自身的个人价值备受威胁，更痛苦地意识到在满是危险和屈辱的世界中，自己是多么地渺小，多么渴望得到庇护和保障。正因为如此，他的爱才会这样自私，总是沉浸在焦虑和紧张中，满心防备，时时期盼着能有人成为他的退路。这就是为何他总是千方百计地寻找能让他感到自尊的办法。有

什么能比从自己孩子身上寻求这种感觉更自然的呢？他至少能让自己凌驾于孩子之上。只可惜他完全想错了。孩子固然是年幼、弱小、依赖父母的，但是任何与孩子斗智斗勇的成年人很快就会发现，在与长辈的较量中，孩子绝不会是甘拜下风的一方，因为他根本就不考虑后果，在战术选择上完全无所顾忌，毫不留情。更何况，孩子的头脑通常比成年人更敏捷、更狡猾、更有创造力。孩子虽然不知道自己潜意识里的意图，却知道在无尽的可能性中百般探索，运用各种各样的战术与父母周旋。父母越是陷入这场亲子之争中，越会在孩子面前破坏自己的权威；父母越是陷入不利的处境，越是想要竭力维护自己的优越地位以及身为父母的脸面。可他们不知道这么做是在给自己设置障碍，只会是无效的管教。他们仍然使用着早已不起作用的一整套管教方法，毕竟这套方法在他们看来似乎有利于维护他们的优越感。以前，这套方法的确在某种程度上能维持父母表面的权威，但是在当今的社会条件下，随着人与人关系的日益平等，使用这种旧方法只是徒劳之举。

目前，父母因错误的心态和错误的动机，导致与孩子发生亲子冲突的现象愈演愈烈。父母的地位，不论是在家里还是在外面，比以往任何时候都更加岌岌可危。然而，更重要的是，如今小型家庭的普遍化，致使这种不利状况进一步加剧，做父母的自然更觉恐惧和焦虑。他们的感情往往集中在一两个孩子身上，若是家中只有一个孩子，那么孩子更是需要承受父母所有的期望和要求。在过去，父母的爱和希望通常会分散在多个孩子身上。当然，其中的某一个，通常是最年长的或最年幼的孩子，往往会承载父母更多的感情和期望。在这样有多个孩子的大家庭中，一般来说父母和孩子之间的问题并不会对某个孩子产生过于强烈的影响，反而是孩子彼此之间的相互影响更多，而父母则必须把他们的注意力分散到每个孩子身上。

我们当然知道，冲突并非局限于家庭内部，在商界和大众行为中，冲突问题也同样明显。老一辈人害怕年轻人惹祸，年轻人则觉得自己总是被轻视。双方之间的争论、猜疑、虚荣、忌恨交织在一起，在两代人之间形成一道道深沟。其结果便是老一辈保守主义想要压住年轻人的活力，而年轻一代则希望将绊脚石般的老家伙踢开。实际上，年轻一代的热情和老一辈人的谨慎完全可以结合，为整个社会提供更好的服务。然而，在现实中，一个人一旦不再年轻，很快就会被推到一边。我们很难说这样的代沟冲突究竟是从家庭内部向外部社会蔓延开的，还是从外部社会渗透到家庭内部的。这样的渗透与蔓延，应该是同时双向并行的。人类已经普遍深陷挫败感中，原有的相互合作的基本精神已经消失，取而代之的是为抢夺个人优势而展开的疯狂竞争。

这种对优势地位的追逐，导致父母对孩子的苛刻要求。为此，父母往往过度夸大孩子的每个缺点，却完全不知道他们的行为会对孩子造成多么严重的负面影响。他们同样不知道自己对孩子的各种贬低，只是为了彰显他们在孩子面前高人一等，炫耀他们比孩子更有本事。这样的方法也常常被他们用来对付孩子之外的其他人。许多人都会为了维护自己可怜的自尊而不遗余力地贬低别人，为了自己的私利而挑剔别人的毛病，甚至面对自己的孩子也是如此。

下面这个真实的案例，有助于我们看清这一令人难以置信的事实。

一名十六岁的女孩儿患有多种焦虑症，被她母亲带来接受治疗。母亲抱怨女儿邋遢，从不收拾自己的衣服，任何东西都是随手乱放，到处都弄得乱七八糟，该做的家务也不好好做。母亲不得不一再告诉女儿要做什么，并且反复提醒她、催促她。在针对这个女孩儿的治疗过程中，我们发现，女孩儿是家中唯一的孩子，从小就被宠溺着长大，从来不曾得到自己做事、自己承担责任的机会。我只用了很短的时间，就让这个女孩儿意识到她作为家庭成员应尽的义务，而且她也有了承担这份职责的意愿。但是，很快我就听到了这个女孩儿对母亲的不满。她说母亲有个习惯，每当她要开始做什么事情之前，母亲就先跳出来敦促、告诫她，把该她承担的责任都抢过去担在自己的肩上。她母亲还有个习惯，每当她正在做事时，母亲就会过来打断她，结果便是她根本没法好好完成那件事。

我请母亲过来谈话，向她解释说，如果她希望女儿能学会有条不紊、成为家务上的好帮手，她就必须给女儿留出更多的自主行动的空间。我坦率地告诉她，如果她不能改变对女儿的态度，我就根本没法帮助她们。她答应会听从我的建议，给女孩儿更多的机会处理自己的事情。但是，女孩儿后来反馈说，家里的情形没有任何变化。女孩儿抱怨说，明明她很轻易就能做好的事情，总是遭到母亲的强烈反对。最后，我只好再次请她母亲过来谈话，问她为何要坚持这种态度。然而，她母亲情绪非常激动，拒不接受我对她的批评。母亲坚称女儿笨手笨脚，做事不可靠，她无法对女儿放任不管。母亲还强调说，如果她真的让女儿完全靠自己的话，那么她女儿一定会毫无秩序，把生活弄得一团糟。我花费了相当大的力气，好不容易才让她明白，要治愈女儿的毛病，她必须让女儿亲身体验全部后果。

我接到了女孩儿打来的紧急电话：她的母亲精神崩溃了。事态的这一进展，呈现出这家人问题的另一面。他们一家人曾经住在一栋很豪华的房子里，但后来迫于压力，不得不削减开支，搬进了更简陋的住所。父亲和正在上大学的女儿整天都活跃于家庭之外的生活，而母亲则对家庭的贡献非常有限，开始觉得没有人再需要她了。她的丈夫和孩子即便没有她也能过得很好。任何一位管家都能顶替她的位置，如果她女儿不是那么无能的话。显然，这是她唯一有价值的地方，女儿越是笨手笨脚、越是毫无条理，就越能显示她的用武之地。如果孩子学会了自力更生，那么她似乎就没有用处，完全是个多余的人。当然，她行为背后的动机隐藏在她的潜意识里，自己却完全觉察不到。在我向她反复解释之后，她终于明白，她是为了自己的私欲才一心想"守住"女儿的毛病，在不知不觉中极力"培养"女儿的无能。

这样的情形绝不是罕见的个案。以这个案例而言，我们可以通过对母女两人的治疗而治愈女儿的神经官能症，并帮助她们建立起新的、更好的亲子关系，进而帮助母亲以全新的方式满足自己的需求。

👤 过分要求、贬低孩子，源于父母的自卑感

毫无疑问，大多数父母都能敏锐地觉察到他们的亲子关系出现了问题。他们在训练孩子时的诸多错误举动，都源于他们自身的挫败感，无论这种失败是真实的，还是想象的。他们的焦虑、对孩子的过分要求、一再贬低孩子的倾向，都反映出父母的自卑感。摇摆不定就是他们极度受挫之后的一种表现。

在管教孩子的过程中，如果父母的态度摇摆不定，没有切实的计划或目的，他们的做法便可能是忽左忽右，时而严厉，时而百般放纵，上一刻无奈而绝望，下一刻宠溺而信赖。与此相对应的，是他们在管教方法上的反复交替。一顿痛打之后是夸张的示好，一通痛骂之后又是许诺与奖赏。我们给出的每条建议他们都会固执地反驳："我以前试过的，没用！我什么都试过了！"由于父母的优柔寡断，他们很难真正采纳任何建议。这一刻他们会这么做，进行一半又会转向其他方法。他们没有足够的勇气坚持采用某种确定的行为方式；他们以迷惘为借口逃避自己的真正职责。

有一种逃避完全是出于自我防御，其最明显的表现形式就

是神经紧张。对"神经紧张"的父母而言，这种紧张可以是他们最便利的庇护所，也是他们忽视自己责任的一个能接受的理由。他们一再声称，是因为"神经紧张"才让他们没能实现自己的善意。他们并不是恶毒之人，而是真正的病人；他们无法找到正确途径，并为放纵自己付出了沉重的代价。他们需要的是帮助和理解，并在解决他们与孩子之间的问题之前，首先进行适当的自我治疗。

父母"神经紧张"的情形有时会出现特殊的时刻。在他们拿不出真实可信的理由来证明他们的行为是合理的时候，往往会以"我的神经已经崩溃了"，或者"我已经受不了了"典型的措辞为借口。比如，在父母打孩子后，意识到是自己错怪了孩子，或者是他们说了、做了既不合适也不合理的事情后，往往会用这种借口来替自己开脱。"受不了"是人们感到无助时的标准借口。父母可能觉得孩子占了上风却不愿意认输。为了挽回面子，父母会不惜一切手段地展现"权威"的形象。此时最常见的做法就是责打、训斥或威胁孩子。如果父母想遮掩这种行为的真实本质（也就是与孩子的权力之争），或者想掩饰自己的不当手段，便往往用"神经紧张"或"没能按捺住脾气"来做挡箭牌。这种策略还带来一个额外的好处，即可以满足自己的某个愿望。

😊 孩子无时无刻都在观察父母

我们必须认识到，父母在与孩子打交道时的底气不足，往往是有道理的事情。孩子从婴儿时期开始积极地与家人互动，建立与所有家庭成员之间的人际关系。他不仅会针对家人的行为做出反应，而且逐渐学会按照自己的想法和目的行事。孩子主动挑衅和刺激父母的行为，早在出生之后的第一年里就已经开始了。父母往往不知道孩子的这些手段已经成为家庭中现有状况的决定性因素。

婴幼儿的行为并非基于有意识的计划，因为他的心智水平还不能进行有意识的思考和决定。但是，他的行为仍可以是主动的、有目的的。他在体验过被人抱在怀中的快乐后，自然希望有人经常来抱抱他，因此他会花样百出地用尽各种方法来达到他的目的。孩子年龄越大，他的方法自然越多，达成目的的效率就越高，而父母和其他成年人往往在不知不觉中就被孩子支使得团团转。在孩子生命的最初几年里，他不断地开发自己的身体机能，熟悉着他周遭的一切人和事物。他每时每刻都在进行各种观察、尝试和体验。正因为如此，孩子对父母的了解，往往比父母对孩子的了解更多；孩子对父母的影响力，更是远比父母对孩子的约束力更强。难怪有那么多父母在面对自己的孩子时会有自卑感。

养育孩子的观念会代代相传

另一个经常导致父母缺乏自信的因素，是他们往往不知道什么是正确的教育方法。即使是在平时颇有自信且心态平衡的人，这种茫然无知的感觉也很容易令他陷入沮丧中。若再加上在孩子面前的自卑感，那情形就更糟糕了，亲子关系常常因此而彻底扭曲。

父母作为孩子的教育者，往往没有接受过足够的"上岗培训"，这是普遍公认的事实。我们知道，任何行业的人都必须先认真学习，出师后才能上岗任职。然而，最复杂、最困难的育儿工作，大多数父母竟然完全没有接受过"上岗培训"。教育工作者们在上任之前都必须经过系统学习和专业训练，可是，父母们哪里有时间和机会接受这必不可少的育儿培训呢？

不管我们对这种状况感到多么遗憾，不管我们应该为改进这种状况付出多么积极的努力，我们都必须承认，父母缺乏"上岗培训"本身还不是最糟糕的问题。"一知半解是很危险的。"如果父母对教育一无所知，他们遇到的麻烦可能反而会少一些，因为他们更有可能遵循自己的直觉，在需要的时候寻求别人的帮助，更会愿意听取别人理性的分析与告诫。然而，在现实中，父母们却都自认为他对教育有一点儿了解，遗憾的是这一点儿了解往往是错误的。我们都曾经是孩子，经历过父母的抚养，经历过成长中的无数问题。可是，我们还记得年幼的自己在面对父母的"教育方式"时，是怎样的感觉和反应吗？

在诗人和小说家的记忆和描述中，童年的快乐往往少得可怜，他们儿时的经历往往充斥着沮丧和屈辱、幻灭和痛苦。然而，今天的年轻父母却很少有人还记得这些痛苦。在对待孩子的态度上，许多人都以自己的父母为榜样。他们有可能愿意对以前的方式进行一些调整。也许过去的痛苦经历尚未忘怀，因此可能会在某些方面采取一些更自由的新方式；还有一种相反的可能，觉得小时候父母对自己的管教过于宽松，因此他们更倾向于严格地约束孩子。哪怕采取与父母当年完全相反的做法，父母们也会犯很多错误。这些育儿方式上的改变——通常是严父与慈母风格在一定程度上的融合——却仍然改变不了一个事实，那就是大多数人在养育孩子时都会效仿自己的父母当年的做法。

结果是训练孩子的同样错误代代相传。这些累积起来的大量错误理念，给我们当代的年轻父母造成了更大的压力。他们生活在一个快速变化的世界中，有关人际关系的各种新理念层出不穷。再加上小家庭的普遍存在，他们的状况就越发糟糕。以前，大家庭是社会主流，父母的教育技巧远远没有那么重要。那时候，很多事情孩子们都是在彼此相处或与邻居接触中学习，所以，哪怕父母缺乏教育孩子的技巧，也不会对孩子造成灾难性的影响。然而，科学教育的原理至今尚未影响到年轻父母，而且他们也不愿意接受新的建议，因为他们相信——正如许多人至今仍然相信的一样——他们的儿时经历，足以让他们有资格按照自己认定的方式养育孩子，认定他们过去形成的人生哲学、他们小时候与父母相处的模式，全都适合于他们的孩子。

　　一个在棍棒下长大的父亲，在听到别人劝告他不要粗暴地对待孩子时，往往会这样回复："我就是这么长大的，现在我不是挺好的吗？既然如此，我这样教育孩子又有什么不好的呢？"很多父母都抱着这样的心态，只是他们不曾想一想，如果他儿时能享受到不同的、更好的教育模式，他会不会成长得更好呢？不论是在今天还是在过去，所谓的"养育"往往是把一个原本聪明的孩子最终变成一个愚蠢的成年人。这是让孩子持续受挫所导致的结果。虽然这一事实早在卢梭的年代就已经得到公认，但父母对孩子的管教模式至今仍没有发生多大改变。相信"棍棒出孝子"的父亲，并不知道他儿时挨打的经历对他造成了多大的伤害，对他的婚姻生活、与朋友的关系、对待自己孩子的态度造成了多少负面影响。虽然在某些方面他可能的确做得"很好"，但是他也因此变成了一个缺乏信任的人，一个粗鲁而专横的人。很多年轻父母都会因为自己在人生中获得了成功，便认定当年父母对自己做的一切都是合理的，可是，这里存在同样的误区。我们无从估量他们原本可以避免多少不必要的人生挫折和性格缺陷，也无从估量他们有多少潜力未曾得到机会被开发出来。

🧒 孩子的行为，是对父母行为的回应

　　我们必须打破由来已久的错误想法和错误做法形成的恶性循环，才能减少父母在教育孩子上的困难和负担，并最终纠正孩子的错误。父母若陷在困境中，想要让孩子茁壮成长是不可

能的。既然我们希望孩子能更加出色，我们就必须先成为更称职的教育者。我们必须学会理解孩子，了解孩子的想法，理解孩子的行为动机。其次，我们还必须学会区分什么是正确的、有效的训练方式，什么是错误的、毫无价值的教育方式。

但是，我们必须承认，只有知识是不够的。很多老师在教学方面功底深厚、学富五车，在教育别人的孩子时取得了丰硕的成果，却偏偏在教育自己孩子时惨遭失败。最典型的例子，便是身为现代教育学先驱的卢梭本人。

父亲和母亲也需要克服许多种情绪障碍。他们的情绪失调往往是错误心态造成的结果，例如对生活的戒备、对未来的焦虑、对权力的争夺。对教育者进行教育，是现代教育学的核心问题，必须从两个方面着手，一方面是传播必要的启蒙知识，另一方面是改善教育者的个人素质。父母本身就像是孩子——有时还是"问题孩子"——必须重新"养育"。但是，仅靠"外因"来影响成年人不是一件容易的事，他们还需要有"内因"。他们必须自己承担起教育自己的责任，必须学会认识自己、了解自己。他们必须首先克服对自己的怀疑，才能在对待孩子时保持自信的、平衡的心态。唯有做到这一步，他们才能不再陷入与孩子的权力之争，不再继续与孩子发生冲突、干扰孩子的健康成长。

如果希望跟孩子相处时能有更多的快乐，提高在教育孩子方面的成效，父母必须首先努力提升自己的能力，必须随时准备好调整自己的心态、改变自己的行为；需要不断从自己的体验中学习，并且从孩子身上学习。父母要求孩子必须遵守道德规范，那么自己必须首先能做到。父母要求孩子必须遵守各种有利于他健康成长的秩序与规矩，那么自己必须认真遵守。如果父母自己的行为举止都不得体，那么很难帮助孩子成为一个行为举止得体的人。

孩子的行为，是对父母的行为做出的回应。教育不是一方施予，而另一方接受的机械装置，孩子也不会像机器那样只遵照父母的指令行事。养育孩子意味着父母和孩子之间不断地互动。父母和孩子的行动是相互回应的，正如对话中的两个人要相互回应一样。这种互动的过程及其结果，就是教育。孩子的行为，会随着周围的人的行为变化而改变。孩子对周围的环境和人的适应能力，远比成年人要强。他的性格还没有成型，他的观察力更敏锐，对周遭的反应更敏感，而他的应变也更灵活。孩子的行为会反映出父母自身的一些特点，父母必须学会透过孩子的行为看到其中所反映出来的自身的问题。

母亲是孩子一生中最重要的人

除了个性的影响之外，每个参与抚养孩子的人，都会因为他在家庭中的独特作用发挥自己对孩子的独特影响。每个孩子一生中最重要的人，就是他的母亲[1]。从他出生的那一刻起，母

---

1 这里对不同家庭成员各自的独特作用的讨论，并未把每个成员的独特个性考虑在内。家庭中某个人的强势个性，对孩子的影响，可能比这个人在家庭关系和地位上本应有的作用更大。

亲就是最关心他的人；几乎从这一时刻开始，他就对母亲的行为做出反应。每个孩子，无论是男孩儿还是女孩儿，都与自己的母亲关系最为密切，除非母亲没能好好履行她的职责。即使因为母亲还要忙于家庭以外的事务，无法花更多时间在孩子身上，也不一定会影响她在孩子生活中的崇高地位。母亲需要做的就是向孩子证明，她是孩子最忠实的伙伴，是可靠的、值得信赖的，任何其他人都无法与她相比。孩子可以原谅母亲的任何事情，唯独不会原谅她的不可靠。母亲的理解、同情和一点点温柔，便足以让她获得孩子永久的感情。母爱中的所有其他组成部分，包括焦虑、疼惜、纵容、保护，等等，都是不必要的，甚至是有害的。母亲必须逐渐减少对孩子的关注，不必把过多的心思放在孩子身上，随着孩子年龄渐长更应如此。孩子需要的是能从母亲那里得到温暖，母亲通常只用最少的言语和行动便足以充分表达。只要她的一举一动中都带着这份温暖，那么孩子就会一直愿意听从母亲的引导。

因此，即使是职业女性也可以给予孩子需要从母亲那里获得的一切，尤其是随着孩子年龄增长，母亲总能给予孩子以稳定性和安全感。无论家里的保姆多么能干，多么有爱心，都取代不了母亲的地位，因为保姆的活动往往会局限于时间和责任。但是，保姆做不到的事情，继母却常常能做到。有充分的证据证明，继母和养母完全可以像亲生母亲一样得到孩子完全的接纳。

父亲是孩子人生中力量和权力的代表

父亲对孩子的重要性，取决于男性所处的社会地位。当前，男性在社会中的地位正在发生变化。因此，父亲在孩子教育中所扮演的角色也在发生变化。在不同的国家，男人的地位有着明显的差异。在美国，男性权威正在逐渐降低，而在拉丁美洲和欧洲的一些国家，男权仍然或多或少地享有优势地位。这也许在一定程度上解释了为什么美国的父亲普遍不愿在孩子的养育方面承担责任。父亲最常用的说法是他不愿干涉妻子对孩子的教育。有关教育和育儿的座谈会或研讨会很难引起父亲的兴趣，所以出席者常常是母亲。美国男性的这种行为，似乎是另一个更大的社会问题的一部分，因为这种行为与他们另外一些行为倾向明显吻合，即他们把对心理学、艺术和文学等领域的兴趣统统让给女性。美国男人维护自己优越地位的做法，一般是尽量限制在商业领域和政治领域之内，而且把养家糊口视为他对家庭的主要责任。

然而，在孩子的成长中，父亲有不可或缺的作用，即使在母亲企图占据男人在家庭中的典型地位的情况下，父亲的地位仍不可撼动。父亲仍然是家庭中男性权威的代表人物，仍然是家庭收入的主要来源，负责养活全家人。在孩子的眼中，父亲的首要特征是他作为工人、职员、业务员的身份地位，即使在偶尔不幸失业的时候，这一形象也不会改变。父亲通常被孩子们看作是家中最有能耐、最有本事的人，很多事情除了他之外别人都做不了。父亲的这种能力一旦受到质疑，那么他在教育孩子的时候能起到的作用很可能会大打折扣。

父亲的影响力往往体现在孩子对待工作和成就的态度上。父亲最能激励孩子有所成就；同样，父亲也最容易使孩子丧失信心，男孩儿会因为父亲而觉得自己永远无法成为一个"真正的男人"，女孩儿也会因为父亲而觉得自己的本事永远都不会有任何意义（同样，许多孩子也可能因为有一个追求完美的、格外能干的母亲而感到灰心）。孩子们的日常家庭训练属于母亲的职责，父亲对母亲所作所为的任何公开的干预和反对，通常都是不明智的行为。更糟糕的是，父亲或母亲不认同对方教育孩子的方式时，比如一个人对孩子格外地宽容，另一个人对孩子格外地严厉，以平衡对方对孩子的不良影响。然而，这样的"补偿"，不但起不到积极的作用，反而往往使事情变得更糟糕。父母一方只能通过推心置腹的讨论和约定来调整另一方的做法。不论在任何情况下，父母都不应该让孩子意识到他们在养育理念上的差异。

即使父亲在孩子的日常教育中并没有积极参与，孩子们也可能将他视为力量和权力的代表，因为他往往比母亲更高大、更强壮，他代表了仅存的古老的男性理想形象。对孩子们来说，父亲的行为象征着男子汉气概。出于这个原因，父亲在家庭休闲和娱乐活动中的重要性往往超出了这些活动本身的实际意义。他是家里的"男神"，是男孩儿子的第一位好朋友，是女孩儿的第一位"恋人"。由于父亲在家的时间有限，他最适合担任模范人物，也最适合充当"上诉法庭"的最高裁判长的角色。

父母之间的关系融洽与否，对于家中孩子来说尤其重要。父母关系不仅直接影响着整个家庭的氛围，导致全家关系的和谐或者分裂，而且给孩子留下了对两性关系的第一印象，也是最生动的印象。父母双方都对促进孩子人格和谐成长起着重要的作用，他们既要引导孩子适应生活，也要刺激他在身体、智力和情绪等方面的成长。

隔代教育，是不容忽视的问题

（外）祖父母往往能给孩子带来很多快乐，不过他们也有可能严重干扰孩子的成长。他们的作用是给予孩子纯粹的爱；他们只管付出，却不要求回报。因此，他们往往会宠坏孙辈们。因此，父母应该谨慎地限制他们对孩子的影响。跟他们不频繁地打电话、偶尔进行较长时间的拜访，都会给孩子的生活增添不少温暖和乐趣。他们能在孩子面前始终保持慈爱与温柔的形象，因为他们与父母不同，不必受责任的束缚。和孩子在一起，看到孩子健康快乐，便足以让他们感到由衷的喜悦。

然而，父母带着孩子与（外）祖父母一起生活，却是一件颇有风险的事情。在某些情况下，（外）祖父母可能会主动承担起父母的责任，比如他们可能会把自己当作老来得子的父母的角色。若是出现（外）祖父母干预父母对孩子的教导，又是另一种糟糕的情况；而如果一家人都住在同一个屋檐下，这种情况很可能会发生。在这样的家庭中，父辈与祖辈之间的矛盾，会加剧父母和孩子之间的紧张关系，而孩子则很快学会借助这一方长辈的权威来对抗另一方长辈，尤其是（外）祖父母对待父母的态度也跟对待孩子一样，任意训斥、要求改正，那么父母的境遇就更加困难。一般来说，与（外）祖父相比，（外）祖母更让人头疼，因为她更容易伸手干预家中的事务。在有些情况下，跟（外）祖父母讲道理要比跟父母讲道理更容易、成功率更高。不过，总的来说，（外）祖父母不应该插手孙辈的日常家庭教育。

2

孩子
面临的
处境

孩子出生后

就需要适应他所在的小群体，

但是要做好这一步往往困难重重。

父母和老师犯下的每个错误，

都会变成他的一个个障碍。

了解孩子，就是了解人性。我们可以直观地了解一个人。不过，要清晰而理性地了解一个人的个性，却需要通过深入洞察他的发展过程。这份洞察，需要通过对他的童年进行系统性的心理分析。阿尔弗雷德·阿德勒 (Alfred Adler) 的分析法可以使训练有素的学者科学地了解一个人，无论对方是成年人还是孩子。[1]

在本章，我们主要关注的是掌握孩子整体人格的重要意义。在孩子生命的各个阶段，其整体人格的基本结构会基本保持稳定。人格特质的变化只不过是对环境变化的回应，并不一定涉及基本结构的重要变化。认识这些形成孩子主导人格的基本要素，比分析孩子的偶然行为模式更有助于我们具体了解孩子，而孩子在每个不同的成长阶段中，都会表现出不同的行为模式。

---

1 为了更好地帮助你了解我们采用的心理分析术的理论背景，以下书籍可供你参考：阿尔弗雷德·阿德勒（Alfred Adler）所著的《理解人性》（*Understanding Human Nature*）、《生活对你意味着什么》（*What Life Should Mean to You*）、《引导孩子》（*Guiding the Child*）、《孩子的教育》（*The Education of Children*）；亚历山德拉·阿德勒（Alexandra Adler）所著的《引导不合群者》（*Guiding Human Misfits*）；舒博斯和戈德堡（N. E. Shoots & G. Goldberg）合著的《心理失调儿童的矫正治疗》（*Corrective Treatment of Unadjusted Children*）；欧文·韦克斯伯格（Erwin Wexberg）所著的《个体心理学》（*Individual Psychology*）、《焦虑儿童》（*Your Nervous Child*）以及《我们的孩子在不断变化的世界中》（*Our Children in a Changing World*）。

这种在不同年龄段所展现出来的具体变化（我们将在第 5 章中详细讨论）只是基本人格的不同表现形式，我们只有在了解孩子的基本性格的基础上，才能理解他的这些表现。因此，我们的关注点将集中在孩子独特的人格结构上。

🧑 孩子潜意识中的人生计划

从出生那天起，孩子就开始熟悉他生活的世界；他尝试用自己的身体进行各种尝试，去了解所处环境中的一切人和物。简而言之，孩子想要了解这个世界及其中存在的问题。虽然这些都发生在他尚不能进行有意识的思维之前，但他的确很早就已经表现出高度的、非语言层次的智慧。从婴儿期开始，他就已经能找到不少克服困难的巧妙方法。例如，我们曾观察到一个上眼睑肌肉无力的五个月大的男婴，他会把头垂向一侧并配合使用他的小拳头，以此来弥补这一缺陷。通过仔细观察，我们发现，从婴儿期开始，孩子的所有行为都是有目的的，即使孩子自己没意识到这一点。我们要理解孩子的行为，就必须认清孩子潜意识里的目标。

孩子很早就知道利用他的感知和体验，为他随后的行为制定计划。哪怕他还是个小婴儿，就已经学会了如何转变父母的心态为自己服务。比如，一旦他意识到父母会对他的哭泣做出反应后，他就知道在想要被人抱起来的时候哭泣。即使这么小，婴儿也善于接收某些信息，并迅速根据他刚获得的体验调整自己的行为。这种心理能力——我们可以称之为智力——是对他身体弱小无助的重要弥补。

随着孩子年龄的增长，他获得的感知和体验越来越复杂，如果不将它们进行整合，他的心灵根本不可能全部吸收。在这里，我们会再次清晰地看到孩子行为的目的性。

孩子会很自然地对自己的身体和心理感受做出回应。通过对自己身体的体验，以及运用身体某些功能时的难易程度，他认识到自己身体现有的能力及其局限性。通过这种方式，他接触到了可运用的身体器官、来自遗传的身体天赋，我们把所有这些都称为他的"内部环境"。在他与周围环境的互动过程中，与父母和其他周围人的互动中，他的心理构成逐渐发展。他与其中某些人的接触越密切，对这些人的依赖感也就越明显，在他正在构成的行为模式中所起的作用也就越大。但是，孩子从来不会只是被动地接受来自外部的影响。

通过对孩子的密切观察，我们发现，一些表面上看起来只是他的"反应"的行为，其实是有明确目的和计划的"主动"行为。每个孩子，实际上也包括每个人，无论他的年龄多大，这种计划都会各不相同，都会表现出他独有的风格。出于这个原因，每当出现一种新的情况，实施一种新的纪律措施时，每个孩子的反应都各不相同，这取决于一个孩子如何理解和吸收他面临的新情况和新要求。如果让孩子一再得到同样的感知，则会推动孩子朝着某个特定的方向发展他的计划，也就是说，调整他自己的行为，以适应这种感知。

在大多数情况下，这种行为计划是如此的巧妙，如果不用心仔细观察的话，旁人根本意识不到其中明显的一致性，甚至会否认这一事实的存在，因为此时孩子的年龄还不足以进行有意识的思考。当受过专业训练的工作人员揭开这个秘密时，父母面对孩子的这种计划行为会感到恍然大悟。以前父母百思不得其解的奇怪行为瞬间有了意义，令人费解的矛盾状况也变得合乎情理。孩子的每个行为原来都是他潜意识中的行为计划的一部分。

三岁的彼得，所有认识他的人都喜欢他，为他骄傲。他天生拥有魅力，机灵活泼、伶牙俐齿、妙语连珠，使得他成为人们关注的焦点。可是，他发起脾气来也十分令人烦恼。为了得到自己想要的东西，他常常很固执，乱踢乱踹、号哭尖叫，然而下一刻，他又会露出一个天真的微笑，让所有人都没法再生他的气。他有各种办法能让大家把注意力都集中到他身上，他的所有行动都围绕着这个目标。他超前的想象力，他对自己未来前景的构想，都只是为了让自己能继续成为众人瞩目的焦点，吸引更多人的关注，比如，他表示要在管弦乐队中演奏大贝斯（那么小的男孩儿，用那么大的乐器，是多么的不同凡响啊！）

这个男孩儿是独生子，从来没有与同龄的孩子一起相处过。因为他很小，所以他存在的价值总是取决于那些比他大的人。通过对他人回应的反复尝试和观察，他很快就发现了可能让他得到机会好好展示自己的策略。然后他"无意识地"但系统性地不断改进着自己的方案。现在他正利用各种机会不断提升这种本事。

这样的目标——吸引别人关注，使自己成为众人的焦点——是许多孩子都会追求的目标，尤其是独生子或者最小的孩子。

但是，每个孩子具体的行动计划却各不相同。只是由于语言的匮乏，我们找不到精准的术语，只好笼统地使用相同的词汇来描述孩子们虽有些相似但各不相同的做法。比如，我们在谈及孩子竭尽全力"争当第一"时，我们必须牢记，这只是一个笼统的说法，每个孩子的具体做法都有些微妙的不同之处。孩子"争当第一"的计划可能有千奇百怪的方式呈现。

在孩子六岁之前，想要改变孩子潜在的、尚且模糊的行为计划，相对而言更容易。当孩子的体验让他明白自己的行为行不通、无法让他获得想要的结果时，他往往会很快开始新的尝试，试图寻找不同的、更为有效的途径。但是，在孩子六岁后，要做出这样的转变就要困难得多。到那时，孩子心智的发展程度，可以让他通过一系列的技巧和策略来维持他原有的计划。他只会通过自己已有的感知和体验选择那些与他的计划相符的部分，作为行动的指示。由此他便发展出一种所谓的"倾向性感知方案"（tendencious apperception scheme），也就是根据自己的偏见调整感知的能力。这种偏见或者错误的认知，正是所有成年人的特征，也因此使他们无法从不符合自身人生观的体验中学习。人可以"创造"自己的体验：他不仅会记录符合计划的内容，而且还会激发他预期的或者渴望的体验。

　　一个孩子在童年特定环境下尝试的且令他满意的计划，将成为他永久的行为指南，也就是他的"人生计划"。即使他长大成人，这个基本计划仍会隐藏在潜意识中。他会为自己的行为寻找理由和依据，却不知道潜意识里有一个明确的计划，控制着他的所有行为。

　　每当生活中的正常逻辑使一个人无法按自己的这套"计划"行事时，他会试图回避问题所在；倘若无法逃避，则可能会完全脱离正常的生活逻辑。

　　约翰的母亲来找我诉苦，她儿子忽然变了。十一岁的约翰一直是一个特别优秀的学生，勤奋又好学。可是忽然间，他不再做功课，也不在乎分数，唯一能让他感兴趣的就是体育运动。约翰的故事其实很简单。

　　他是一位著名的奥地利企业家的儿子，在父亲的工厂所在的一个小村庄里长大。在那个小村庄里，他享有很高的地位，是"大人物家的大公子"，不仅统治着自己的妹妹，也统治着村里所有的孩子。他还是当地学校里最出色的学生，学校因为他的出现而"倍感荣幸"。此外，在孩子们的各种游戏中，他都是当仁不让的老大。

　　约翰十岁时，父母决定带他去维也纳，在那里接受传统的中学教育。到了大城市的约翰，发现自己再也无法拥有原来的地位。他的那些策略不再奏效。他的新同学们在学业上大多比他出色，毕竟他只上了师资力量差的乡村小学。

新同学们还总是笑话他是个乡巴佬。由于受不了居于人下的地位，他对功课完全失去了兴趣，根本不再朝这个方向努力。幸好他发现自己在运动方面仍然可以胜过城里的孩子，于是便把所有的精力都投入到田径和足球上。这让他的父母感到非常惊讶和遗憾，他们无法理解儿子的变化。在他们看来，约翰简直就是胸无大志。可是，精神科医生却告诉他们说，造成约翰眼下困境的原因恰恰相反，是因为他心气太高了。约翰的父母听后难以置信。

每个人的行为都取决于他潜意识中的明确计划，该计划构成了他"整体人格"的基础，也包含了他的天性与行为上所有明显的不一致性。

人生计划赋予每个人独特的人格，形成他独特的生活方式，他独特的"人生步态"。它决定了每个人的性格和性情，构成了他一切行动的基本动机，因此在很大程度上塑造了他的命运。

遗传不能完全决定孩子的最终发展

如果不了解孩子的行为动机，也没有发现他潜意识里的行为计划，人们可能倾向将孩子的许多独特之处、缺陷不足以及他的突出优点，都看作是"先天"因素造成的。遗传规律控制着所有生物，人类也同样受其限制。但是，在人类世界中，这些规律的作用仅限于某些不可改变的因素，比如，无法通过训练和教育而改变的身体特征。因此，身材和体格、头发和眼睛的颜色以及许多其他身体特征，才是遗传影响形成的结果。

然而，就心理素质、性格特征和个人能力而言，情况却并非如此。这些品质都会经历巨大的成长与发展，从婴儿期到成年期会变得完全不同。它们主要取决于无数的训练与管教、无数的努力与疏忽、无数的试错与调整。

一个人会发展到什么程度，与最初的遗传基础之间的确存在联系，但是并不像人们通常以为的那么简单。通常的观念是从最终结果反向推导出相应的先天因素，因此假如一个成年人具备较多的优良素质，人们便认为这是因为他拥有良好的遗传基础，反之，缺点多则表明他的遗传基础不好。然而，这样的想法是错误的。即便有最好的潜力如果不加以开发，仍将被彻底埋没。

人类的每一项活动都是极其复杂的，不经过训练是无法掌握的；缺乏良好训练的人永远无法发挥出应有的能力，无论他的先天因素原本多么具有优势。

此外，这个问题还有另一个复杂之处。先天不足或遗传缺陷并不一定会给一个人造成永久的缺陷，反而可能是一个巨大的推动力，促使他在某一方面获得非凡的成就。

在努力克服自身出现的任何困难时，孩子会专注于与给他造成最大困难的缺陷相对抗。这种专门针对有缺陷的部位或功能进行的高强度的自我训练——无论是内脏器官、感觉器官，还是某种缺失的功能——有可能会促使该器官或功能得到超常的发展。许多人所获得的杰出成就，无论是身体、智力还是艺术上的突出表现，都是由于对自身缺陷所付出的努力而获得的，特别是针对遗传性的器官缺陷的努力，效果尤为明显。

孩子的最终发展不仅是最初遗传因素的结果，在用心培养和忽视培养的相互作用下，孩子可以按照自己的计划塑造出他的特有能力和品性。

在人格的发展中，遗传基础的重要性比不上后天的构建。孩子有什么天赋不重要，重要的是他怎么运用它。这一事实，我们可以从以下观察中得到证明。

在绝大多数家庭中，第一个和第二个孩子在性格、偏好和兴趣方面往往有根本的不同。如果说他们的这种发展完全取决于先天因素，那是没有根据的。没有任何遗传法则能够解释为何两个孩子在性格、偏好和兴趣方面有如此巨大的差异。

实际上，这种显著的差异完全是由心理因素所带来的结果。这两个孩子虽然有可能和睦融洽，但通常来说他们会是竞争激烈的敌对关系。老大原本是家中独子，集父母宠爱于一身，自然不愿失去他的这种特权地位。当他看到母亲的爱意和关怀转移到老二身上时，他自然会觉得这个新来的家伙正在抢夺原本属于他的爱。他凭借年龄优势而拥有的地位可能受到了威胁。他眼睁睁地看着年幼的老二侵占了原本属于他的一个个特权，当然害怕自己会被赶超、被嫌弃。

　　另一方面，老二却是从一出生就不得不始终面对着一个方方面面都领先于他的强劲对手，因为此时老大已经可以自己走路、说话、吃饭和穿衣了，甚至可以读书写字了。在与对手竞争的过程中，每个孩子都会瞄准对方的短处以发展自己的长处，结果便形成两种截然不同的个性。

　　一个活泼，另一个则安静；一个不修边幅，另一个则井然有序。凌乱与整洁、小气与大度、漠然与敏锐、野蛮与温柔、感性与理性——诸如此类的反差，都是家中老大和老二这两个孩子之间的典型表现。

　　通常，一个孩子像父亲，另一个孩子像母亲。这似乎证实了遗传的重要性。但是，这里我们同样可以看到心理因素对孩子朝不同方向发展的影响。

　　孩子努力更像母亲或者父亲，有的是父母竞争家庭主导地位的结果，是孩子们在父母竞争中选边站队的结果。父母其中一方因为孩子跟自己某种外在相似而有触动，因此特别宣称那个孩子是"他自己的"；还有些是孩子可能因为觉得父亲（或者母亲）特别厉害，因此特意要模仿他（或者她）。所以，各种各样的动机可能会培养出孩子与父亲或母亲相似的性情与习惯。因此，孩子与父母之间的相似性，并不能作为遗传结果的最终证据。

　　我们无法确切地判定遗传对人的影响到底有多大，因为孩子的教育从他出生的第一天就已经开始了。此时，我们几乎无法确定是哪些遗传因素影响着孩子的好与坏；等他长大之后，我们更无法分辨在孩子身上哪些是遗传的结果，哪些是教育的成果。总体上，后天因素的影响完全超过了先天因素，以致后者完全被排除在科学研究之外。

对遗传和先天因素的信念，使得教育者的教育观念受到不少负面影响，引发了宿命论的悲观情绪。父母或老师在遭受挫败之后，不想着改用更好的培训方法，反而以孩子有先天缺陷为借口遮掩自己的无能，"他简直和他父亲一模一样！"

父母越是沮丧和无助，就越是深信遗传的力量不可扭转。可是，这种观念只会进一步阻碍我们了解能影响孩子并决定他行为的真正力量。

孩子的社会兴趣，决定了他的行为是否得体

人性本善吗？对这个问题的不同回答，会反映出教育者的基本观点，区分出教育理念的不同。有些父母或老师认为，他们必须"降伏"孩子的天性，还有些人则认为他们的主要职责并非阻拦孩子尝试，而是以各种方式激励孩子发展他的健康天性和自然能力。这两种不同的教育者所采取的措施自然会大相径庭。

但是，我们不必在这一哲学争论中陷得太深。原因很简单，即人性原本是善还是恶并不那么重要，重要的是每个人都可以成为好人这一事实。只不过，如果我们试图定义"好"这个词，我们又会陷入另一个伦理学上的争论。所以，让我们按照传统

观念上的说法，遵循大众通俗的看法，知道"好"这个词并没有"绝对"的价值标准，而是根据人们的现实理念建立起来的行为规范。

　　在日常用语中，"好"的概念是相对的，指的是遵守人们约定俗成的社会规则。任何遵守这种规则的人都被视为"好"人。要理解和遵守社会规则需要一种特殊素质，我们称之为"社会兴趣"。几千年来的人类群居生活，使我们早已认识到相互合作、努力适应整个群体、遵守群体要求的必要性。

　　每个人都会带着一份社会参与感进入这个世界。这是源自长久以来的群居生活的传承，也是每个人生存于世的必要基础。这是每个人从一出生就无法脱离的，有了它，小婴儿才能在人世间的第一个小群体中守住属于自己的位置。小宝宝会通过哭声、手势和微笑来表达自己。他学得很快，从生命的第一天起就开始学着适应他遇到的各种社会规则。

　　但是，社会兴趣必须进一步培养，因为孩子能培养出多少社会兴趣，决定了他整个人生能获得多少成功与幸福，也决定了他能有多少意愿与他人合作——他能否赢得朋友并保持友谊；他会让对方反感还是赢得对方的认可；他是否能准确地把握遇到的每一种情况并采取恰当的行动。社会兴趣是人类团结的体现，表现为对其他人的兴趣，从其他人那里获得的归属感，以及对关系到共同利益问题的兴趣。

　　一个人在想要与他人共处、与他人合作、为他人做出有益贡献时，内心体验到的冲动就是社会兴趣。因此，一个人有多少社会兴趣，大致可以根据他有多大的意愿与人合作、尊重人类社会的规则来进行衡量，而有时候遵守这些规则可能需要牺牲个人的利益。命运或者同胞所赋予我们每个人的重任，会不断地考验着我们的社会兴趣。

因为成年人身上所具有的生活的复杂性，我们往往很难对一个成年人的社会兴趣做出准确的评估。而对孩子进行评估却容易得多，因为孩子的行为是正确的还是错误的，我们往往更容易辨识。

孩子的社会兴趣决定了他的行为是否得体，比如，是否遵守学校纪律和家中规矩，与其他孩子在一起时的表现如何，以及他独自一人时的表现如何。孩子会不断面临新群体中的各种问题；他的社会兴趣必须得到自由和充分的发展，才有能力圆满地解决这些问题。从这个角度而言，礼貌、服从、勤奋、诚实、谦虚和自立等品格，便具有一种新的、更切实际的重要性。

因此，教育者必须充分利用那些能够促进社会兴趣增长的因素，尽量避免那些会阻碍其增长的因素。这一视角有助于我们对迄今为止对孩子使用过的训练方法进行更准确的评估。

孩子总与父母对抗，可能是缺乏安全感

孩子出生后就需要适应他所在的小群体，但是要做好这一步往往困难重重。父母和老师犯下的每个错误，都会变成他的

一个个障碍；所有错误的训练方式——虽然可能做法各有不同，甚至是截然相反——都会导致同样的结果。父母对待孩子要么过于放纵，要么过于严苛；要么给予孩子过多的关注，要么根本漠不关心。然而，无论父母是过分溺爱还是过分苛刻，无论是不把孩子当回事还是把他奉为小祖宗，结果几乎都是一样的：他们得到的不是孩子的顺从，而是孩子的叛逆和对抗。

这种敌意——奇怪的是，里面可能还夹杂着感情——主要是针对父母或教育者的。在孩子看来，父母和老师是整个社会的代表，因为他们扮演着社会规则执行者的角色。所以，最初是针对父母的反叛，然后不断扩展到变成对社会生活各个方面的抗拒。对教育者的抗拒，总是会发展成针对一切秩序和规则的抗拒。这种反抗首先直指家长或者老师，然后变成针对社会的反叛。这种始终如一的抗拒，其原因是什么呢？

一个人只有确信自己被他人接受，没有被人轻视或忽视，他才会觉得自己与这个群体是属于一体的。刚出生的婴儿首先体验到的可能只是生理上的愉悦或者不适。不过，他并非仅仅是一个生物有机体，他更是一个人。因此，他很快就认识到与他人的交往（也就是他的社会关系）是他内心快乐或者烦恼的来源。于是，他会调整自己的生理需要，与群体的规则相协调；他会把与身边的人建立社会交往的必要性放在首位，然后才是满足身体机能的需要。从这时候开始，他的快乐程度便主要取决于社会交往的质量。童年时代最大的伤痛、最深的苦楚，不是因为身体上的疾病与不适，被排斥在群体之外的感觉才是更令人难以忍受的事情。每个孩子最痛苦的体验，是得不到归属感，是被身边的人漠视和冷落。

孩子虽然会因此感到格外痛苦，可他却完全意识不到他不快乐的原因。一个人若是被排除在群体之外，就会觉得他在某方面注定低人一等。这种自卑感虽然是藏在潜意识中的，但可以在他的行为中明显地表现出来，与成年人一样，必须通过相同的方式来抵消其负面影响，那就是提高他的自尊心。孩子对被人轻视特别敏感。他在家中的地位，使他有充分的理由认为自己是低人一等的。他比周围任何人都更弱小、更笨拙、更需要依赖别人，而且只能通过这些比他更大、更重要的人的认可来获取他的地位。他的权利必须频频拱手让给其他人，哪怕在他受到宠爱时也是如此——也许更是如此。这让他总感到自己被对方狠狠蔑视了！为了弥补这种不安全感，孩子做出的努力抗争往往导致与对方陷入权力之争，而这正是自卑感所导致的典型行为。不论是谁，只要他感到自己地位低人一等时都会想要寻求优越地位。每个人都希望自己是举足轻重的人。

孩子的反抗源于他过分夸大的自卑感，而这也会严重阻碍他进一步发展社会兴趣。感到自卑的孩子不再对参与社交活动感兴趣，转而对提升自己的地位更感兴趣。他融入社会群体的努力方向，变成了追求自己的优势地位。正是因为他的这种转变，发展出孩子所有的缺点和弱点，以及所有的坏习惯和坏毛病。

相信每个孩子都有战胜困难的勇气

　　孩子遭遇到的困难，一种源自他感受的低人一等，另一种是为了弥补自己的不足而必须付出额外的努力。这种不足感可以是真实的，也可以是想象的；既可以是社交上的，也可以是身体上的缺陷。针对自卑感，孩子可能做出两种选择，要么屈服低头，要么寻求优越地位。同样，针对所有身体上的先天缺陷，他也可能做出两种选择，要么忽视有缺陷的部位，逃避运用那种功能；要么格外努力，促成那种功能的特殊发展，从而取得非凡的成就。例如，有些孩子天生协调能力差，他要么任由自己笨手笨脚的，要么通过坚持不懈的自我训练，反而开发出不同寻常的身体机能。天生畸形会导致一部分孩子变得孤僻而不合群，却会促使另一部分孩子获得杰出的成就。眼睛的缺陷有可能导致孩子出现视力问题，而更常见的结果是视觉能力的特殊发展，比如敏锐的观察力、艺术性和视觉的敏感性。所有可能遇到的困难，都可能导致两种截然相反的结果。孩子既可以选择在困难面前低头，也可以选择迎难而上战胜困难。那么，是什么决定了孩子的选择呢？

　　这里唯一起决定性的因素是，孩子是否有战胜困难的勇气。只要他不气馁，相信自己的力量，他就会不断地努力，一心想要克敌制胜。而一个孩子与生俱来的勇气，只要还没有被错误的训练方式所破坏，往往是非常了不起的。出于这个原因，孩子从一出生就必须面对的先天缺陷，例如眼睛的先天缺陷，更多的是激发他做出迎难而上的努力，而不是逃避和放弃。毕竟，在年纪还如此幼小的时候，孩子的勇气仍然完好无损。稍微长大的孩子在遭遇身体障碍时，导致长久缺陷的可能性更高。孩子可以做到很多成年人做不到的事情。这一显著能力通常是因为他们有更强大的精神活力、更充足的干劲，然而，其原因更可能是，与进入成年时期相比，人们在童年时期往往更加富有勇气。

如果孩子与生俱来的勇气使他们毫不犹豫地迎难而上，冲向他们面临的任何障碍，哪怕是遗传或天生的身体缺陷也毫不畏惧，那么他们为什么后来会逐渐失去这种勇气呢？错误的训练方式对孩子的负面影响，在这里再次清晰可见。许多教育工作者、专业人士以及不懂教育的外行们，都没意识到勇气的重要性，因此忽视了孩子对勇气的基本需求。他们的所作所为不断地消磨孩子的勇气和自信。教育中的许多（常常是数不胜数的）错误都集中在这一点上。

削弱孩子勇气的做法之一，是小心翼翼地为他清除前进道路上的每一处障碍，但实际上剥夺了他体验自身力量并发展自身能力的每一次机会。同样，如果在孩子前进道路上设置太多的障碍，一再让他体验到自己的力量或能力不足，那也会让孩子失去前行的勇气。父母在不知不觉中千方百计地打击着孩子的勇气，而一次次的打击累积起来的结果，就是孩子越来越觉得自己无能而自卑。过度保护和过分漠视，过度纵容和过度压制，尽管这些看上去都是完全相反的做法，但是同样能沉重打击孩子的自信心、独立性和天生的勇气。孩子的自卑感和他的实际能力之间并无关联。在孩子人生的最初阶段，虽然那是他最没有能力的时候，可他却很少被自卑感所困扰，反而比年龄稍大后更能充满勇气地面对困难，哪怕长大后的他实际上比年幼时的他更强大，更有能力。一个人如何评价自己，并非取决于他的实际能力有多大或多小，而是取决于他如何看待自己在群体中的相对地位，取决于他如何评判自己所拥有的相对实力和能力，取决于他如何诠释自己行为的成败，他的这种评估又有多大的偏颇，以及他是否认为自己在面对社交问题时有足够的能力妥善处理。勇气是一个人在生活中取得一步步成功的先决条件，而失去勇气、自卑，注定使这个人走向失败与失衡，无法适应社会。

🧒 孩子通过外界的肯定获得安全感

　　当面对一项十分艰巨的任务时，仅仅是逃避并不能令一个勇气受挫的人感到满足。他可能可以避免具体的行动，但是内心的卑微感却挥之不去，他忍不住想要找回补偿。没人能对内心的自惭形秽无动于衷。每个人都渴望在群体中能占有一席之地，因此，都需要靠自己的重要价值来确保他在群体中的地位，得到大家的认可。人们总是很容易陷入自卑感中。在与大自然的生存斗争中，人类的生理机能很差，一直感受着身体上的劣势。此外，看到自己在宇宙中微不足道，想象到自己的未来以及不可避免的死亡，人类更是深刻地认识到我们在宇宙面前的渺小与卑微。

　　生活在成年人世界中的孩子，犹如处于"巨人国"中，更真切地体验到自身的卑微。虽然人类在面对生物界和浩瀚宇宙时难免会感到自卑，可这也激励着人类弥补自身的缺陷，努力征服自然，追求自己在精神、宗教和哲学方面的成长。然而，孩子在社会群体中体验到的卑微感将他从其他集体成员中区分开。面对着父亲、母亲、兄弟姐妹、家族亲人，想要巩固自己在这个群体中的地位，孩子对此从来无法拥有安全感。竞争氛围更会加剧这种对失去自己地位的恐惧，然而竞争却是我们当今社会的特征之一，已经渗透到我们的家庭中，破坏着家庭群体中所有成员之间的关系。只要孩子心怀勇气，他就会通过有价值的贡献和成就来证明他的重要性。唯有当他遭到了挫败，勇气受到打击后，他的社会兴趣才会大打折扣。这时，通往追求正面价值的道路可能行不通了，孩子只好转而朝向"生活中毫无价值的一面"（阿尔弗雷德·阿德勒语），寻求提升他优越感的负面途径。

　　对优越感的渴望，会驱使孩子形成他独特的行为准则。这主要依靠他的直觉，因为幼小的他运用理性力量的能力有限。他可能会模仿一个他认为看起来很威严、很有影响力的人。在我们的社会系统中，男性气质一直很受人追捧，而这很可能会对孩子产生强大的吸引力，他难免利用每一次机会来提高他的声望。越是深陷入自卑感中的孩子，这种努力寻求他人认可的行为越迫切。孩子对优越感的渴求，体现了他对"安全感"的认知。因为他不敢确定自己是否被人接纳、是否足够好，也因为他自己的力量和能力还不足以成为他的依靠，所以他更希望通过外界的依靠来获得安全感。孩子能被人爱、被关注、被欣赏，自己能有力量支使别人、让别人为自己服务，这些都会给他带来"安全"的感觉。有些孩子认为，除非他做的事情标新立异、能成为他所属群体的领导者、能比其他孩子高人一等，他就不能算是得到了别人的认可。在这样的情况下，虽然他也为群体做出了贡献，甚至可能是对社会有益的事情，但并非说明他有社会兴趣，相反他只是对自己感兴趣；孩子的行为不是为了奉献自身能力，而是为了提高他自己的重要性，获取别人的认可。孩子的绝大多数不良行为，都表明他是一个遭到挫败、没有勇气的孩子，正在努力追求虚妄的优越感。这样的行为，可以是寻求过度的关注、以他的暴力行为和大发雷霆来控制别人，又或者是当他觉得自己被拒绝了、不被喜欢时，便狠狠反击对方、惩罚对方。

　　孩子的所有缺点、弱点和小毛病，都是为了让自己超越别人而做出的不当努力。他把父母和社会秩序都当成了他要针对的目标。他故意违背明确的要求、逃避应该完成的任务，然后便觉得自己获得了一种凌驾于父母之上的优越感。在父母、老师与孩子之间的对抗过程中，父母和老师总是处于明显的劣势；他们最多只能获得表面上的虚假胜利，最终不得不承认自己的失败与无奈。结果便是孩子达到了他的目的，而教育者永远解决不了令人头疼的问题。

因此，孩子的固执不仅是为了反抗，同时也是他获得权力的手段。这样的固执足以令所有规则和父母权威都土崩瓦解。孩子在两岁至四岁之间，已经对家庭体系和整体结构有了相当全面的理解。在父母不明智的压力之下，孩子往往被迫产生抗拒心理，并逐渐因一再遭遇挫败而失去勇气。出于这个原因，孩子经常有一个执拗的时期。这时，本应该是帮孩子培养规则意识的大好时机，但是，由于我们小家庭的制度和当今教育方式的缺陷，不经过一番艰难对抗，我们很难达到这一目标。

让孩子知道"什么是对的，什么是错的"

在生命的最初几年里，孩子的行为是无意识的。他的一举一动并非基于语言层面的有意识思维。然而，他的行为仍是有意图的、有目的性的。对于训练有素的观察者来说，孩子的各种行为目的都显而易见。但是，孩子本身却很可能完全意识不到，尤其当这些目的是针对他所在的环境的时候。比如，他意识到自己想要一个球、一杯水，或想上厕所，可是他却意识不到自己想要得到关注、想要展现他的力量。这种意图同样是清晰可见的，如果我们想要真正地了解孩子，就必须认真地加以辨识。

起初，孩子的行为是自发的、随兴的、凭经验的，而且各个行为之间并无关联。随着他的活动范围和理解能力的不断扩大和增长，他开始更多地理解了他行为中蕴含的含义和重要程度。他逐渐意识到什么是对的，什么是错的；他开始领悟社交游戏的基本规则。如果他在自己与家庭成员的关系中感觉不到任何敌意，他会自然而然地调整自己，以适应家庭中的各种规矩。但是，在目前的普遍状况下，孩子觉得捍卫自己的地位比调整自己遵守规矩更重要。为了弥补自己不够稳定的社会地位，他拼命想要获取某种优越感，而他的这些努力最终注定会与社会道德规范冲突。如此一来，他以后的发展只会通往两个方向。

他可能变得非常抗拒父母和其他家庭成员，甚至于忽视作为家人的共同利益，并毫无集体感。接下来的后果，便是毫不掩饰地反叛。他会抗拒一切要求、指令、规矩，拒不接受。在这样的情况下，他的道德意识无法得到应有的成长。他不会接受公认的道德规范和社会习俗。如果一个家庭本身就与社会格格不入，父母和家人都不认同何为正当行为的公共标准，那么在这样的家庭中长大的孩子，也可能会出现类似情形，缺乏应有的道德意识。

孩子另一种表达敌意的可能性更为常见，而且几乎是所有孩子的常态。这样的孩子仍然会依恋父母，也会接受各种法规和秩序的要求。他培养出足够的道德意识，知道什么是对的、什么是错的，而且也会努力遵从。他的这种"大众常识"表达了他对群体的归属感；他的想法大体上与众人是一致的。但是，这并不阻碍他以自己的方式行事，哪怕他那么做违背了"更好的判断力"，违背他所接受的常规标准。在这种情况下，孩子是按照自己的"个人逻辑"行事的，也可以称为他的"个人意识"。他明明知道什么该做什么不该做，但是假如他那么做能为自己赢得想要的，他就会去做，哪怕明知不该那么做。孩子会假装按规矩来，但是只要规矩妨碍了自己获得的地位和声望，他就会把规矩置之脑后。只有在他的声望不受威胁的情况下，他才会循规蹈矩。

这种"大众常识"和"个人意识"之间的冲突，不仅是孩子身上的突出特点，在成年人身上也不例外。我们只承认自己心中那些符合社会规范的意图。某些为了不被社会所接受的意图而做出的行为，我们会"相信"那并非出于我们的本意，只是一种没有多少理由或征兆的"冲动"。由于这样的意图是反社会的，所以我们不肯为此承担责任，否则就没法保持我们"善意"的表象。因此，我们会寻找各种借口，为这种令人困惑的行为、冲动或情绪进行辩解。

孩子通过他们的体验发现了借口的价值。无论他做错了什么，如果他能找到一个合理的借口，那么来自父母的批评和惩罚就会减少一些。父母也乐于接受这样的借口，因为他们也需要依赖这样的借口。没有什么能比孩子公开承认他的不良意图更让父母感到糟糕的，他们无法容忍这样的公然反叛。只要孩子肯找个借口，这至少说明他还愿意维持表面的和谐。比如，孩子打碎了某件东西，如果他表示抱歉，并说他是不小心把这件东西从手里滑落的，那么这远比他说，他对妈妈感到生气想要故意砸掉东西要好得多。虽然毫无疑问后者才是他的真实意

图，但孩子自己却可能没有意识到是这么回事。如果此时问他
为什么要干坏事，他可能给不出令人满意的答案。在很多情况
下，他会说他不知道。这样的回答往往会激怒父母，认为该好
好管教孩子，可这的确是孩子的实话。若孩子给出一个貌似合
理的解释，那无非是他的搪塞之语。他之所以会找些借口搪塞，
有可能是为了让父母少责骂自己几句，也有可能他当真是这么
以为的。通常，孩子编造借口是为了让父母少生气。但是，随
着孩子逐渐长大，道德意识也进一步成熟，他会为了安抚自己
的良心而替自己找借口。

　　有一个五岁的小女孩儿，抗拒霸道、过度保护她的母亲。
母亲不明白为什么孩子会不讲信用。比如，她去邻居家找小朋
友玩儿时，从来不肯按时回家，母亲去找她时，在她承诺玩儿
的地方从来找不到她。小女孩儿非常聪明，也很坦率。我们问
她，是愿意按照妈妈的要求做事，还是只做她想要做的事。她
令人惊讶地回答，她想要做自己想做的事。问："妈妈告诉你
该做什么时，你会怎么做？"她回答："那我不会听。"问："那
妈妈要你听她的呢？"她回答："那我也开始说话。"问："你妈
妈这时会怎么做呢？"她回答："她会告诉我说，要安静，听她
说。"问："然后你会怎么做呢？"她回答："然后我会忘掉她告
诉我的话。"孩子在坦率承认她的意图时毫不费力。随着年龄的
增长，如果她依然热衷于向母亲展示谁才是真正的"老板"，她
的良知最终将承受不住她的真实意图。那时，她可能会学会隐

藏她的真实意图，并运用她现在已经开始着手准备的"神经失调"为借口。她可能会患上说话强迫症，克制不住说话的冲动；也可能会患上真正的健忘症，而不再是假装忘记。

道德意识和自觉意志只是整体人格的一部分。它们的发育，是与孩子学习说话、用语言表达自己的能力同步进行的。道德意识，或者说善恶意识，是孩子成长中不可或缺的。然而，其教育意义往往被家长高估。口头说教往往只针对孩子的道德意识和良知。这样的教育必定把孩子人格的所有其他方面（情绪、习惯、冲动）都划分到他的自觉意志和知识范畴之外。由于孩子本身的行为动机往往得不到理解，孩子也对说教抗拒不从，因此，人们常常把这些"不可救药"的缺点归咎于遗传因素、无法说清的本能，或者是深奥莫测的情绪冲动。然而，孩子人格上的这些表现才是他真实意图的体现，孩子不愿承认正是因为他的举动本就违背了自身的道德意识。如果他真的不知道自己错了，我们应该指出他犯了错误。但是，大多数情况下，他自己其实非常明白，因此用良知来提醒自己是多余的——还不只是多余的，实际上更是有害的。这会加剧孩子"大众常识"与"个人意识"之间的内在冲突，而这种冲突在孩子做出不当行为时就已经出现了。对孩子说教、跟他讲道理，只会令他内心越发愧疚，这是这个时代最容易被误解的心理机制之一。很少有人认识到内疚感不是悔恨的表达，相反它是为接下来继续不当行为做铺垫。内疚感只会出现在那些假装为自己做过的事情感到抱歉，并打算以后还要做的人身上。不管一个人对自己的所作所为感到多么后悔，只要他现在愿意做正确的事情，他就不会产生内疚感。我们必须将内疚感与积极悔悟区分开：前者总是关注已经发生的事情，而不是考虑接下来应该怎么好好去做。孩子可能意识到他做错了，但他意识不到是哪些意图导致了自身的行为，所以他会继续保持那些不当意图，这又导致他重复相同的错误。因此，增强孩子的内疚感只会阻碍他的进步。我们要做的不是对孩子说教，而是要让孩子意识到他的真实意图。

向孩子揭示他的真实目的，往往能立即改变他实现目标的方式。一旦孩子意识到他的意图是反社会的，他就无法协调这种意图与他已经发展的道德意识。孩子还没有形成复杂的自我错觉，而成年人可以利用合理的借口来欺骗自己，从而安抚自己的良知。我们很难让成年人意识到他们的真实意图，即使他们的行为明显指向相反的方向，他们成熟的合理化模式也依然能使他一直相信自己的良好意图。假如有个小孩子坐在椅子里来回扭动，这时我们告诉他，他这么做只是为了吸引关注，那么在大多数情况下他会立即停止扭动（如果告诉他扭动不好，却达不到这样的效果）。一旦他明白这个动作的真正含义，这个原本用来达到他目的的小动作就不再起作用了。如果他仍然想吸引关注，他会寻找其他引起关注的方法来实现这一目的。不过，他仍然不会意识到自己的真实意图，除非我们再次明确地告诉他。

　　虽然我们应该认识到道德意识的价值是有限的，但这并不妨碍我们应该认识到培养孩子道德意识的重要性。缺乏充分的道德意识，便不可能适应社会生活，也没法与他人和谐共处。然而，仅凭道德良知仍是不够的。我们还需要善于识别、监督，必要时激发孩子的"个人意识"，促使他改变生活方式。否则，孩子会形成一种不健康的人生观，选择不利于与人和谐相处、不利于个人幸福的方式来获得他在社会上的位置。

　　孩子的不当行为，只是让我们看到他形成的错误观念。说教、指责或要求他讲道德，都是徒劳的，无法影响他的冲动情绪。只有当他的意图和观念不再与他的道德意识和良知相悖，而是能与社会责任一致时，这些才会发生变化。正确的社会态度本身足以带来自觉意志和情绪冲动的整合。一旦"个人意识"与"大众常识"相一致，道德意识与情绪冲动之间的所有对立就会消失。

家庭星座[1]，影响孩子的品格发展

　　父母和老师的态度是造成孩子自卑感的最主要的原因，但并非唯一原因。孩子在兄弟姐妹中的地位，对他品格的形成与发展同样起着重要的作用。第一个孩子和第二个孩子之间的关

1　此处指家庭地位和家庭成员之间的位置关系。——译注

系，会对双方的发展都带来不确定性，随之而来的两人竞争，更会造成两人典型的人格差异。两个孩子中缺乏勇气的那一方——可能是被宠爱的、身体较弱的，或者在某些方面被忽视的孩子——更有可能成为一个失败主义者。

若父母因为其中一个孩子是男孩儿，或者特别体弱多病而格外予以重视，这会更加雪上加霜。老大往往因父母不能理解他，因为家里新添了一个小孩子而增加敏感与敌意，最终不得不争夺自己的地位。在某些情况下，一个孩子异常迅速的成长或是掌握某种超凡的能力，在另一个孩子眼中看来，很可能变成对自己地位的严重威胁。

因此，孩子在家庭中的地位会刺激他们做出各种各样的尝试，并激发他们某些特质和品格的发展。第二个孩子通常更活跃，不论好事还是坏事都干得更多，仿佛要弥补与老大相比所欠缺的时间。另一方面，老大可能因为害怕自己以后还会被再次"篡位"而不能释怀，并形成困扰终生的问题。

到第三个孩子出生时，老二就变成了夹在中间的孩子。开始时，他可能以为从此也能享有当初老大凌驾于他之上的那种优越地位，但很快他就会发现，这个新生儿有某些他所没有的特权。这样的结果便是他这个夹在中间的孩子，常常觉得自己完全被人漠视，而且是个受气包。他既没有老大的权利，也没有小宝宝的特权。除非他能成功地超越他的两个竞争对手，否则他很可能一生都会坚信人们对他不公平，坚信他没有立足之地。

出于这个原因，老大和老三常常会结成联盟，对抗他俩共同的竞争对手。结成同盟的孩子往往会表现出他们在性格、气质和兴趣上的相似性，而属于竞争对手的孩子则往往呈现出性格上的根本差异。第四个孩子往往跟老二更为相似，也就是说，跟老二结成盟友。不过，我们必须记住，没有放之四海而皆准的普遍规律，因为孩子之间的联盟与竞争往往取决于不同家庭中孩子之间建立和维护关系平衡的不同方式。每个家庭的情况都千差万别。

独生子往往从人生一开始就特别艰难。整个童年期间，他就像"巨人国"中唯一的小矮人一样，在一群能力远超于他的人当中生存。出于这个原因，他尝试和开发各种技巧和能力，让自己在没做出什么成果的前提下获得成年人的关注和赞许。无论是施展他的魅力和优雅、温柔和可爱，还是借助身为弱小者所特有的无助、害羞、胆怯，总之他很容易掌握吸引成年人的兴趣与关心的诀窍。独生子往往不愿意参加集体活动，除非他出场时能确保自己的独特地位。

最小的孩子在很多方面都类似于独生子，也有些情况，他的位置类似于老二刚出生时的情形，因此他可能产生一种向前赶超的强烈冲动。这种超越其他孩子的努力有可能非常成功。身为家中的老三，他不得不用一整套的伎俩来掩饰自己作为家中最小孩子的处境，所以常常非常机灵、有创造力。

在有多个孩子的大家庭里，孩子之间显著的年龄差异会导致他们在家庭内部自发形成几个小群体或小派系，每个小群体又会作为一个整体承担着老大、老二或中间孩子的角色。继前一个孩子之后多年才出生的孩子，通常会形成一些与独生子相同的特征。

一个孩子若是因为某种原因而与家中其他孩子截然不同，那么他要想培养出与他们的归属感可能很困难。比如，一家子男孩儿当中唯一的女孩儿，或者许多女孩儿当中唯一的男孩儿，就可能出现这样的情形。一个长相丑陋的孩子，或者体弱多病的孩子，也会面临同样的问题。若一个孩子有格外显著的优势，也可能阻碍他社会兴趣的发展。父母必须明白，给予孩子太多的称赞也可能会造成他的自卑感。比如，一个格外招人喜爱的孩子，在参加需要动手动脑的活动时很容易受到打击，因为对他来说，靠外表赢得认可和青睐，远比靠实际的成果要容易得多。虚荣心导致他期待不断的赞赏和夸奖，若是他无法轻易得到赞赏，或者无法确定自己能得到赞赏，他会毫不犹豫地放弃努力。

每个人的人生起点都是不同的。不可能有发展背景完全相同的两个孩子。因此，养育问题也不可能完全相同，哪怕是在同一个家庭里也不例外。

父母可能认为，他们养育孩子的做法是一样的，所以孩子后来之所以会长成不一样的人，一定是因为某些遗传上的差异。但是，在这点上他们完全错了。首先，父亲和母亲做不到对所有的孩子都一视同仁。无论他们多么努力地想要做到完全公正，总会有某个孩子比其他孩子更亲近父亲或者母亲。

即使父母能够一视同仁对待所有孩子，孩子们也会因为家庭位置的不同而产生差异和冲突。因此，每个孩子都会对父母做出不同的反应，对他所处的整体环境做出不同的反应。每个人都有自己独特的童年，并因此建立一个绝对只属于他自己的人生计划。家族星座的影响力非常大，两个不同家庭的最小的孩子，他们在生活方式上的相似度，比在同一个家庭中的老二和老三更像。

孩子在制定人生计划时的体验各不相同，数不胜数。我们不可能把它们都逐一辨识出来，不过我们却可以努力理解孩子从他的人生体验中得出的结论。想要帮助孩子重新调整他自己、促使他做出真正的改进，那么理解孩子的自我认知，是我们能够对症下药的唯一基础。

有效的
方式

在孩子的成长过程中，

你能找到充分的理由鼓励他，

并巩固你在他心目中的友好地位。

父母必须了解能影响孩子性格发展的各种心理因素，否则育儿工作就少了应有的基础。养育能获得多大的成功，可以根据孩子的发展以及表现出多少社会兴趣进行衡量。如果你希望孩子将来能幸福、身心健康，那么主要教育目标就应该是帮助孩子培养出充分的社会兴趣。而若想实现这一目标，如果不遵守以下基本原则，你是无法做到的。(1) 必须教导孩子尊重秩序，遵守社会规则；(2) 必须避免与孩子发生冲突，避免家庭亲子之争；(3) 你需要不断地给予孩子鼓励。

这些基本原则，需要进一步详细阐述。

(1) 孩子社会兴趣的健康发展，需要他能与集体中的人建立密切的关系。教育是促使他成长为社会一员的渐进过程。通过学会尊重秩序、遵守社会规则，孩子就能在与他人交往时更有意愿也更有能力与人合作。让孩子适应社会生活，是使他成长为一个快乐和谐的社会人的最重要的途径。

(2) 与孩子发生冲突，不但会阻碍培养他团结的意识，而且会破坏亲子之间的关系。更何况与孩子的任何争执都是毫无意义且毫无结果的。和谐是社会教育的唯一基础。若不能达成亲子共识，则注定一事无成。在这一点上，有些父母会持反对意见，因为他们就是在不和谐的环境和家长胁迫下长大的，所以怀疑在和平的环境中长大的孩子将来能否承受生存竞争。在他们看来，在平和的氛围中养育孩子，不利于孩子为今后的生活做好准备。

最有说服力的相反证据来自那些在安静而平和的家庭中长大的人。总体来说，他们不但不缺乏在生活中的竞争能力，而且总是活得更加自如。与他人发生冲突，并不能帮助孩子为克服困难做好应有的准备，相反，这只能激起他的敌意、焦虑与争执，让他更容易陷入冲动和仇恨的陷阱中。其结果只能是引起孩子变本加厉的强硬言辞乃至暴力行为，进而激起更大的矛盾和仇怨。在这样的成长环境下培养出来的孩子，要么是欺凌者，要么变成受害者，而这两者均不利于他们处理任何社交矛盾，不但无助于解决问题，反而只会制造出更多的新问题。

的确，孩子必须学会抗争——但对象不是父母，因为父母应该是他的朋友。他的好战精神有足够多的出路。广袤的世界给他无限多的机会去消耗他的精力，让他体会克服障碍、获得胜利的感觉。之后，在他与玩伴和同学的相处中，他也会得到不少机会体验类似的感觉。他当然要学会与敌对力量相抗衡，并在必要的时候与好斗、恶意和坏心眼的对手斗智斗勇。然而，更重要的是他必须学会如何与人协商，如何与朋友和同事在不发生争执的前提下解决纷争。尽管当前社会强调竞争，但是与他人发生冲突，包括与兄弟姐妹的博弈、打压别人以突出自己的竞争，都不应该成为孩子成长中的必要环节。竞争绝不应该被视为不可或缺的成长刺激。尽管人与人之间必然出现利益和意见的分歧，但是分歧从不意味着必须靠敌意甚至敌对才能解决。

如果父母熟练掌握以平和的方式教育孩子，是完全可以避免与孩子发生冲突的，毕竟这样的冲突从来没有好结果。可由于父母并不熟悉这些技巧，他们无法和其他受过训练的人一样，知道如何在相互尊重的基础上以平和的方式解决分歧或利益冲突。因此，这类父母通常只知道两种办法，要么跟孩子对战，要么向孩子屈服。可是，这两种方法都达不到目的，因为都不可能与孩子达成共识。跟孩子对战是对孩子的不尊重，向孩子屈服则是对自己的不尊重。不论哪一种选择，都会导致下一轮的冲突，因为战败方一定会还击，另寻机会来重建他丢失的威信。当孩子想要的与父母想要的不一致时，除了上述两种方法，大多数父母往往束手无策。甚至许多人同时使用这两种：要么是先跟孩子开战然后举手投降；要么相反，先是纵容孩子，意识到行不通后又会跟孩子开战。可是，正确的教育方式是既不跟孩子开战，也不向孩子屈服。不论用什么办法，只要在没有冲突和投降的情况下达到目的，那就算是好办法了，因为唯有做到这一点，双方才能最终达成一致。一时的妥协有可能达成一致，但并不持久，因为双方都有可能对此感到挫败和不满。唯有找到双方都能接受的共同点后，妥协才能达成共识，否则只能是把一方的意愿强加到另一方身上。

（3）鼓励是教育中所有建设性影响的媒介。孩子的成长需要鼓励，正如同植物的生长需要水一样。由于孩子的人生是从什么都不会开始的，而且在之后的成长阶段中还会经历许许多多令他沮丧的无能与无助，因此孩子非常需要家长明确的、刻意且持续的鼓励，来帮助他培养自信、力量、社会兴趣以及成功应对人生所需要的一切技能和能力。

我们无法将某个特定的教育方法归类于这三大基本原则中的任一种，因为这三大原则是密不可分的。适应是目的，平和是技巧，鼓励是核心。正因为如此，大多数教育过程都会涉及这三个方面。哪怕是最简单的单一措施都是如此，例如发出一条指令，更不用说各种以"权威"为名的管教手段的组合力量了。毫无疑问，孩子需要成年人的引导，父母作为孩子的教育者必须得到他的尊重，父母的要求也必须在没有不当干扰的情况下表达出来，尤其是当孩子尚小且理解力有限时更应该如此。但是，能够获得权威、维护权威的方式，从来都不止一种。我们既可以通过理解和友善赢得权威，也可以通过高压和武力把权威强加于人；既可能是父母以居高临下的姿态强行颁布的命令，也可能是全体成员——包括你也在内共同约定并遵守的规矩。

因此，能够影响儿童教育的因素，不但极多而且复杂。在接下来的内容中，我们将讨论几个最基础的因素。

A. 维持秩序

良好的家庭氛围，有助于孩子的健康成长

每个社会群体都有自己的风俗习惯。每个家庭本身就是一

个小社区。如果让争吵和纠纷、凌乱和无序、猜忌和自私成为家庭生活的基调，那么无论孩子天生的性情和遗传基础有多好，他都会养成这样的做法和习惯。因此，教育的结果很大程度上取决于家庭的氛围。如果家庭中基本行为准则与社会常规行为准则不符合，孩子就无可避免地会在学校、工作乃至婚姻中遇到各种问题，无法与他人正常交往。

父母的榜样是最重要的。如果父母粗枝大叶，不讲条理，孩子怎么可能养成有条不紊的习惯呢？如果家里没有人按部就班地努力工作，孩子又怎么能学到兢兢业业的勤奋作风呢？如果家中天天吵闹不休、谩骂不止，孩子又怎么能培养出友善温和的举止呢？只有在一种情况下，孩子的成长会与父母的示范完全相反，那就是当孩子对父母心怀敌意时。唯有在这种情况下，父母的坏榜样反而会刺激孩子培养出良好的行为模式。在一个门风败坏的家庭中成长为一个诚实能干的出色人才，这也不算是稀奇事。这种家庭中的孩子若能找到他人支持与父母对抗，那么出现这种结果的可能性会更高。但是，我们却不可把希望寄托在坏榜样可能带来的好处上。相反，家庭氛围越好，孩子健康成长的可能性也就越大。

家庭氛围，一部分取决于社会环境和经济条件，另一部分取决于父母的整体人生观，还有一部分取决于父母的性格、教育、修养、智力水平、精神信仰，以及夫妻的婚姻质量。要改变整个家庭背景是不可能的，但是有些重要的因素仍然可以通过觉察和理解加以改变。善用智慧的父母还可以利用无法避免的不利条件，比如疾病、贫穷或社会困境，来激发孩子的积极心态和奋斗精神。

父母甚至应该在孩子出生之前就为孩子的健康成长做好铺垫和准备。夫妻间若是发生争吵，不和谐的气氛就会笼罩整个家庭。唯有双方的善意、相互的尊重、彼此的包容，才是营造家庭和睦气氛的必要前提。孩子会从父母那里吸收对于人类的第一印象。因此，做父母的必须仔细观察自身行为，并不断地努力自我改进。

孩子对于家庭之外的大千世界的第一印象，也是从父母那里得来的。因此，父母如何在孩子面前呈现外部世界，也是非常重要的。比如，父母是如何谈论别人的；跟邻居交往时，父母是带着友好的态度、真诚的兴趣、善解人意的智慧，还是居高临下的姿态；父母是讲求公平公正，还是喜欢吹毛求疵，或是看谁都往最糟糕的方面想……孩子看待事物的大多数偏见，都来自他的父母。

孩子是通过父母的眼睛来认识这个世界的。因此，父母对世界的看法是至关重要的。如果父母能有清晰而明确的人生观，那是很好的事情。任何明确的信念，无论是宗教的观念还是世俗观念，无论非宗教的信念还是道德观念还是科学原则，都可以形成积极向上的力量。父母的世界观越清晰而充分，就越能始终如一地遵守道德与秩序，你的孩子也就越容易接受社会规则的要求。

父母的谈话，会表露出对待生活问题的态度。孩子在家里听到的内容，对他未来的成长至关重要。父母必须留心自己在孩子面前都说了什么，而且永远不能低估孩子的理解力。孩子比你想象的要聪明得多。孩子也许未能掌握逻辑性和推理性的一些词汇，但是在他小的时候，就已经能够捕捉到成年人之间对话的基本含义。父母向他展示这个世界时，应该尽量采用能激励他心智和精神的方式。父母和周围其他人所表现出来的悲观主义是无法令孩子感到快乐和满足的。一味谈论人世间的堕落与弊病，并不能激励孩子成长为对社会有用的人。

父母应该向孩子展示地球的美丽和艺术的高尚。父母可以教导他欣赏大自然的神奇，享受知识和思想的乐趣。如果父母能在餐桌上、在散步时经常跟孩子谈论这些话题，他可能很早就会对这些事情感兴趣。除了恰当的教育措施之外，家庭氛围本身可以在促进孩子精神、智力和情绪的发展上发挥作用，并对他的性格、气质和心态产生非常持久的影响。如果孩子的成长环境从一开始就是平和而安宁，充满建设性的、积极的力量，那么在他日后的教育过程中就可以省去很多的艰难困苦。

我们必须认识到，在当今这个缺乏安全感、处处冲突且竞争激烈的时代里，要营造出完美的家庭氛围是很难实现的。然而，我们切忌将家庭氛围不和谐的责任归咎于整体环境，或者孩子的（外）祖父母，或者夫妻双方的其他亲戚，也切忌将责任推给夫妻中的某一方。这么做不仅会使现有的紧张形势更加恶化，而且还会引发更多的矛盾与冲突。如果想要改善家庭氛围，父母只能反省自身的行为，追求自身的改进，提高自身的贡献。面对扰乱家庭秩序与平和的不利因素，比如经济困难、父母性格的缺陷、夫妻关系的不和、住所的拥挤、邻居或亲戚的不欢迎，以及疾病的不幸，等等，我们都必须在此时更加注意自己对待孩子的方式，以及给孩子造成的影响。抱怨、气馁、怨恨等情绪，无论有多么合乎情理，又有多么值得谅解，都只会让已经糟糕的局面雪上加霜，更进一步损害孩子的正常发展。

尊重每个家庭成员的权利和义务

社会生活需要一定的行为规则。有些规则适应范围广泛，所有成员都应该共同遵守；还有些规则规定的是某些成员的部分权利。也许没有哪个家庭真正编纂过完整的"家庭法则"，但家庭习惯和默契约定仍然牢牢支撑着家庭行为规范的有效性。

父母通常认为，他们已经制定了相关规则来约束孩子的行为，比如要保持整洁、有序、诚实、友善、勤奋，等等。然而，只有当父母遵守这些规则时，孩子才会认为这些规则是对每个人都有益的，才会不加质疑地照着去做。这里的基本前提是规则面前无人例外。否则，孩子就不会认为这些规则是整体社会秩序的必要体现，而只会将其看作是强加给他的不公平举措。

当然，每个家庭成员都有不同的职能，这也意味着他们每个人都有不同的权利和责任。不论是孩子还是成年人，都对不平等非常敏感，也对任何似乎比别人享有更多特权的人持怀疑态度。他们经常打着公正公平的旗号，对自己承担的角色表示不满，可实际上，他们的动机无非是出于竞争意识，出于他们对整个现有秩序的反叛意识。孩子这样的反叛意识通常表明，他实际上不肯承认也不愿接受这一事实，即由于他身负的家庭职能与父亲或母亲或兄弟姐妹的不一样，因此他肩上的责任和他享有的"权利"也与他们不同，尽管这是不可避免的且合乎逻辑的事情。可是，这世上没有所有成员都负有相同的个人职责和特权的社会群体。最关键的是，职责的不同并不意味着彼此之间的不平等（为了能让孩子认清这一点，所有家庭成员也都必须认同这一点）。每个家庭成员的特定作用都应该且必须得到所有成员的充分认可、重视与欣赏，作为这个集体中有意义和价值的一员，他的重要性必须得到充分的重视。得到这一切本是他在家庭这个小社会群体中的权利：无论其他家庭成员的身份是什么、要做什么事情，他的所作所为都应该得到所有家庭成员的欣赏、认可和尊重。

在一个家庭中，每个成员都因肩负不同职能而需要被尊重，我们往往容易忽视这一点。为家庭提供经济来源的人，也就是养家糊口的人，通常是父亲，他当然有一定的特权。他的工作时间当然会影响家庭日常作息的安排。但这并不意味着其他家庭成员的职能就是次要的，甚至是价值低的。不论是妻子还是母亲，都不应该被贬低到次要地位。她的许多职能也赋予了她一些特权，使她在教导和管教孩子、在日常生活的管理上有绝对的影响力。然而，这样的职能并没有赋予她像女王般统治丈夫的权利。任何侵犯他人社会地位的行为，都会损害对方的正常职能。对任何家庭成员而言，众人给予他的认可和尊重越少，他在履行自己职能时的能力就越差。这是一条不言而喻的真理，任何社会群体都可以有很多的经验，尤其是家庭生活中的经验，来证明这一点。认清这个道理，对孩子的教育有深远的影响。

孩子拥有哪些权利？这一问题值得父母认真思考。父母有可能会认为，孩子的生命是你赋予的，他的生活是你照料的，所以他亏欠你，他的一切都属于你，他没有自己的权利。或者相反，你也可能认为是自己亏欠孩子，一切责任都归于你，因为是你带他来到这个世界的，那并非是他自己的意愿。这两种态度都不利于孩子适应社会。从孩子出生的第一天开始，哪怕他还是婴儿完全不能照顾自己，他就已经是家庭中的正式成员，有属于他的明确的权利和义务。不论是剥夺他应有的权利，还是赋予他太多的特权，都会导致他试图剥夺其他人拥有而他没有的权利。

前文中已经提及，婴儿也有按时休息、睡眠和哺乳的权利。随着孩子活动范围的不断扩大，他的权利也随之不断增加，包括有权享受更多的自由和独立，得到适当的机会与同龄小伙伴玩耍，发展他的主动性，体验他的能动力。哪怕他非常年幼，也需要得到机会做出有益的贡献，比如帮忙做家务、为家人提供服务。他还有权针对自己的一些事情做出决定，有足够的选择空间，以合理的方式获得必要的实践能力。

此外，孩子还需要一定程度的认可。当父母贬低他的活动时，也就压制了他的成长。父母必须明白，玩耍对于孩子而言，如同成年人的工作一般，是非常严肃且重要的事情。这对于培养和拓宽孩子对世界的认知至关重要，其作用并不比年轻人在大学里学习知识、拓宽思想要小。通过玩耍，孩子获得将来生活所需的技能和能力。他学会运用自己的身体，明白他周围各种事物的形态和含义；他锻炼了身体的灵活和头脑的灵动，培养出与他人一起生活和工作的能力。父母不要把孩子的玩耍与成年人的游戏等同，这样的想法是大错特错的。孩子所做的每一件事都是在为未来的生活做准备。

同理，孩子第一次尝试独立的行为，比如他想要自己洗漱、穿衣、收拾玩具和衣服，父母都必须明确地表达出对他的认可。还有一个很重要的原则，不论孩子年龄大小，是男孩儿还是女孩儿，他的行为都不该被判定为比家庭中其他孩子更重要或者更次要。

每个孩子负有的责任，与他拥有的权利和特权直接相关。他的权利与责任，都是他的天然职能所拥有的。比如，睡觉和休息，不仅是他的权利，而且是他的责任。年幼的孩子不仅有"责任"，而且有"权利"比哥哥、姐姐更早入睡。孩子必须适应家庭的日常生活模式。家人不能允许他扰乱家中秩序，他也必须学会尊重家人的权利，就像家人也都要尊重他的权利一样。互惠互利是合作的基础，要做到这一点需要所有家庭成员不断在彼此的权利中寻求平衡。

教孩子遵循规则做事

孩子必须清楚地意识到别人对他的期望和要求是什么，才能恰当地调整好自己，适应环境的需要。现有的行为规范越是普遍适用，他就越容易掌握这些规则的意义。孩子是通过一再重复的体验来学习的，因此只有在任何情况下都要求他遵循同样的行为规则，他才能真正理解规则的明确要求和限制。父母每一次不按规则行事，都会对孩子理解规则、执行规则带来负面影响。

比如，父母很难让孩子养成饭前洗手的好习惯，除非从很早就定下这个规矩，并且坚持不懈地一直保持下来，从不允许出现例外。规则一旦被制定，就必须在所有相应的场合下都始终如一地贯彻执行。一旦孩子意识到，某条规则对他始终都有恒定的约束力，他就会自动接受并遵守这条规则。因此，当父母第一次要求孩子遵守某条新规则时，必须格外用心。孩子对遇到的新状况的第一印象，对他后来的行为具有非常清晰而强烈的影响。父母切不可在开始时放纵孩子，错误地以为随着时间的推移，孩子自然能学会遵守必要的要求。父母的放纵等于是在告诉孩子，你的规则与要求他是否遵守都无所谓。再比如，父母要求孩子用过文具后要收拾整齐。唯有你一直坚持这项要求，孩子才能养成保持整洁的习惯。如果孩子没有在每次学习之后都整理好书本和纸张，他便会觉得不必遵守你偶尔想起来要求他保持整洁的命令。再举个例子，假如偶尔因为赶时间，孩子来不及洗漱就匆忙赶去学校，那么他就有理由认为，以后上学之前都不必每次洗漱好才出门。如果某一天你坚持让孩子对你给出的不重要建议立即做出反应，可是另一天你却并不在意他一再无视你的要求，甚至当他靠耍小聪明躲过应该完成的任务时，你还觉得那挺有趣的，那么你怎么能指望孩子认真听从你每次提出的要求呢？

父母不允许孩子说谎，告诉他骗人是非常不光彩的事情。然而第二天，收账人员上门催款，你却派孩子出去，告诉收账人你不在家。到底该不该说谎，孩子能得出什么样的结论呢？又或者，家里来了客人，孩子在客人面前表现自己，他活泼大胆且十分讨喜，让众人开怀大笑，你也倍感骄傲。几天后，你正在与一位朋友谈论一件严肃的事情，孩子又像上次那样做出同样的滑稽行为，可是这一次你却生气了，把他关回自己的房间，他当然会感到莫名其妙。孩子该怎么理解父母的意思呢？做出同样的行为，为什么有时你会高兴，有时却令你恼怒呢？如果父母不能学会在要求孩子时始终保持一致性，那就很难指望孩子能随时听从你的指令。

温和而坚定地向孩子提出要求

在父母向孩子提出任何要求之前，你必须先想明白是否有必要。如果你不是很确定，不妨先问问孩子的意见："我们明天去看望外婆好不好？还是你功课太多去不了？"在这种情况下，要尽量避免提出明确的要求，因为你有可能会收回自己说的话。与年龄较大的孩子打交道时，这一点尤为重要。只要想要对孩子提出要求，都必须先仔细思考一下，看情况是否允许或者需要给出明确的指令。

但是，一旦做出决定，父母就必须真正地落实，坚定地要求孩子执行。你的语气会让孩子知道你到底有多坚持。孩子的观察力极其敏锐，你脸上的表情、声音的变化，都会透露你真实的想法和目的，远不是你以为能隐藏的。

然而，父母的要求有多坚决，却不能以声音来衡量。许多父母以为他们必须大声喊叫才能达到管教的效果，可事实却恰恰相反。大喊大叫通常表明你心里不是很笃定，孩子立即就能识破这一点，并加以利用。诚然，父母的指令必须坚决，但是音调越是低沉，反而越是有效。正是音调的变化表达出我们的坚定程度。

如果父母想要得到令行禁止的效果，就应该尽量少发出直接的命令。最好是遇到紧急情况，必须要求孩子当机立断做出反应时，才发出这样的命令。在大多数情况下，最好不用命令式语句，因为唯有极少运用这种方式，你才可能做到以恰当的方式监督指令的执行。如果孩子已经形成印象，认为他可以不必立即服从你的命令，那么以后你的话只会越来越没有分量。

大多数命令都可以用友善的建议替换："你觉得这么做……是不是挺好的？""如果你能这么做，我会非常高兴。"

👧 让孩子体验自然后果，培养孩子的秩序感

让孩子体验他不当行为的自然后果，是教导他遵守秩序的最重要的方式。任何直接的干预，包括命令、说教，或责骂，都只是来自外界的推动力，这会让孩子或多或少地认为自己是不得已做出了特定的行为。若孩子能自愿自发地调整自己的行为以适应情形的需要，主动做出恰当的回应，他就能从内在产生推动力。如果他内心深处还未准备好遵守秩序，那么所有的教育努力都只会效果甚微、时效短暂。唯有当孩子意识到遵守行为规则要比违反规则更令他满足，他才能发自内心地接受规则的约束。让孩子体验自然后果的过程，是不涉及屈服或羞辱的。只有通过这样的方式，孩子才能心甘情愿地学会承担相应的责任，不论那份责任是令他愉快还是令他不愉快的，都会在必要时克制自己的愿望而适应情势的需要。

当孩子犯错误时，他往往能得到一个天然的良机，从事态的发展中体验到令他不快的感受，除非父母因为不必要的怜悯而出手干预。可是，父母却常常因为不必要的羞耻感或者骄傲而做出不该做的事情。比如，孩子没有在规定的时间内起床，又在穿衣服时磨磨蹭蹭，最后上学迟到了。父母这时往往非常愿意为他写一个纸条替他向老师解释，让他免于承担浪费时间的后果；或者，为了让他避免迟到，出手帮助，替他完成了本该他自己去做的事情。

孩子经常会遇到各种犯错的机会，随之而来的后果会在孩

子的头脑中自动留下印象，让他知道正确的做法是什么，父母无须特别努力就能帮他建立规则意识。如果父母能不被自己不必要的热情冲昏头脑，不主动破坏这些宝贵的机会，不去阻止孩子体验那些让他感到不快的后果，就给了他从经验中学习的机会。如果孩子不留心脚下，就会摔跟头，这种自然体验提供了充足的机会；如果他把左脚的鞋子穿到右脚上，他会感到夹脚；如果他动作太慢，就会错过一些乐趣或活动。只有在家里的成年人都不出手干预的情况下，自然后果才能形成恰当的影响力。这种自然的约束力以后能让你和孩子省去很多烦恼。

　　不过，在某些情况下，我们有必要设计出一些后果让孩子体验。父母可以想出一些不伤害到孩子的办法，让他知道炉子会烫、针会扎疼人、椅子可能会向后翻倒。这些事实都非常重要，虽然你可以严厉禁止或者吓唬他不许触犯，但效果远不如你在不经意间让孩子自己注意到这些事实的效果更好。同样，父母还必须确保孩子能体验到他的某些行为造成的后果。如果孩子不按时吃饭，他会看到人人都得到了自己那份食物，唯独他例外；如果他没有收拾好玩具，那么第二天他就会毫不意外地发现找不到那些玩具了；如果他在准备出门散步或者游玩时动作太慢，那么他就会发现你已经出发了，把他留在那里。

　　但是，父母绝不可让孩子觉得这些令人不快的行为后果是对他的惩罚[1]，或是你的敌对行为。在这种情况下，父母必须保持完全被动但充满仁慈的态度。父母可以对孩子不得不经历这些苦恼表示遗憾，不过，你却不可主动伸出手"帮助"他，让他摆脱这些痛苦。在这些体验的背后，只要他能发现一以贯之的规则不仅约束着我们的行为，而且约束着他的行为。只要他体验到的后果不是被成年人强行施加在他身上的，而明白是符合逻辑的自然后果，那么他就不会认为这样的结果是因为你对他的敌意而造成的。

这种自然后果的影响力，是最有效的育儿方法之一，能教导孩子尊重秩序、遵守规矩。然而，这也是最难掌握的方法之一，因为父母没有接受过这种训练，不懂得以这种方式思考和行动。很多人都很难理解"后果"和惩罚之间究竟有何差别。从表面上来看，这么区分像是故弄玄虚。这两种方法对孩子来说都会令他不舒服。那么，为什么要对这两者加以区分，并强调其不同之处的重要性呢？从心理学的角度来说，这两者间的差异非常大。父母跟孩子讲道理，孩子可能不愿理会，但是孩子对心理感受的影响反应更加灵敏。他有可能会像抗拒惩罚一

1　卢梭（Rousseau）和赫伯特·斯宾塞（Herbert Spencer）等人，将这些自然后果称之为"自然惩罚"。不过，如果某种行为后果只是失误时的必然结果，这种说法就有失准确了。孩子的这种情况其实与成年人很相似，一样是做了不恰当的事情之后就只好承担不愉快的后果。比如一个人不愿意工作，那他自然因此无法谋生；或者他脾气暴躁，那别人自然不愿与他为伍。这样的结果并不是惩罚，也绝不该被视为惩罚。它们无非是符合逻辑的自然后果而已。这正是我们应该教给孩子的，让孩子懂得以同样的方式来看待他的行为所形成的自然后果。

样抗拒"后果"，而且不论是哪一种，他都想要尽量逃脱。但是，这只不过是一时的反应而已，常识观念很快会让他意识到你的做法可能是对的。"后果"是孩子从心里可以接受的，而"惩罚"只是他可以忍受的。

父母必须认真学习和练习，努力掌握并运用这种教育方法。在运用时，需要思考、斟酌和想象。当与孩子发生冲突时，如果你适应自己的冲动，那只能是继续跟孩子对战，你也只能靠武力取胜。因此，你就放弃了使用自然后果来解决问题。

有几个标志，可以帮助你认清"惩罚"与"后果"这两者之间非常细微且重要的不同，并将这两者区分开。其中之一就是我们上文已经提及的，即孩子的行为与后果之间必须有他能够理解的内在逻辑。假如父母告诉孩子说，如果他不吃晚饭就不可以去看电影，这是不合逻辑的，但假如告诉他，看完电影后没有按时回家，那么下星期不许他去看电影了，这就是合乎逻辑的。

"惩罚"和"后果"这两者间还有一个非常重要但难以掌握的区别。后果，只是不当行为的自然后果，绝不是我们对孩子的报复行为。如果你对孩子说："因为你行为不当，所以你现在必须……"那么这就是对孩子的惩罚。后果则更像是一种邀请："只要你行为不当，那就不可以……"这样的表述强调的不是已经发生的事情，而是接下来会发生的事情。这让孩子有机会进行自我调整，而不是让问题就此结束。后果与惩罚在结构上的根本不同，我们可以通过下面的简单情节加以理解。假如孩子不遵守规矩，十分吵闹，这时，如果你说："我实在受不了你这么闹腾了，现在回到你屋里待着去！"这就是一种惩罚。如果你这么说："很抱歉，如果你再这么打扰我们，你就不能和我们一起待在这里了，那就只好请你回到自己的屋里去，直到你举止得体了再出来。"不论是前一种说法还是后一种说法，你都坚持让他离开了这个房间。按照第一种情形去做，把他关回屋子便是这个情形的最终结果；而按照第二种情形去做，孩子可以在他觉得自己准备好遵守规矩后立即出来。要改变现状，取决于他自己。

　　总是留给孩子一个选择余地，这非常重要，尤其是在气氛紧张，他拒绝服从的情况下。成年人是按照逻辑而不是心理感受来行动的，他们会认为这样的选择根本没有意义，毕竟对他们来说，不论让他选择哪一种，结果都是糟糕的。可孩子却不同，能给他一个选择，对他来说是非常重要的。比如，你对他说："你是想自己离开这间屋子，还是我把你抱出去？"在我们成年人看来，离开屋子这件事，无论在哪种情形中都同样令我们感到不快。可对孩子来说不是如此，如果他可以自己做决定，他会觉得这对他很重要，因此做起来也就不那么勉强。即使他此时不回答，你也可以接着说："如果你不想自己出去，那我就只好抱你出去了。"在大多数情况下，只要孩子还没有陷入过于固执和敌对的状态中，这种选择往往可以挽救局面。如果孩子已经大了，你无法再抱他出去了，在这种情况下，你可以给出的选择，要么是你离开屋子，要么是他离开屋子。如果他不离开，则是你主动离开；如果他跟着你，你就走出家门。如果他还跟着你，便不理睬他，不管他做什么都不理会，那么局面还有可能挽救的。不过走到这一步已经是非常极端的情况了，对于大多数孩子来说，不用走到这一步，事情就已经得到解决。通常，如果孩子觉得你是认真的，他很可能在你第一次给他选择机会时就做出反应，尤其是他已经从以前的经验中知道你会说到做到。

后果和惩罚的另一个重要的区别，是父母说话时的语气。如果父母用严厉、愤怒的声音说话，那么心里想的就是惩罚孩子。如果父母能保持友好的态度，那便是在向孩子强调不是你想要怎样，也不是你在展现威风，而是规则就是这样，我们不得不遵守。在前一种情况下，父母站在了与孩子对立的立场上，因此他会感觉到你对他本人的拒绝。在后一种情况下，你针对的只是孩子的行为，他不会觉得自己的个人价值受到了威胁。父母语气的不同，也体现了亲子关系的不同。在惩罚孩子时，父母的愤怒已经破坏了亲子关系；而让孩子体验后果时，父母会保持住友善和同情心。

虽然在运用逻辑后果时父母可以保持同情心，但是在孩子可以通过后果获得经验的关键时刻，你不要让被夸大和被误导的同情心扰乱自己。此时，不恰当的同情心会让你掉进孩子设下的陷阱中并且做出让步，无论是被要求给予的还是自发给予的，都会导致削弱你的影响力。比如，他向你保证就这一次，下次再也不会了。这种许诺，不论是他主动提出的，还是在你的逼迫下提出的，此时你都不该接受，不应答应他："好吧，不能有下一次。"（我们永远都要给孩子"下一次"犯错的机会，一旦他已经因为行为后果而接受一次教训，事情就已经发生了，不应该再拿过去的事情来威胁孩子）在这一刻，是你行动的时候（落实到自然后果），而不是说话的时候（跟孩子分辩）。

下面我要用一个简短的小故事来结束这最重要的部分。

一个十一岁的男孩儿，被父母带到我这里来接受咨询治疗。孩子和父母之间的根本问题是权力之争，其具体表现集中在一个主要问题上，那就是孩子从来不会按时回家吃晚饭。这个问题给这家人带来了无休止的争吵。无论父母怎样惩罚或者奖赏都毫无作用，他总会迟到。我提出了一个简单的解决方案：如果他迟到了就不必给他留晚饭了。但是，在这个案例中，孩子的父母，尤其是孩子的父亲，完全不认为我这样"惩罚"孩子有任何道理，毕竟"孩子需要营养啊"。我花了半个多小时，好不容易才说服那位父亲，尝试这种方法的确很必要，至少也要试一周。一周后他再次过来时，却告诉我说，这办法不起作用。我很是疑惑，询问详情。父亲向我保证说，儿子第一天、第二天和第三天都因为回家太晚而没有吃晚饭。我知道，如果孩子真没有晚饭吃，一般来说不会如此执拗。于是，我进一步详细询问，到底发生了什么。当我问及这孩子在那样的情况下是否真的没有任何食物时，父亲答道："我总不能让他饿着肚子就睡觉啊！"

原来如此！看到儿子饿着肚子上床睡觉，父亲心碎了！但是，同样是这位心肠柔软的父亲，却可以狠下心来揍儿子，严厉惩罚他的反叛行为。

B. 避免冲突

与孩子发生冲突后，不断反思自己

处理育儿的一些问题时，父母怎么做，对引导孩子的发展方向有至关重要的意义。此时，如果父母不假思索就行动，就错过了这些教育良机。不反思也不斟酌自己的做法，是不可能有效地引导孩子的。如果父母总是冲动行事，遇到事情时只是率性而为，那么在与孩子打交道时，你就不能有效教育孩子。因为孩子会千方百计地设计出一个又一个的新花招以达到他的目的，比如吸引你的关注、逃避令他不快的责任。在这里，我们再次看到孩子的观察力有多么敏锐。他很容易就能发现父母、老师和其他成人最细微的弱点，并加以利用。他很擅长操纵两个成年人互相对抗。他明白该如何以不同的策略来应对，而且对两者都能应对自如。当遇到某种情况时，孩子的顽固与反抗可能会奏效；另一种情况下他会采取哄骗与乞求，或者还可能换成眼泪汪汪自怜自哀。他总有办法对付每一个人、每一种情况。

在这方面，父母可以从孩子身上学到很多东西。为了确定哪种教育方法才最适合处理眼下的局面，你也必须仔细观察，然后决定什么是最佳方式、最佳程序。如果你能识别出最适合此时的自然后果，并任其自然发展，让逻辑后果发挥作用，让孩子体验由此产生的不愉快后果，你就能有效地纠正孩子的某个坏习惯。但是，要做到这点，认真地思考和安排是不可或缺的，因为父母必须让孩子明白前因后果的逻辑，还必须事先想清楚他可能做出的反应。也许他不会平静地接受不愉快的体验，要么表示抗拒，要么使出哄骗和哭泣等手段，也许还会做出新的不当行为。这时，父母需要遵守这样一个重要原则：每次只能专心处理孩子的一个行为问题。如果想要几个问题一同解决，结果很可能是哪一个都解决不了。举例来说，孩子挖鼻孔，你可以设计一个逻辑后果：如果他又挖鼻孔了，你可以拒绝碰他的小脏手。然后，无论他作何反应，你都必须完全不予理会，否则就破坏了这个措施的效果。既要纠正一个坏习惯，同时又要禁止孩子为了对抗自然后果的压力而做出的各种反抗行为，这是不可能的。

任何一种教育手法，只要能谨慎而坚持地应用，都是有效的。父母在纠正孩子时的动机和手段，应该都是理性思考后的结果，不可任由自己一时冲动就肆意妄为。这种冲动，常常能彻底支配教育者的情绪，严重破坏教育方式的实施。因此，在教育孩子的过程中，我们有必要尽可能地摒除情绪的干扰。担心、烦躁和愤怒——无论这些情绪多么值得理解——都是我们感到软弱、无奈的表现，而且总是出现在我们对孩子束手无策的时候，或者觉得自己已经让步太多，必须以某种方式坚定立场的时候。但是，你在这种无可奈何下采取的任何行动，都注定不会是恰当的。孩子的恶意或敌意可能使你感到愤慨和恼怒，这是每个人都能理解的事。可是，一个普通人发泄这些情绪或许情有可原，作为教育者，却是万万不可的。假如有人看到一个男孩儿在折磨一只动物，他可能会怒不可遏地打他一巴掌。可我们必须意识到，这一巴掌，仅仅是一个普通人气急败坏之举，而不该是一位教育者的应有行为。这一巴掌也许是有道理的，但它能否纠正这个男孩儿的残忍习惯，却是值得怀疑的。

如果教育者对自己的能力和效果没有信心，那么此时的教育方式也就不可能取得多少效果。"情绪失控"表明你此时已经对自己失去信心。因此，如果你注意到自己因为孩子而变得激动起来，或者由于任何原因你觉得有可能会情绪失控，那么，你最好能暂时放下一切，当即撤离"战场"。等你努力恢复了镇定，平静下来后，再好好思考到底应该怎么做。

不要说没有时间思考，或者说工作和担忧已经让你不堪重负。诚然，思考的确需要时间，但是与你花在频繁的告诫、训斥、惩罚上的时间是没法比的，更何况你花在这上面的时间是完全无效且有害无益的。只要花一点儿时间来思考，便足以让你省下很多的烦恼和担忧，从长远来看，这样做实际上能大大节省你的时间[1]。孩子调皮捣蛋时，不假思索地打骂，看起来似

---

[1] 有些父母被孩子气得完全控制不住情绪，以致都无法正常生活。这些人需要进行心理治疗，学习育儿知识，重新给自己的生活定位。

乎更简单、更快速，但是，在自我克制和深思熟虑之下采取的行动，必然更加理智，也更加有效。

当然，这个建议不适用于真正的紧急情况。在发生紧急情况时，父母要做的不是履行教育职责，而是当机立断采取行动，避免让危险造成伤害。我们必须牢记，要教导孩子、管教孩子，必须等待危险关头安然度过后，在真正的危险关头，绝对不是教导孩子的时机，此时的斥骂，更多只是为了宣泄你的紧张情绪而已，起不到避免孩子以后再犯同样错误的作用。真正非常危险的情况，远没有你以为的那么频繁，父母眼中的危险，大多数只是因为对孩子的过度担忧罢了。

👦 教育孩子，要克制过度干涉和冲动

教育者尽力克制自己的冲动，是最有利于教育孩子的根基之一，但也是最难做到的。认真观察、对孩子的活动少加干涉，这不但会对在之前描述的气氛紧张时刻有益，而且在任何情况下都是有益的。如果父母确实做到这一点，那么当你真正需要发挥自己的影响力时，出手干预会更容易奏效。而且，你也因此减少了可能干扰孩子成长的风险，这对孩子而言是极其重要的。最好的教育方法，一是尽快停止所谓的"教育"；二是教育目的是把一个没有责任感的管教对象，转变成一个独立自主的、富有责任感的社会成员。

孩子很小的时候就能承担起自己的责任，并积极主动地履

行。当然，这并不是说我们因此可以忽视孩子。孩子需要我们的爱和温柔，鼓励和刺激。父母永远不应对孩子淡漠疏离。但是，作为孩子的教育者，除了必要的教育之外，你同样不应该随意干扰孩子。有些情况下父母必须积极采取行动，但这种情况其实并不多。你必须尽可能地让孩子从自己的体验中学习。而要做到这一点，你必须学会自我克制。父母的职责并不是替孩子做所有他可以做的事情。这种代劳的倾向，无非出自父母过度的恐惧或渴望，以此证明你的重要地位和能力。

教育孩子应该灵活多变

如果父母在行动之前先观察与思考，你的方式自然不会死板而僵硬。你会设法检测和验证所用方法的直接效果。不愿动脑筋的父母往往喜欢遵循一套固定的做法，这种陈旧的做法很可能是从他的父母那里学来的，也可能是在某种场合下曾经使用过的，不愿意思考而沿用下来的习惯。这样的父母，无论孩子做出哪种不当行为，都会以同样的方式来对待，比如哄骗、咆哮、责骂，甚至以一顿暴揍相威胁。而孩子通常早就预判到你面对他的某种行为会有什么反应。他已经把你的态度视为理所当然的事情，并学会了视而不见、充耳不闻，其结果便是你所有的告诫和努力都丝毫不起作用。

虽然我们建议父母应该采取灵活多变的方式，不过这与之前提出的保持一致性的建议并不矛盾。社会要求和行为标准必须明确而牢固地确立，你必须持之以恒地坚守。但是，让孩子认清并遵守这些要求和标准的具体方式，却必须灵活多变。

死板的方法往往不起作用，还有另一个原因。每个孩子都有不同的具体要求和需要，而且即使是同一个孩子，你也不应该总是以同样的方式对待他。因为通过改变和调整你的做法，通过观察不同做法的效果，以及通过不断尝试新方法，你总能找到可以更加有效影响孩子的恰当方法。

无论是在教育的细节上还是宏观上，灵活性都是非常必要的。父母必须根据孩子发育的不同阶段不断调整自己的做法，甚至他需要的关注程度也不是永恒不变的。比如，在孩子出生后最初的几个月里，父母应该尽可能少打扰他休息。稍后，他会需要更多的关注。但是几年后，父母必须再次减少对他的打扰，因为到了那时，他会花更多的时间和同龄的孩子在一起。在人生中的某些阶段，他非常乐于接受教育；在另一些阶段，他又会完全拒绝听取建议。有时他会主动找你求教；有时他又会坚持自己做决定。你若坚持僵化的做法，则无法适应每个孩子在不同时期的需求。真正有效的教育方法，应该根据当时的具体情况、跟随孩子的成长与变化随时进行调整。

让孩子做出积极地改变，激发孩子的兴趣

如果父母能够激发孩子的兴趣，他就更愿意对父母的指导做出回应。这本身就足以激励父母不断改变教育方法。父母经

常抱怨，孩子对他们的话充耳不闻，问题是，千篇一律的命令、责备和说教，任谁都会更容易当作耳旁风。

出于这个原因，你的话是否奏效，很大程度上取决于你的语气。你的表情越是生动自然，孩子就越愿意听，而暴躁的态度永远不会让他进入倾听模式。许多父母在对孩子说话时会使用沉闷、死板或者是刺耳的语气。听到这样的语气，孩子要么不想理会，要么明确表示他不想再听。与此类似的还有成年人常用的"宝宝腔"，同样常常令孩子反感，觉得这种腔调实在滑稽，事实也的确如此。

每个与孩子相处的人，都会无数次地遇到怎么都无法与孩子融洽相处的情况。有的孩子似乎太固执，无论怎么说、怎么要求都对他毫无影响。这也往往是父母开始失控的时候，因为你无法忍受自己对孩子的无力感。我有一种方式，在任何情况下都适用，即使你完全不知道该怎么办时也不要紧，一旦使用它，便足以挽救许多看起来是完全失控的局面。这种方式就是先看清楚孩子是怎么预期你的下一步行动的，然后你做出完全相反的事情！不论局面有多么糟糕，即便孩子在表面上完全忽视你，他也会暗自预期你做出某些回应。他可能以为等待他的是唠叨、说教和批评，或者是威胁、愤怒乃至暴打。他已经为此做好了心理准备，并决不动摇。

若想弄清楚孩子如何预期你的下一步行动，你只要感受此时自己想做什么就能明白。你此时最想做的，往往正是最符合孩子预期的举动，正是他想要的，甚至是他所引发的。而此时你突然做出与之完全相反的回应，自然会让孩子措手不及，让他失去平衡。于是，你不仅激起他的兴趣，而且还迫使他重新思考自己的心态。至少，你也因此获得了一个喘息的机会，得以借机采用教育孩子的新方法。比如，孩子以为要挨骂了，你却表扬了他；以为他只能投降，你却认可了他的优势；以为他会被你嫌弃、遭到劈头盖脸的责骂，你却没当回事；以为他会横遭阻拦，你却对他施以援手……所有这些策略，都能在瞬间释放他的紧张情绪，让他能开始有意愿接受你进一步的方式。这样气氛往往会因此放松下来，而孩子在你友善的谈话中也会更愿意倾听。

下面的一段小故事让我们看到，激发孩子的兴趣并引导他做出特定的反应，其实是件很容易的事情。

有一个红色头发的男孩儿，被村里的孩子气得不轻，因为他们总是追在他身后，嘲笑他的红头发。后来，这个男孩儿把他们召集起来，答应每天给他们每人一便士，但有个条件，他们嘲笑他的红头发时要足够热闹才行。孩子们十分意外，但还是热情高涨地接受了，并在第二天按照约定各自收到了一便士。可是，到了第五天，红发男孩儿却不肯再付钱了。孩子们顿时感到愤愤不平："如果那红头发男孩儿不给钱，"他们喊道，"我们才不会白白替他吆喝！"然后，他们转身扬长而去。

信任孩子，才能更好地与孩子合作

当你成功获得孩子的信任时，对孩子的影响力就会大大提高。但是，仅仅靠爱和温柔无法达到这个目的。孩子可能一方面非常依恋你，但另一方面仍对你保持敌意、坚持反抗。你必须彻底赢得他的心，才能让他不再跟你作对，愿意接受你的指导，愿意听从你的要求。孩子对你的信任，不但取决于他相信你能一贯坚持公平、要求始终如一，还取决于他相信你的善意与可靠。而只要你表露出一点点要跟他进行权力之争的迹象，你已经赢得的孩子对你的信心和信任就会化为乌有，他就不会再甘愿与你合作了。

懂得如何在发生矛盾时赢得孩子的心，这一点非常重要。父母可以通过前面讲述的"出其不意"的方法来激发他的关注，不过要赢得他对你的信任和信心，只靠这一方法还是不够的。能达到这个目的的最佳方式，是你的友善和真诚的慈心。孩子的觉察力非常敏锐，他很容易就能分辨出善意是虚假的还是真诚的，也很容易分辨出谁是他真正的朋友，谁是虚假的（尽管有时候从表面看来并非如此，但这句话是正确的。你也许一直自以为是孩子的好朋友，可实际上你对他的态度常常不自觉地带着敌意和恶意）。

因此，你必须始终保持友善的语气。越是在发生冲突的关键时刻，越是有必要做到这一点。如果你在这时不能保持友善的姿态，就不能指望自己的教导帮助孩子，因为不管你怎么做都只会增加孩子的敌意。出于这个原因，你必须避免使用惩罚、责骂这类方法，尽量多地让孩子去体验不当行为的自然后果，而且是纯粹的、合乎逻辑的、对事不对人的自然后果。通过遵循这项对策，你可以保证自己不以不友善的态度出现在孩子面前。严厉的措辞难免会令孩子心生抗拒。

单纯的放纵也不能赢得孩子的信任，不加管束并不会给孩子留下善意的印象，只会觉得那是你软弱的表现。真正能赢得孩子信任的做法，是对孩子和他的各种活动表现出真正的兴趣——和他一起玩、带他去散步、陪他聊天、给他讲故事……不过，在做这些事情的时候，如果你做不到像孩子一样全心全意地投入其中，那只能是白费力气。在这样的愉快活动中，亲子矛盾往往会烟消云散。这样的陪伴对孩子的影响，远比讨好或宠溺娇惯更有益，毕竟后者通常带有令人不快的居高临下的感受，或者有把他当成私有财产的含义。只要平常对孩子表现出积极而友好的兴趣，那么一旦到了需要孩子配合与回应的时候，他一定会心甘情愿地即时做出回应。

善用幽默感，化解与孩子的冲突

有无数种情况会激起孩子的敌意和抗拒。因此，父母需要知道如何在不与孩子发生冲突的情况下消除孩子的抗拒。最有效的办法之一，是把注意力从争议焦点转向别处，这个办法对年幼的孩子尤其有效。如果孩子执拗、赌气而拒绝配合，你只需找到一些能迅速激发他兴趣的事情就足够了。不过，如果孩子极为抗拒、桀骜不驯，这种简单的权宜之计可能起不了作用，尤其是等孩子长大之后，你可能很难快速而轻松地化解他的抗拒。然而，此时你也不需要立即采取行动，因为年龄稍大的孩子已经更有理性，如果真的遇到危险，他已经能更好地照顾自己。至于其他情况下，你可以等待合适的机会，让他自己去体验不当行为的后果。

当小玛丽坚持向深水区走去、抓住尖锐物品、从敞开的窗户探出身子、爬上倾倒的椅子时……你当然要立刻叫住她。如果她不予理会，不妨试着转移她的注意力。比如，你可以这么说以吸引她的好奇心："看看我手里的是什么？"或者吹响亮的口哨，甚至突然拍巴掌——任何能引起她注意的事情都行。在大多数情况下，这种做法足以让她避开危险，情绪无须过于激动。当然，如果孩子已经养成了习惯性执拗，这些方法很可能是不奏效的。在危险关头，你当然不能耐着性子跟孩子周旋，不过，即便事态紧急，你也可以保持友善的态度，比如直接上前抱起她（如果她还小），或者牵起她的手，把她带走。

不幸的是，还有一个能成功缓解局面的方式，却很少有人采用，那就是幽默。许多人倾向于忽略自己的幽默感。不知为何，他们觉得自己有责任保持严肃和庄重，并认为偶尔发出笑声是一种失礼。然而，在与孩子打交道时，我们永远不应该缺少幽默这一品质。如果善用幽默，父母的日子会轻松得多。这不仅可以减轻别人的压力，也可以减轻自己的压力。如果你能把对方逗笑了，他很难再对你抱有恶意。不过，你切不可把幽默与作弄混为一谈。风趣通常在于说话的方式，而且往往不在于说话的内容而在于语调的变化。此外，幽默永远不可尖酸刻薄，否则不但起不到安抚作用，反而会加剧对抗。幽默的目的是让孩子和你一起笑，绝不是让你笑话孩子。

这一点不太容易举例，因为在很大程度上取决于当时的情境、说话的语气和词语的变化。通常，抓住某个场景有趣的一面，感受到你自己的快乐，就已经足够了。如果一时找不到这样的场景，也可以讲一个有趣的小故事、一小段逸闻趣事。小孩子常常会因为最简单的小把戏而笑出声——绳子末端拴着东西晃来晃去，一个幽默的手势，或者一个滑稽的鬼脸。

无论孩子多么生气、固执或叛逆，你都应该始终保持冷静与友善。这是所有父母都必须遵守的原则。一句温暖的话语，一个表达同情和理解的动作，往往都会产生奇迹，将孩子压抑的反抗和愤怒变成哭泣与泪水。毕竟，在许多情况下，孩子的桀骜不驯、粗鲁无礼、固执不从，只不过是为了表达内心受伤、孤独、被忽视。一旦你表现出愿意主动帮助孩子的善意，往往立即就能缓解孩子敌对和紧张的情绪。不过，孩子必须首先对你帮助他的善意有信心，对你的诚意有信心。不幸的是，孩子常常对自己的父母缺乏这样的信心。

孩子发脾气，父母要学会主动退出

　　许多孩子的不良行为其实是为了对付父母，要么是想支使他们团团转，要么是为了打败他们。在这种情况下，主动撤离，也就是父母从"战场"中抽身而去，通常会产生非常好的效果。我们在进行儿童咨询辅导时，很大一部分工作就是帮助母亲如何摆脱孩子的过度索求和施压。当母亲不再懵懂无知地任由孩子操纵时，孩子的行为也必然会发生改变。通常，依赖型的孩子是过度索取的孩子。他们利用一些真实的或假想的无能，或者缺陷来支使母亲为他们服务。如果母亲拒绝扮演这样的服务角色，孩子往往会克服自己的无能或缺陷，发挥出真正的能力。通常，所谓不听话的孩子是专横霸道的。他不但非常善于抵挡任何施加给他的压力，而且善于强迫父母按照他的意愿行事，而不是屈从于父母的意愿。因此，任何强迫他屈服的企图都是徒劳的。但是，如果父母能有足够的智慧不让自己屈从于孩子的压力，孩子就会明白，给父母施压是徒劳的。

　　发脾气是孩子用来制服父母的撒手锏。应对孩子发脾气的最有效的方法之一，是让他独自待着。如果孩子没有了观众，就没有人会被吓到，也没有人会心疼，那么再技艺高超地发脾气也是毫无价值的。兄弟姐妹之间发生纠纷，通常是为了争夺母亲的关注。如果母亲不在孩子们打架时插手干预，不再充当法官，不再冲上去拉架，孩子们就能学会彼此好好相处，学会自己解决矛盾。

如果母亲在跟孩子发生任何冲突时主动撤离，她就能为家庭的和谐做出极大的贡献。最好的做法是躲到卫生间，把自己锁在里面，直到暴风雨过去。特别是当母亲已经感到自己无法控制情绪，马上就要"无法忍受"时，这种战术撤退尤其有效。这使得她在自己发脾气并陷入跟孩子的亲子大战前，赶紧在自己和孩子之间竖起一扇隔离门。等她能从自我隔离中走出来时，她就再次变成那个她想要成为的友善而温暖的人。

C. 鼓励

孩子的每个细微进步都值得称赞

正如我们在前一章中所讲述的，陷入困境的孩子总是因为他遭受到某种形式的挫败。也许是父母或者身边的其他人让他感到灰心丧气，也许是他想要获得某种能力、掌握某项技艺而屡遭失败，使他对自己的能力失去信心。但是，无论让孩子陷入困境的原因是什么，无论他以什么形式表达挫败，父母都有责任帮助他增强自信。鼓励对于孩子成长的作用，如同水对于植物生长的作用——植物离不了水，孩子也离不了鼓励。父母一定要让孩子看到，他并不像自己以为的那样无能和没用。孩子需要称赞，尽管他不完美，实际上，正因为他不够完美，他才格外需要称赞。值得注意的是，对孩子的称赞，应该是不带个人色彩且客观的，比如："你做得很好……""没错……""我很高兴你能做得到……"对孩子付出的努力、做出的尝试加以称赞，而不应该是因为他乖巧、可爱、聪明、漂亮、帅气……而得到你的称赞。

如果一个孩子还不能完全独立穿好衣服，你可以指出他成功地穿上一只袜子，做得真好，然后他便可能想要继续努力穿上鞋。无论孩子做的事情成功与否，你都应该称赞他为之付出的努力。或者，他可能字写得很糟糕，那你不妨在他的作业中仔细找找，哪怕找到一页、一行，甚至一两个值得你真诚夸赞的字，指给他看。无论孩子在什么情况下遭遇失败，你的鼓励都能给他带来进步。在培养孩子的性格、道德品格时，也需要你同样的鼓励。即使孩子没能自动做出正确的行为，他也需要得到你的认可。

一个孩子若要朝着他应该前进的方向发展，他必须有勇气。因此，你必须避免做任何可能挫败他勇气和信心的事情。你还需尽量多使用以下短语：

既然别人能做到，你也能做到。

不入虎穴，焉得虎子。

每个人都会犯错误。

没有人生来完美。

我们从错误中学习。

熟能生巧。

事情没有你想象得那么难。

滴水能穿石，铁杵磨成针。

罗马不是一天建成的。

万事开头难。

不要放弃。

不要让自己泄气。

好的开始是成功的一半。

谁都会做错事情的。

多尝试几次，你肯定会做得更好。

只要你真想做得好，你就可以做得到。

困难是注定会被征服的。

事情越难做，你从中的收获就越多。[1]

提及孩子的年龄，有时会产生很好的效果，但这一招应该慎用，以免让孩子觉得他太笨了，做不到本应该完成的事情。一定要在评价孩子时多注意自己的措辞，比如："看来已经不需要我……（帮你穿衣服）啦"等等。你必须始终留心自己的话语，留心孩子听到之后的反应，是否能够接受，是鼓励了他，还是起了反作用。

---

1 摘自爱丽丝·弗里德曼（Alice Friedmann）博士的《教育指南》（*Erziebung smerk blatter*）。

鼓励孩子自己尝试，给予适当的引导和指示

让孩子接受新的责任，或者完成新的任务时，你一定要格外用心避免让孩子感到挫败。最好的做法是完全靠他自己努力学习，这样学到的本领和每一个新成就都是他向前迈出的扎实步伐。如果你在引导他时过于费心费力，那会容易让他觉得要么新任务难度太高了，要么你不相信他有完成任务的能力。我们建议你，只是帮助他开个头，然后让他自己努力去尝试，直到取得预期的结果。

父母还必须注意把握与孩子交谈的时机。只有当孩子处于倾听模式时，你说的话才有价值。当孩子做错事后立即找他谈话是没有用的，因为孩子此时要么十分抗拒，要么十分沮丧。谈话的最佳时刻，应该在一个安静的、适合思考的时刻，比如你与孩子独处时、跟孩子一同散步时。入睡之前的半小时也是亲密交谈的好时机。你可以充分利用这些机会。但有一点请记住，如果你心中少了友好和善意，那么所有的指点和引导都是徒劳的。

在这样的谈话中，你必须避免表现得高高在上。无论在何时何地，无论你教孩子做什么，你都必须让他明确地知道，他要学习的行为规则是每个人都必须遵守的。他应该把你看作一个同伴，一个与他平等的人，一个愿意帮助他解决问题的朋友。"来吧，我们一起做。"这句话会让他更有意愿接受你提出的任何建议。但是，这种合作精神不等于你应该替孩子承担责任、

完成任务，而应该用来消除不愉快的感觉。因此，当孩子发现他面对的任务不愉快时，你说出这句话往往更有效。

你可能经常在想，为什么你的孩子更愿意听从别人的话，而不是亲生父母的话。原因在于，别人跟他说话时能够与他平等相待，而你却往往过于注重身为父母的高高在上的地位与威严。你越是这么做，孩子就越不愿意听取你的教诲。真正的优越地位，不是通过面子、威风获得的。尽管你在知识、经验和判断力方面的确比孩子更有优势，但你仍应该以平等的态度对待孩子。你越少向孩子炫耀你的优越地位、越少要求孩子对高高在上的你俯首帖耳，他反而越愿意承认你的地位。

假如孩子问你一个问题，但你不知道怎么回答，你又不愿意坦率地承认自己不知道，因为你想要保持自己的高大形象，那么最终你注定会付出惨重的代价。请记住，千万不可信口雌黄地给孩子一个错误答案，因为这必定会让你失去孩子对你的敬重！对孩子承认自己不懂、不知道、有弱点，这并没有什么坏处。哪怕你不肯承认，孩子同样会发现，他比你想象得更加敏锐，把你企图掩盖自己弱点的一切努力都看在眼里，而且把这看作是你的又一个弱点。

信任孩子，认可孩子的价值和重要性

坦然地承认自己的不足，你反而可以跟孩子建立更密切的关系。这种坦率会增加他对你的信任。如果你承认在他这个年纪时，你不比他更好或更坏，他并不会因此看低你。如果你是坦荡的，他更相信你能懂得他、理解他的处境；而假如你想让他相信你小时候乖得像个小天使，他反而会对你心生疑虑。跟他做一个战壕里的战友，是赢得他信任的最佳途径。

仅仅让孩子尊重你是不够的，你必须以同样的态度尊重孩子。许多孩子的父母完全无视孩子最基本的尊严和社会权利。他们违背对孩子的承诺，背叛孩子对他们的信任，而且丝毫不觉愧疚。他们不尊重孩子在父母面前也有保持沉默、保守秘密的权利。他们偷看孩子的信件，对孩子的观点和情绪嗤之以鼻，甚至加以羞辱。而当孩子不愿意对他们吐露心声时，他们又会为之感到震惊，觉得孩子冒犯了他们。换作是你，你也不会信任一个这样对待你的人吧？孩子也是人，和成年人一样有感觉有感情。孩子对父母的信任，不是要求甚至强求来的，只能通过你去赢得孩子的心而换来的。孩子不肯把父母当作朋友时，错不在孩子，而在父母本身。这种情况下，孩子当然不会把父母的话听进心里，他们只会去找那些肯把他当作一个平等的人来看待的人。

也许你认为，了解孩子做了什么、想了什么，这都是为了他好。但是，你越坚持让孩子向你坦白，就越是得不到孩子的坦言相告。越是要打破砂锅问到底，孩子就越是紧紧地闭上心门。如果你继续向他施压，最终的结果很可能是孩子被迫向你撒谎，学会口是心非。向一个人敞开心扉，吐露自己内心深处的想法和感受，这是一种最为亲密且最信任的举动。如果你在对待孩子时足够谨慎和智慧，孩子当然愿意向你倾诉衷肠。可父母的态度和做法常常是错误的，很少能了解孩子在想什么、懂得孩子的内心。

请记住，一切的信任都必须是相互的。孩子需要看到你对他的信任。而最能表达你信任孩子的，是对孩子的个人价值和重要性的认可。父母有很多机会展示对孩子的信任。在他还未上学之前，你就已经可以委任他——而不是命令！给他不少工作，让他为家庭服务，以各种方式帮助家中其他成员。你可以让他替你跑跑腿，帮你传递信息，出门去买东西。随着年龄的增长，你表达信任的方式也会越来越多，比如遇事跟孩子商量，征求他的意见和建议。这样，你就可以成为与孩子并肩作战的战友，相互信任，相互受益。

你每天都有机会让孩子看到，你相信他是懂道理的、可以信赖的。这就是我们在之前建议你要对孩子坦诚相待的目的所在。你当然可以向他坦诚地说出你的一些担忧和问题，不必犹豫。但是，另一方面，你绝不能把你的信任变成孩子的负担。能与孩子坦诚相待，并不意味着要让他来承担你的一切苦楚。如果孩子成为你固定的诉苦对象，必定会影响他的成长。孩子因接触到无法理解或无法吸收的成人经历、家庭纠纷和婚姻矛盾时，会失去他的天真、单纯和自然。这样的父母，没能力管理好自己的生活，也没能力给自己找到可以寻求帮助的朋友，于是把痛苦都发泄到孩子身上。这根本不是对孩子的信任，而是对孩子的伤害。他们只想赶紧找个人诉说自己的烦恼，表达自己的困惑和孤苦，却全然不考虑这么做会对孩子造成多大的伤害。

用"可以"代替"必须"

在过去，人们普遍认为奖励与惩罚是管教儿童的标准方法，不使用这两种方法，父母便没法管教孩子。然而，今天我们已经充分认识到这两种方法的荒谬。奖励和惩罚都对孩子有害，因为它们都只是父母向孩子随意使用权威手段的标志。虽然孩子最终不得不低头屈服，但同时也激起了他内心的反抗。诚然，孩子必须学会服从，但他要服从的，不应该是任何个人的专制与权威。唯一能让我们必须服从的，是一视同仁地约束着所有人的社会规范。大自然的规律、公认的行为准则，是非常明确且强大的，足以让孩子认识到他的行为会带来怎样的后果，是令他愉快还是不愉快的后果。不过，这需要你不插手干预，不要因过度保护而妨碍他体验到这些后果。当然，这并不意味着你应该完全采取被动的态度，对孩子漠不关心，摆出"我管不了"的态度，尤其是遇到危险时更不能如此。父母应该站在孩子的身边，随时帮助孩子认清不同情况下的需要，并引导他努力适应这些需要。

在这个过程中，你不要忘记使用"你可以……"这个神奇的句式，而且应该从你的词汇表中删除"必须"这个词，因为这个词剥夺了孩子按照自己的意愿去行动、去规划自己命运的感觉。"可以"是自然秩序的表达，"必须"是个人权威的武断命令。这可不是我在咬文嚼字。我曾经见过两张图，清楚地说明这两者之间的本质区别。这两张图上都有一个树林边上的小屋，屋前都有一条从林子通向门口的小路。第一张图中是一群沮丧而愁苦的孩子，每人背着一捆柴火；第二张图中，也有一群孩子，每人背着两捆柴火，可这些孩子却一脸欢乐与雀跃。是什么造成了如此大的不同呢？第一张图下面写着"你必须到林子里去拾柴火"；第二张图下面写着"你可以到林子里去拾柴火"。

你可以在自己孩子身上试试这套理论，看看结果如何。比如，你想让小女儿帮忙摆桌子，当你说"你必须摆好餐具"和"如果你愿意，可以摆好餐具"时，她的反应有什么不同。你会发现明显不同的效果。

最好避免使用负面的命令。你应该强调正确的做法，而不是一味地禁止不正确的做法。一点儿友善的鼓励，就能带给孩子主动而热忱的回应，尤其是当你正面指出他的成就与他的真实能力之间的差异时——"我相信你可以做得更好！"以此激发孩子的自尊心，激励他对认可的渴望，往往能成功地引导孩子达到预期的目标。

在激励和赞许中唤醒孩子的主动性

"只要你试一试，我相信你就能做到。"这是另一个有神奇作用的句式，在需要纠正孩子的行为、改掉他的坏习惯、让他接受一项新任务时，用上这一句，往往会有神奇的效果。这能唤醒孩子的主动性，让他觉得自己长大了，激励他把精力集中到明确的焦点上。孩子的每一个错误或缺陷，实际上都是你用来影响他的教育良机，都可以被转化为一个具体的、可以解决的问题。只要你站在一旁，保持友善、慈爱的态度，以及必要时与他合作的意愿，就可以避免与孩子发生冲突。即使没能立即达到预期的结果，也没必要再采取任何更严厉的措施。如此一来，在孩子的成长过程中，你能找到充分的理由鼓励他，并巩固你在他心目中的友好地位。孩子遇到的是哪种问题，这并不重要，也许是学习一个简单技能时有些困难，也许是需要你帮助他克服有可能导致严重问题的性格缺陷和不良习惯。无论这个学习过程有多么漫长或乏味，你都可以通过认可和赞许孩子，哪怕是取得最微小的进步，来维持与孩子的良好互动。你需要始终保持这种友善态度，这有助于消除亲子之间容易产生的任何矛盾与冲突。如此一来，敌对的亲子就能变成盟友，朝着可实现的一个个具体目标而共同努力。

理解孩子的行为目的，有助于孩子改进

至此，我们主要讨论了通过外力来影响孩子的教育技巧。不过，更深层次的心理学方法我们也不可忽视。每个父母都需要了解一些实用的心理学知识，这有助于我们正确地理解孩子、

对待孩子。因此，我们在第 2 章以及第 5 章中详细讨论了一些心理知识。现在的问题是，父母应该在多大程度上将你对孩子的理解告诉他？

孩子往往并不知道他为什么要以那样的方式行事，因此，询问孩子"你为什么这样做？"是没有意义的。而每当孩子回答"我不知道"时，父母又往往因此怒火中烧。可是，在大多数情况下，孩子确实是不知道的。他只是伴随冲动而行动，没有意识到自己的动机是什么。如果他认真地回答你，他为什么要那么做，那么他给出的解释大多是后来想出来的理由或者借口，这并不是真正的原因。因此，你不必问孩子"为什么"，而应该由你来识别并主动告诉他在做什么，让他明白自己的行为目的，这样有助于孩子做出改进。他必须先了解自己，然后才能改变心态。任何与孩子相处的人，都应该先学习和掌握了解儿童心理与行为的知识与经验。

当你跟孩子讨论他的心理时，有可能因为操作不当给孩子造成严重的伤害，因此，你必须采取一定的预防措施。首先，你要考虑，你跟孩子讨论这一话题的时机和场合。当孩子刚刚做了不该做的事，不论是孩子还是家长都沉浸在情绪激动中，这绝不是合适的谈话时间。第二个基本要求是，这些谈话应该是单纯的就事论事，不带任何的情绪色彩。如果你的话语中带有最轻微的批评和责备，结果只能是孩子充耳不闻，心生抗拒。我们必须始终牢记，心理学知识既是一种非常有效的辅助工具，又是一种极具破坏力的杀伤性武器。利用心理学来惩罚和羞辱孩子时，造成的伤害比严重的体罚更大。在借助心理学向孩子解释他的行为时，家长必须保持平和与友善的态度，在双方都愿意心灵贴近地交换意见的时候进行。不论你要给孩子的心理学解释有多么正确，如果时间和气氛都不合适，比如双方都在剑拔弩张时，结果只能是百害而无一利的。

对孩子心理的解读，绝不等同于对孩子的深层心理动机进行分析、探索与发掘。我们不提倡任何未经全面培训、没有获得资格认证的人对其他人进行心理分析。所以，我们必须严格区分心理分析与心理解释。心理分析是精神科医生和训练有素的心理治疗师的必备工具，而心理解释却是每个与孩子相处的人都能做到的简单讲解。两者的主要区别在于，两者针对的心理机制和需要解决的问题是完全不同的。只有深层心理分析才能揭示一个人过去的成长，弄清他深层次的自我认知和生活方式是如何形成的，不论对象是孩子还是成年人。而心理解释，关注的只是当下出现的问题，是眼下孩子的心态，以及他直接行为的目的。

每个父母和教育者都应该掌握一些心理知识，以便能对孩子的性格特质有一定了解。在问题比较严重的情况下，这方面的知识可以在接受专业咨询和治疗时，从精神科医生或训练有素的儿童心理指导师那里获得。但是，这种心理分析知识不要在跟孩子谈话时使用，它只能作为你在管教孩子时的基础指南。你需要借此洞悉孩子的行为目的，并尽量加以引导。与孩子讨论他的行为，是最有可能引导他改变现有做法的方式。然而，要让这样的讨论起作用，你一定不能追究他为什么会以那种方式做事，你只需向他解释他那么做的目的是什么。从表面上看，"为什么"和"目的是什么"这两个词组的意思几乎没有区别，但是，"为什么"表明强调过去，而"目的是什么"则是帮孩子明白他眼下的行为目的，这是完全不同的两件事。可能有一千种原因导致孩子形成现在的心态，但他此时的这种行为却可能只有一个目的。对于未经培训的普通人来说，追究"为什么"只能靠胡乱猜测，而让孩子看清他的行为目的，却能表达出你对他的理解。

　　当你对孩子解释"为什么"的"原因"时，以及解释他的"行为目的是什么"时，他的反应会完全不同。当你告诉他说，他之所以会出现某种行为，原因在于他感到嫉妒、缺乏自信、被忽视、被支配、被拒绝、内疚、自怜等，无论这些解释多么准确，孩子能做到平和而冷静地接受已经是最好的情形了。这些都只是在告诉孩子他是什么样的人。但是，当你告诉他，他的行为目的是什么，比如想要获得关注、显示他的优势、展示他的力量、表示他才是说了算的人，或者他想要报复或者惩罚，他的反应则完全不同。一旦你说中孩子的真实目的，立即就能引起他非常明确且典型的反应。这种反应是不由自主的，而且直截了当，叫作"识别反射"，表示你的解释是正确的。此时，你会看到他脸上一个淘气的微笑，一抹闪烁的眼神，就像是刚刚吞下了一只金丝雀的猫的样子。孩子可能什么也不说，也可能故意说一个"不"字，但是他的面部表情已经出卖了他。一旦他的心思被理解，往往能使他立即改变自己的行为。这种反应在年幼的孩子身上尤其明显。即使是很小的孩子，只要到了可以理解单词含义的年龄，也就是两岁左右时，他就已经有能力理解你指出的他的行为目的了，而且一旦被你点明，他往往会自己做出改变。这种改变并不能使他的生活方式彻底发生改变，但可能最终导致他对人与人的关系的基本概念发生变化。

即使是这种心理的解读，你也必须谨慎使用。如果一再重复、使用得太频繁，那就不再是解读了。此外，你一定不能让孩子觉得，你此时是在羞辱他或是贬低他，也不应该让孩子把你的做法理解为对他的挑剔或批评。通常，你最好不要直接用陈述句，比如"你这样做是因为你想……"，而应该用模糊的猜测句式更好，"我在想啊，你是不是想……？""会不会是你……呢？"这样的讨论，就不会对孩子造成伤害。如果你猜错了，自然得不到相应的识别反应。你可以接着往下再做一次猜测，一旦猜中了，孩子的反应会让你立即明白你猜对了。

一个五岁的男孩儿，一直用打人和咬人来威胁其他孩子，尤其是他的一个小表妹。我们第一轮的猜测是他感到自己被忽视了，所以想报复性地伤害别人。我们的猜测换来的是一张毫无表情的脸。我们继续猜，是不是他想要展示自己的实力，但还是没有反应。"是不是妈妈看到你这样威胁别人时会很生气，你就故意用这个办法来招惹她，然后她就会对你大呼小叫、骂你，不许你再这样做了？"他面露笑容，藏不住心中的得意。同样的这种行为，假如发生在另一个孩子身上，很可能会有不同的含义，但对这个孩子来说，这么做只是吸引他母亲关注他的一种手段而已。

一个九岁男孩儿，被他母亲带着来见我。他前额的头发垂得老长，遮住他的右眼。当着孩子的面，我问他母亲，她觉得孩子故意用头发遮住眼睛的目的是什么。母亲说她不知道，孩子也说他不知道。于是我猜测说，他可能希望母亲不断提醒他把头发撩到一边。她惊讶极了，不明白我怎么知道她总是要提醒他。道理很简单——如果他不能通过那样的办法吸引母亲关注，他当然不会喜欢自己前额的头发总是戳进他的眼睛里。他面露笑容。到此我就没再说什么了。第二天，他的母亲打电话给我，语气中透露着兴奋，说孩子问她要了钱，去理发店理发了。

有两个男孩儿，一个九岁，一个十岁，每天晚上该睡觉时都在床上打架，让他们的母亲为此头疼不已。她阻止不了这种打闹，拿兄弟俩毫无办法。我和兄弟俩进行了交谈，问他们为什么要在该睡觉的时候打架。我没指望他们能给出正确的答案，只是想听听他俩会说些什么。兄弟俩解释说，在床上打架只会摔到枕头上，一点儿都不疼，很好玩儿的。我知道这是他们能想得到的合理解释。

我问他们，是否介意我告诉他们真正的目的是什么。他们当即表示很愿意听。然后我试探着说道："也许你们这样做只是为了让妈妈多过来几次，提醒你俩保持安静？"弟弟无所谓地说道："可能吧。"哥哥什么也没说,但是面露笑容。读者需要知道,这家的哥哥备受母亲疼爱,特别黏着她,而弟弟却总觉得自己不那么受欢迎,要靠自己立足于这个世界。在一般情况下,往往是弟弟挑事打架,但是这家人的情况特殊,显然是哥哥为了吸引母亲关注而故意挑事,让她一而再,再而三地进到孩子们的卧室。到此我就不再说什么了,也没再做什么。不过,在我们这次简短的谈话后,睡前的床上战斗停止了,而且再也没有发生过。这当然并不意味着哥哥突然变得独立了,不需要黏着母亲了,只是现在他已经认清了自己的行为目的,这一特定方式就不再起作用了。

揭示每个人的心态和行为目的,也可以用于纠正整个儿童群体的行为,同样非常有效。小组讨论可以极大地帮助改变个人以及群体的态度,因此我们建议在学校课堂、集体活动中反复运用。需要再次强调的是,小组讨论的目标在于揭示孩子的心态和行为目的,让他们知道所有人类活动都是有目的性的。

🧒 鼓励孩子和同伴友好相处

孩子从很早开始就需要同龄小伙伴的陪伴。这对他的成长至关重要,因为只有与其他同龄人在一起,孩子才能感到自己与他人是平等的,并学会恰当地调整好自己以适应社会环境的需要。在只有成年人陪伴的环境中,孩子要么处于卑微的弱势,要么拥有过多的特权。不论是处于这两者的哪种情况下，他的位置都是反常的，都有可能让他成长为一个不合群的孤僻孩子。只与家中唯一的另一个孩子打交道是不够的，因为这种一对一的陪伴往往会演变成上下级的关系，产生强权与弱势的感觉。孩子偶尔和在街上或公园里遇到的同龄人玩耍也是不够的。能自由自在地融入社会秩序的最佳环境，是在有组织的儿童群体活动中，而且是在具备相应能力的师长的监督下。因此，在目前以小型家庭为主流的社会环境下，建议在孩子三岁左右时就送他去好的托儿所或幼儿园；到了六岁之后，最好还能送他去夏令营。

　　由于我们在本书中不探讨此类儿童群体活动场所的普遍问题，因此我们只说几点父母最关心的问题。在选定幼儿园或夏令营之前，应该进行必要的调查，以了解将要把孩子托付什么样的机构和老师。一旦做出决定，就无权再插手该机构的内部事务。不要向孩子抱怨你的不满和担忧，因为这很容易扰乱他对环境的适应，从而阻碍他的正常成长。每一家幼儿园、托儿所、夏令营自然都有不足之处，而且很可能有进一步改进的空间；但是你要牢记，孩子在他的一生中需要进入的群体永远都不可能是完美无缺的，因此他应该尽早学会忍受所处环境的不完美。最重要的是，你切不可以将自己的焦虑作为借口，为你的孩子争取某些特权，因为这样做的结果势必与你的本意相背离。

　　一般来说，当你的孩子和其他孩子在一起时，应该尽可能地少干涉。他必须明白自己该如何与小伙伴相处，该如何协调彼此的相关利益。他的失误会通过因此尝到的自然后果而加以纠正，老师或夏令营辅导员也会向孩子展示下一次如何做得更好。如果他在玩耍时没有老师等监管者在场，那么你应该守护在旁，但不要指手画脚，等到你和他单独相处时，才可以跟他讨论他之前的行为。然而，此时你必须小心，不要向孩子灌输你自己的负面观念，比如自负、胆怯、对他人的不信任、对名声的渴望以及厌世情绪，等等。这些东西对孩子的性格完善都是有害无益的。他必须学会将自己的同伴看作是伙伴而非敌人，这样他才可以真正享受小伙伴们的陪伴。

那么，对于孩子打架，父母应该抱怎样的态度呢？这是一个备受争议的问题。没有人否认，我们应该尽可能地防止孩子之间的争吵，不允许孩子之间出现严重的不良情绪。但是，小孩子打架总是难免的事情。孩子总会有与对方较量的冲动，而且，孩子也必须学会如何在被人攻击时自我防卫。如果一味地禁止孩子打架，那么遇到别的孩子来打他时，他就只会哭着过来找妈妈。如果孩子还小，你当然可以吓唬别的孩子，帮自家孩子赶走他的小敌人。可是，等他长大了又该怎么办呢？父母不能总是跟在他身边保护他，对吧？孩子必须学会照顾好自己，这是理所当然的事情，而且他也必须学会像其他孩子那样打架。当然，父母应该让孩子远离粗鲁的、令人讨厌的同伴，应该阻止孩子的粗暴行为倾向。然而，平和的性格，并非体现在害怕打架，而是体现在他有能力以更平和的方式来解决矛盾上。

　　我们不能因为害怕孩子感染疾病，就不送孩子去上幼儿园。他在家里的安全系数并不比在学校里更高。在大街上、公交车上，在走亲访友的途中，他面临的生病危险与他在教室里一样。你不必过于担心这类危险因素。我们要做的任何一件事情，都有一定的潜在危险。可是，不敢去冒险，那就什么也做不成。

　　不少父母都舍不得让孩子去参加夏令营，好在这种有价值的活动现在越来越常见。这件事情和其他许多事情一样，人们的需求会促使一个好习惯的形成与发展。如今，家长们常常负担不起自己请长假陪孩子出游，能有这样的好机会让孩子自己去玩儿几个星期，当然是值得高兴的事情。夏令营的数量在不断增加，因为越来越多的父母也愿意找个机会与孩子暂时分开。这样的短暂调整对双方都有好处，能给父母和孩子一点儿空间，缓解亲子之间普遍存在的紧张情绪。到了秋天开学时，双方都会感到关系变得更亲密了，也有更多的意愿彼此接纳、容忍，因此他们都可以在敌意已经淡化、再次鼓足勇气的前提下重新开始。如果孩子能在夏令营期间有所进步，你也有时间进行一些思考和学习，那么这样一个暑假就有可能成为家庭关系修复的转折点。

D. 家庭会议

　　社会赋予孩子越来越多的权利，他们也越来越多地意识到自己的平等地位，因此在家庭事务中与孩子们平等相待，是一件至关重要的事情。这里所说的平等，并不是指每个人都必须负有相同的职责。父亲和母亲、姐妹和兄弟、年幼者和年长者，都应该各司其职，履行不同的职责。但是，这种职责上的差异不代表每个人家庭地位的高低不同。否则，这将不可避免地导致家庭成员之间的怨恨情绪，导致有人不愿意履行那些意味着较低家庭地位的职责。

当代民主家庭的氛围，不但让每个家庭成员都能享有更多的自由，也意味着每个人都要为了家庭幸福而承担更大的责任。但是，只要父母，尤其是母亲，把家里其他人的责任都承担在自己身上，让孩子只管享受随心所欲的自由，不必承担各自应该承担的责任，那将不可避免地导致家庭关系的失衡。而且，这么做也剥夺了孩子作为家中有用之人的功能，还往往导致孩子变成索求过度和专横霸道之人。要体验真正的自由，就意味着要自己做决定并且承担责任，否则只会导致秩序的混乱。

家庭会议让每个家庭成员都有机会自由地表达自己对家庭事务的意见。谁都可以反对和批评他不喜欢的任何事情。但是，在提出这些反对意见的同时，他还应该提出相应的解决方法。享有批评的权利，也意味着有责任为家人做贡献，因为幸福的家庭生活靠的是所有成员的共同努力。从这个意义上说，家庭会议也是普及民主的一种教育方式。这样的教育体验，不论是对父母，还是对孩子，都是同样重要的。

传统的家庭习俗并没有指导我们该如何平等相处。我们只能通过反复试错来建立新的相处之道。每一个家庭都是尝试新的平等相处之道的先驱者。如果一个人没能从小学会如何本着民主精神经营家庭生活，那么长大后就很难有机会再学习，因为那时我们心中有关自尊和自卑的错误衡量标准已经建立；我们总试图让自己占据上风，实际上却是害怕自己低人一等。家庭会议最重要的作用，是为每个家庭成员提供一个平台，在权利和义务这两方面体验平等的地位。从这个角度而言，家庭会议也能推动民主原则在家庭生活中的具体应用。

若是没能建立和维持家庭平等的民主关系，家庭会议就不可能维持下去。这的确是件很困难的事情。父母往往会秉着良好的意愿和高度的热情开始。但不久后，也许是他们，或者是孩子们难免会做出一些违反民主基本前提的事情，这也就导致家庭会议最终失去其应有的意义和职能。维持家庭会议需要非常多的毅力，需要每个人都有认识自己错误的意愿，有改变自己的心态和尊重他人态度的能力，有探索和绘制新的前行线路图的勇气，有消除心中恐惧和不信任的勇气，还要有笃定家人都希望生活在和谐与和平氛围中的信念，以及有原谅他们只是不知道如何实现这一目标的胸襟。

若是没有对所有家庭成员的信任和尊重，一家人就不可能心平气和地讨论相互之间的矛盾与困难，也就没有机会找到真正有效的解决方案。

下面我列出了一些有助于促进和维护家庭会议顺利进行的基本原则，希望大家能够遵循。

1. 家庭会议应在每周固定的时间召开。我们不建议因为某位家庭成员的意愿而临时召集会议，没有什么事情可以紧急到必须"现在"就立即解决的地步，而且"现在"通常意味着正处于冲突或者矛盾中，所以此时并不是谈话的好时机。毕竟，处在矛盾与冲突中时，双方的言辞不可能是相互交流的工具，只会是相互攻击的武器。不过，我们可以在例行家庭会议上商谈并制定处理紧急情况的程序。

2. 应该邀请所有家庭成员参加会议，但这并不是强制性的。不过，假如有某个家庭成员（无论是父亲还是孩子）不想参加，那么他的缺席可能让其他人借此机会做出他不喜欢的决定。当然，这样的结果往往足以促使他决意参加下一次的家庭会议，这样他才能有机会利用下次家庭会议改变先前的会议决定。

3. 所有成员均以平等身份参与会议，每个人都有表决权。参与者的年龄，取决于孩子能否理解会议上讨论的内容。即使是非常年幼的孩子，也可以表达和贡献自己的想法。另一方面，如果与参会成员达成共识，也可以要求某位扰乱会议的家庭成员中途离席。

4. 会议主持必须是轮换制，每周或每月轮换一次，以便每个家庭成员都有机会体验这份特权和责任。人们通常认为，孩子没有能力担当主持人应有的责任，的确如此。不过，我们也经常发现家长们很难秉持民主的原则主持会议。

5. 维持会议采用"议会秩序"，确保每个家庭成员都有机会充分表述自己的想法，同时都有义务认真倾听他人的意见。如果父母用家庭会议来解释、说教、责骂孩子，或者以其他任何方式将他们的意愿强加给孩子，那么这样的家庭会议就背离了民主的原则，因此就不可能达到它应有的目的。父母应该和其他任何家庭成员一样，只能向大家说出自己的观点供全员讨论。家庭会议的第一个目标，是所有人都愿意用心倾听每个与会者的发言。在尝试寻找任何能令人满意的解决方案之前，必须牢固地建立相互倾听和认真理解的新常规。

6. 大多数的"紧急"决定，其实并不像父母或孩子以为的那么紧急。每个家庭成员都需要学会忍耐，哪怕是在他们不情愿的情况下，也能继续去做该做的事情。大多数父母都觉得，每当出现问题或者孩子有不当行为时，很难做到袖手旁观。可实际上，不管是他们现在可以采取的办法，还是通常都会采取的习惯措施，往往根本纠正不了眼下发生的情况，只是他们总觉得要做点儿什么才好，而不是"先等等、再看看"。父母袖手旁观几天，远比立即把孩子教训几句甚至打一顿要好，毕竟从孩子的整体成长而言，这才是真正更有效的做法。在没有通过家庭会议达成解决方案之前，每个人当然有权做他认为可能是最好的事情，但这样的做法绝不能妨碍到其他人，否则就不应该做，除非这种做法得到了家庭会议的一致通过。第一次家庭会议上做出的决定之一，可以是遇到生命危险时的紧急方案，比如，只要发出某种信号，不需任何讨论就能保证全家人都立即遵守。除此之外，家庭里出现任何矛盾与冲突时，父母都应该退出战局，让孩子们在没有观众的情况下自行解决冲突。

7. 家庭会议上做出的决定需要经过大家的充分讨论。这些决定应该服务于所有人的共同利益，而不是某个人的特别利益。家庭会议不应变成"声讨会议"，而必须是想办法解决问题的"动脑会议"。无论遇到什么问题，在家庭会议上需要回答的首要问题都应该是："我们能做些什么呢？"这里要强调的始终是"我们"能做什么，而不是某个人应该做些什么。家庭会议不能作为以权压人的工具，不可将某种裁决强加于任何成员。如果确实对某个人施加某种影响，那么在这项决定中必须清楚地设定，如果某个人做了什么，那么其他人都将会做什么。这里还应该包括另一个行动计划，即假如有家庭成员不执行会议决定，大家应该怎么办。换句话说，无论是针对令人愉快的，还是令人反感的结果或可能性，都需要做出决定或行动计划。家庭会议的决议最好是得到全员同意。但如果做不到这一点，则必须少数服从多数。我们必须记住，在大多数情况下，当我们不再以强硬的态度跟孩子对抗，而能以客观的态度讨论各种问题的解决方案时，孩子们总是非常理性的。

8. 父母往往会担心家庭会议上做出的决定是错误的，比不上他们自己想到的"更好的"主意。这样的错误决定，常常是孩子们提出来的，因此正好可以被父母加以利用，以发挥更大的作用。换句话说，与其试图阻止这样错误决定的执行，父母更应该放手让孩子们去体验他们提出的方案会产生怎样的结果。这并不会对孩子造成多大的伤害，毕竟在下次会议上，孩子们就会更加用心思考，认同更加可行的解决方案。

9. 一旦做出决定，若需要更改则必须等到下一次会议。在等待期间，一方面任何人都无权做出不同的决定，无权将自己的意志强加于他人；另一方面，如果孩子没有遵照已经做出的决定行事，父母不可逼迫孩子继续遵照执行。比如，某次会议决定母亲要承担购物和做饭的责任，孩子执行洗碗的任务，那么如果孩子不去洗碗，母亲不能逼迫孩子去洗碗，不过，既然厨房里堆满了脏的碗碟，母亲此时说自己没法做饭也就讲得通了。

10. 家庭会议应该是家中唯一的权威。一方面，除了家庭会议的决定之外，没有任何人可以制定家规、替其他家人做任何决定；另一方面，同样没有任何人必须为整个家庭的良好运作承担全部责任。对于大多数父母来说，尤其是对母亲来说，这是很难接受的一个观念。母亲总是格外有责任感，觉得如果自己不照顾好所有家人的需要，那就是身为母亲的失职。然而这么做的结果，却剥夺了让孩子们承担责任的机会。母亲若是愿意认可家庭会议是最高权威，那么一旦事情没有按应有的方式进行，她也不必深感内疚，认为是自己没有尽到职责。让孩子承担应有的责任，远比让家中事务一直顺利进行更重要。

11. 建立好家庭会议制度，每个人都需要明白自己走上了一条全新的、没有人走过的路。让所有家庭成员习惯这种全新的行事方式，需要时间，也需要付出心血。父母和孩子一开始可能都没有为此做好准备，他们仍会互不信任，也因此对任何需要合作的事情都不敢抱太多信心。孩子们会怀疑，这只不过是另一种逼迫他们做自己不愿做的事情的新花招，父母则会怀疑孩子们提出的要求和决定是不合适的。这样家庭会议往往成了所有人的心理负担。有时可能连启动都非常困难，有时虽然启动了，但最初的热情很快就消失殆尽。要想让家庭会议发挥作用，肯定需要父母付出很多额外的努力，克服诸多困难。但是，困难只是暂时的，只要能维持家庭会议定期进行，度过最初的艰难时期，那么它能带来的正面影响必将带给每个家庭成员、整个家庭巨大的回报。

最常见的育儿错误

如果我们想和自己的孩子和睦相处，

并帮助他们逐渐改进，

我们就必须先接纳他们，

哪怕他们不可避免地存在不完美之处。

没有哪位父母能在育儿过程中不犯任何错误。假如有人说，你在抚养孩子的过程中所做的很多事情并不完全正确，甚至可能是有害的，你也许不禁要怀疑自己是否有能力养育好孩子。其实，你大可不必自我怀疑。首先，没有谁是完美的。如果父母要求自己做到十全十美，一定会变得越发气馁，因此也会出现越来越多的错漏之处。如果我们想和自己的孩子（以及所有人）和睦相处，并帮助他们逐渐改进，我们就必须先接纳他们，哪怕他们不可避免地存在不完美之处。对于我们自己，也应该如此。只有首先接纳自己的不足，与自己和平相处，然后再认真思考自己接下来要朝哪个方向去行动，我们才能有所进步。

其次，当代人在为人父母时遇到的重重困难（我们在第1章中已经讨论过），也使家长们几乎不可能找到合适的方案来完成他们的教育任务。本书中所指出的育儿错误之处，父母不要当作是批评甚至是控诉，而应将其视为有用的信息。想要让自己做得合适，最好的办法就是让自己不做错。如果父母正在为一个棘手的教育问题寻找正确答案，那么请你先停下来，好好想想什么是不该做的，就一定会有所收获。等开始去做时，也就不会出现问题。要指出并明确一个错误，往往更容易一些，因为错误总是比较具体的。而解决一个问题的正确做法，可以有很多不同方式，因此，为父母提供一个确切的建议，反而有可能限制思路，阻止你寻求其他的、也许是更可取的解决方案。告诉你不要做什么，你照着去做算不上困难，可是告诉父母要怎么做，执行起来会非常困难，因为真正要做到所谓的正确做法，在很大程度上取决于很多其他因素，包括你的想象力、敏感度、情绪态度、面部表情、语气语调，等等。举例来说，如果告诉父母打孩子不好，那么只要父母决定照做，就可以轻松掌握这条建议，不打孩子就行了。可是，如果告诉父母应该如何正确对待孩子，父母当然可以按照具体的建议去做，但结果可能仍然无法解决问题，甚至是对孩子有害的。

　　正因为如此，父母应该首先明确哪些做法是错误的，知道哪些事情是应该避免的、不应该做的，这是有益无害的事情。不过也要注意，切莫在这个过程中对自己感到灰心，否则这就是最糟糕的错误。无论做什么事情，只要父母带着满心的挫败与沮丧、懊悔与自责，那么无论多么努力想要做好，都注定不会有好结果。"为洒在地上的牛奶哭泣"是没有任何意义的，尤其是我们都知道，在抚养孩子的过程中，谁都会洒出大量的牛奶。我们人类的天性实在是很强大，多少个世纪以来，一代代的孩子都承受着父母的伤害，可今天的我们不都好好活着吗？的确，我们原本可以成长得比现在更好，我们也应该尽力帮助孩子将来成长得更好，做个更快乐的人。不过，在帮助他们的同时，我们也需要知道一个事实，那就是孩子其实是很坚强的，他们有能力承受住我们无意识、不自觉地施加在他们身上的诸多不良影响。

在本章中，我们将讨论育儿过程中最常见的一些错误。这些育儿错误，都源于以下三点：（1）父母没有要求孩子遵守规则与秩序；（2）父母放任自己与孩子发生冲突；（3）父母使孩子失去了勇气。

有些父母试图通过让步来避免与孩子发生冲突，从而忽视了教育孩子适应社会规范的要求。还有些父母则相反，执意强迫孩子在任何情况下都必须遵守规则，从而让自己陷入与孩子无休止的斗争中。这两种做法都会导致失望与失败。如果父母与孩子发生冲突，那就无法引导他正确地遵守规则与秩序；如果父母放松要求，允许孩子不守规矩，那将来会不可避免地陷入与孩子的冲突中。父母只有两种选择——要么井然有序没有冲突，要么混乱无序冲突不断。

要维持恰当的人际关系，最基本的原则之一就是彼此要相互尊重。教育中的所有错误，都是因为违反了这一基本合作原则导致的后果。有些父母会羞辱、束缚、挫败或者过度保护自己的孩子，而这些表现都是对孩子的不尊重。还有些父母则相反，让自己成为孩子的仆人，纵容、顺从孩子，从而变成了父母对自身的不尊重，并且这么做也不会赢得孩子的尊重。各种各样的教育错误，归根结底几乎都是这两种，父母要么无视孩子尊严，要么无视自己的尊严。家长们总是在强迫孩子服从和自己屈从于孩子之间摇摆，这是他们漠视尊严的一种具体表现。

溺爱，无法培养孩子的独立能力

孩子在成长过程中遇到的最大障碍，就是我们称之为"溺爱"的育儿态度和方法。这是一个很难理解的特殊问题。溺爱这个词，几乎众所周知，但没有人确切地知道它的含义。毋庸置疑，我们同一时代的大多数人在小时候都被家人溺爱。即使是那些最激烈的反对溺爱孩子的人，现在仍然渴望得到宠溺，因为只有被溺爱的孩子才会渴望继续被人宠溺。

要准确定义我们所说的"溺爱"，这并不容易。这个词包含了各种各样的行动和态度。它表述的是一种使孩子无法好好适应生活的错误方法。这种错误方法教给孩子的，不是如何承担生活的责任，而是娇纵孩子，让他不知道该如何好好承担这些责任。

在大多数情况下，这种做法本是出于善意的愿望，是父母为了不让孩子遭遇不愉快的经历。对于非常担心孩子、格外依恋孩子的焦虑型父母而言，这种想法非常普遍。正因为如此，独生子女或最小的孩子最容易处于这种危害当中。此外，体弱多病的孩子、因为某种原因让人同情和怜悯的孩子（比如，小时候失去了父亲或者母亲，或者患有某种残疾），也容易被格外溺爱。另外，一个长得非常可爱的孩子、一个主要由（外）祖父母养大的孩子，也很容易成为被溺爱的对象。任何能令父母担忧加剧的因素，比如，前一个孩子的死亡、长时间怀不上孩子、怀孕过程非常艰难，等等，也会增加父母溺爱孩子的可能性。

如果父母试图保护孩子免遭不愉快的经历，这往往会直接破坏一些固有的秩序和规则，可这些秩序和规则对于和谐生活来说却是至关重要的。这种保护可能从孩子一出生就立即开始了，从而为他开启了一个错误的成长方向。即使是新生婴儿，也会根据接收到的刺激做出选择，要么顺从，要么抗拒秩序和规则。明确而固定的哺乳间隔，不仅符合人体生理机能的运作规律，而且是孩子的一种必要经历，让他能尽早体验到秩序和规则的益处。小婴儿有可能会对按时哺乳表示抗拒，一旦饿了，他就会哭（面对刚出生不久的孩子，焦虑的父母往往把孩子的大部分哭声误解为表达饥饿或痛苦，可这通常只是说明孩子需要一些关注）。如果父母能做到明智而冷静，他们就不会慌乱地打破计划周详的喂食规律，除非孩子病了，需要刻意改变哺乳时间。这样一来，孩子很快就会意识到不能通过哭闹来缩短哺乳间隔，用不了几天他就习惯规律性的按时哺乳了。然而，过度焦虑的父母渴望保护他们"无助的孩子"免遭这些最初的烦恼。他们实在不忍心让他"挨饿"，特别是刚开始的哺乳过程可能很困难，而且小婴儿在出生后的最初几天体重会自然地下降。于是父母们觉得，"等他长得再强壮些，他就能习惯秩序了。"[1] 但是，小婴儿越是长大，之前过度溺爱造成的恶果就越难以弥补，已经养成的不规律哺乳习惯就越难以纠正，孩子对纠正的抗拒也会越强烈。此外，如果孩子的健康因为这种不规律饮食而出现了不良后果，母亲的担忧也会成比例增长。她可能会尝试强迫孩子遵守一定的间隔规律，但是，孩子一定会加倍地大声哭叫，因为现在他已经明白只要哭就一定能达到目的。结局只能是母亲放弃挣扎——尤其在孩子用声音来表达自己意愿的能力正迅速增长的情况下，那就更是如此了。

---

1 如今，儿科医生们的建议是等婴儿饿了，就给他哺乳，助长了这种趋势，使得更多的父母采纳了这种有害的做法。这种观念可能是基于某些精神病学上的概念，认为"情绪挫折"是导致人无法适应社会的主要根源。毫无疑问，有些婴儿的确会很自然地养成作息规律。而且，无论哺乳间隔是否有规律，许多婴儿都会成长得很好。另外，有些母亲因为过于死板地遵守作息安排而更加焦虑，她们分秒不差地盯着时钟，成为"作息规律"的奴隶，从而无法放松自己，没法让孩子和自己都自然而然地养成规律，这也是事实。但是，劝父母从孩子一出生就刻意放纵，这势必会产生深远的负面影响。将这种刻意为之的不规则哺乳与古人或前几个世纪的喂养传统相提并论，是不合适的。那时候，科学尚不够发达，人们不知道什么是孩子的正常需要，因此，孩子对食物的需求，就成了母亲唯一可循的指标。在这样的年代里，因为过度溺爱而宠坏孩子的可能性不大。假如我们仍然生活在原始时期，要想得以幸存就必须严格遵守秩序和规则，又假如我们生活在几世纪前的大家庭中，小孩子都是在孩子群中长大的，父母太忙根本顾不上他们，因此也就无从干扰孩子是怎么调整自身以适应社会群体，所以，这种最近重现的有求必应的哺乳不可能对那个年代的孩子成长造成多大的伤害。这种从生命起点开始的放纵，与焦虑的父母总是过度溺爱孩子的总体趋势不谋而合。毫无疑问，"按需哺乳"也有其可取之处，因为这么做能消除部分导致亲子对抗的原因。但是，如果父母能不必为哺乳量的多少而过度担心，减轻自己的焦虑和紧张程度，也能达到同样的效果。亲子关系之所以因为相互间的敌意而出现了扭曲，起因不在于变得"挫败"的婴儿，而在于变得焦虑而困惑的父母。只要父母能保持平和而友善的心态，小婴儿就不会为了合理的哺乳间隔而跟母亲对抗。幸福不是建立在满足模糊的"情感需求"之上，而应该建立在不加抗拒地接受秩序与规则之上。

　　所有的溺爱行为都遵循着相同的模式。先是孩子成功地逃避一项应该履行的责任，为了能让他安静下来，父母又继续违反了更多应有的秩序。于是，因为没能遵守一项规则，另一项应该遵守的规则也就被破坏了。比如，还没到哺乳时间，宝宝又想要食物，于是开始哭闹。他的母亲就会过来抱起他，轻轻摇晃。他当然喜欢这种动作，因此到了本该他安静入睡时，他又开始动用哭闹这一招了，直到有人再次过来轻轻摇晃他。而假如没人在场摇晃他，他的哭闹就会使他得不到成长发育所需的不受干扰的休息和睡眠。

　　娇宠和溺爱的形式可能有成百上千种。孩子在温室般的家庭环境中长大，原本用于规范人类行为的自然秩序，在这样的温室环境中并不起作用。所有其他家庭成员都需要遵守的规章制度，孩子都不必遵守。他被家人用温柔和疼爱的保护层小心翼翼地包裹起来，根本无须用成就来证明自己的存在价值。同情和纵容帮他遮挡掉所有可能令他感到不快的自然后果。父母的过度保护，让他一直享受饭来张口、衣来伸手的待遇。他也不必忍受任何的麻烦与不便，因为只要有什么需要他付出勇气、可能有危险的事情，过度焦虑的父母都会替他遮挡。当他还是个小婴儿时，他被舒舒服服地摇晃着入睡；当他年龄稍长之后，许多本该他完成的重要任务都由父母代劳。他不必自己穿衣洗漱，不必独自写作业。他的不合理的要求也会得到父母的尽量满足，即使他的索求严重破坏了家庭秩序与规则，他也同样能够得偿所愿。

　　这一切都会成为孩子以后适应社会基本要求的障碍，当他长大了，面对不得不放下自己的欲望、先满足他人要求的情况时，他必定会大吃苦头。出乎父母的意料，大多数被溺爱的孩子长大后并不会快乐，而是恰恰相反！生活就是这样，没有人可以实现他所有的愿望，也没有人能够逃避所有的责任，能够不费力完成不喜欢的任务。问题是，其他人遭遇挫折时，会自然而然地认为挫折是在所难免的，可是从小被溺爱的人却可能认为这是周围人对他不公平的表现，甚至是命运对他不公平。这样的人往往有些共同特点，那就是满心的不甘、不快乐、不耐烦；而这样的人数量之多，充分说明了父母的溺爱不能让孩子以后的生活更加顺利。在这些人的内心深处，他们从不觉得自己有能力应对生活，相反，由于从小缺乏自理能力，导致他们在面对哪怕最轻微的责任或困难时也会气馁。

　　因此，不论是什么形式的溺爱，从逻辑上来说，肯定都会导致父母与孩子发生冲突。孩子的年龄越大，需要承担的责任就越多，而父母想要继续宠溺他，难度也就越大。问题是，一旦父母不再一味纵容，孩子却可能会把这种方向上的转变看作是不善待、不爱护他的表现。孩子很难理解为什么他要放弃以前他早已习惯的各种纵容和代劳，为什么很多事情不得不独立、他的各种要求得不到满足。他当然不情愿，而父母对他"独立"之后的表现也当然不满意，甚至很生气，进而会惩罚孩子，这无疑是火上浇油，矛盾只会愈演愈烈。更何况，孩子不独立，本就是他们"教育"的结果。接下来的后果，便是父母时而严厉，时而又宠溺；一会儿对孩子绝望，一会儿又对孩子疼爱。父母的做法和感情在这两种极端之间来回摇摆，成了整个"教育"过程的主旋律。

当然，上述对溺爱的描述可能是比较极端的情况。不过，即使对孩子的溺爱程度没这么极端，也同样是有害的，尽管我们很难做到对孩子完全不溺爱。尤其当孩子是家中独子或者家中最小的孩子时，他们或多或少地会得到一些溺爱。父母需要仔细观察孩子所有细微的违反秩序的行为、不合理的要求，以及他为了得到父母的娇纵而用的小花招，这样的观察与思考越细致越好。遗憾的是，孩子的这些小动作通常看上去都是微不足道的，父母根本不觉得这些小小的宠溺会扰乱自己与孩子的关系，或者认为那不值得付出努力，比如，阻止他过分寻求关注、让别人为他做事、逃避该他承担的责任、破坏家中惯常秩序与规则等不当行为。除此之外，我们都喜欢宠溺孩子，爱抚、呵护、哺育、为他忙碌、替他做他完全有能力自己做的事情。正是父母对自己情绪的放纵，使他们觉察不到孩子对有序的人际关系的需要；正是他们的过度焦虑，使他们对孩子过度保护；正是他们对彰显自身优越地位的渴望，使他们承担不该承担的责任。我们能理解这些父母，也同情他们。可是，他们也会为自己犯下的这些"小小"的错误而付出巨大的代价，因为令亲子双方都不愉快的后果最终定会越发明显，而若想要扭转已经变得糟糕的亲子关系，必然要付出极大的努力。

👦 缺乏关爱的孩子，长大后很难适应社会

如今，真正不爱孩子的父母已经非常罕见。处在这些罕见情况下的孩子，命运往往很悲惨，甚至常常导致官方介入对此进行调查。父母并不想要的孩子，常常会在没有父母关爱的情况下长大。[1]有的是最轻微的小事就足以引起父母的厌恶，比如，孩子长得跟某位父母并不喜欢的亲戚相像；还有的是因为一次意外遭遇而怀上的孩子，也会令父母憎恶。

感受不到关爱的孩子，可能完全学不会怎么适应社会。没有关爱，会剥夺孩子应有的权利，并激起他极度的敌意和反抗。享受不到关爱的孩子，无法做好心理建设去适应环境并接受周围的行为准则。也许表面上他会顺从，但内心深处却无法融入这个社会。他的社会意识已经萎缩了。

因为有了避孕措施，计划生育已经普遍流行，生来就不受欢迎、不被喜爱的孩子已经很少见了。然而，尽管大多数父母都喜爱他们的孩子，可是感到不被父母接受和喜爱的孩子却仍然数量庞大。造成这种矛盾现象的原因，其实不难理解。对一个备受溺爱的孩子而言，如果父母中途不再继续百般溺爱他，他便会觉得父母不再喜爱他了。一个七岁的小男孩儿曾直言道："你不喜欢我了，因为我没有做你希望我做的事。"同样，如果

1　在过去，继子女往往成为父母不想要的孩子而陷入悲惨的命运。如今，在普遍认为应对儿童予以关爱和同情的大环境之下，所有的孩子，无论是继子女、收养子女还是寄养子女，都有可能与家人建立友好而温暖的关系。

孩子觉得不能按照自己的意愿行事、没有成为关注或欣赏的中心、没有收到想要的礼物、没有被众星拱月……这些一向被宠坏了的孩子便有了充分的理由相信，如今他已经没人喜欢、没人疼爱。等到父母终于发觉自己被逼到再也无法"忍受"孩子过分要求的地步时，也就不可避免地与这些被宠坏的孩子发生冲突，而父母此时往往以责骂、唠叨、惩罚作为回应。即使这样的亲子大战常常因父母再次宠爱而暂时中断，孩子也对父母已经表现出的敌意难以忘怀，因此不再相信他们此时重新表现出的深厚的爱意。随着亲子之争愈演愈烈，尤其是年幼的孩子，总是千方百计地获取更多的关注，因此常常演变成唯有在他行为不当时，他才会得到关注。毕竟，在他能安静而友善时，母亲也应该借机好好休息。结果便是这些孩子得到的都是负面关注，体验到的只是父母的不满、批评和责备，于是更加相信父母果然已经不爱自己了。我们必须牢记，无论孩子是真的被父母厌恶，还是他自以为如此，其最终效果都是一样的。事实证明，许多犯罪分子都有缺爱的童年经历，不论那是真实的还是他自以为的，都给了他从小遭受虐待的感觉。

🧒 过度的感情，让孩子失去自理能力

　　孩子的成长需要爱和温暖，但过度的感情却有可能造成伤害。家中过分的温室环境会误导孩子，让他最终无法适应正常的社会生活。许多人终其一生都在寻找曾经从母亲那里得到的

爱与温柔，结果当然寻找不到，终至幻想破灭。孩子与父母过度亲密的感情，会让他适应不了以后在爱情和婚姻中扮演的角色，也会使他在其他方面爱的能力受损。

父母过度的感情甚至可能导致孩子过早的性发育。出于这个原因，过多地亲吻孩子（尤其是亲吻孩子的嘴唇）、让孩子与父母同床（哪怕只在早晨或者周日），都是有害之举。然而，不幸的是，有的孩子甚至到十岁还在跟父母同睡，原因并不是家中太过拥挤的条件所迫。

诚然，表达对孩子的深情的确会促进父母与孩子之间的亲密关系。但是，如果完全通过这种方式获得自信和感情，其价值是值得怀疑的。孩子可能会因此变得非常依赖父母，但这种依赖和亲近并不能消除他与父母发生冲突的可能性。相反，父母过度的溺爱必然导致对孩子的娇纵，而娇纵自然会最终引发亲子矛盾。只不过这种情况下的亲子矛盾会以某些独特的形式出现，一般不会是公然的对抗。相反，孩子很可能处处都表现出善意，但是，他的内心深处却是抗拒的，外在表现为孩子明显的无助和无能。患上神经紊乱症是最常见的表现形式之一。

感受孩子对自己的深切依恋，享受他表达亲情的肢体语言，无疑是令人愉快的事情。但是，过分注重这样的亲昵举动，却可能导致孩子误解自己在生活中的定位。他有可能得出这样的结论：他的生活目标就是以自身的存在来赢得别人的喜爱和感情，而不是通过实际的成就来获得别人的认可。当你将自己对爱的所有渴望都集中在孩子身上时，请务必牢记上述这些事实。

你之所以会产生这种渴望，是因为你在生活中的其他方面未能得到满足。

迪克全心全意地爱着母亲，对母亲怀有深厚的感情。他在跟周围其他人相处时总是剑拔弩张，唯独对他的母亲非常隐忍，努力"克制"自己的坏脾气，改善不当行为。可是，在学习上他总是感到非常吃力，似乎不论他怎么努力都没用。他很少对功课真正感兴趣，在课堂上总是心神不宁、神情紧张。在这里，我们看到了他和母亲感情太深的负面结果，尽管因为她的宝贝儿子功课越来越吃力，她已经在某些方面变得严厉起来。迪克从小与母亲同睡，哪怕到了七岁之后，也会在他做噩梦、无法安睡时享有这样的特权，即使在以后的许多年里，也能得到机会和母亲一起睡。他是最深情的儿子，一有机会就爱抚和亲吻他的母亲。迪克对母亲的依恋极深，几乎没有什么办法能够让他离开母亲身边。

他四岁开始上幼儿园，但从来都不愿意去，总是强烈反抗；等到他去参加夏令营时，他的抗拒更加剧烈。他总觉得自己处在敌人的包围中，从不尝试交朋友，唯一的念头就是尽快回家。他极爱面子，一心只想获得别人的关注，却又从不认为自己是个有能力的人，尽管他头脑聪明、身强体壮，实际上还高于平均水平。而他获得别人关注的方式，往往是故意以扮小丑冒傻气的行为惹人讨厌，比如手脚乱动、傻笑、喋喋不休，等等。

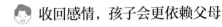 收回感情，孩子会更依赖父母

　　父母当然不想让自己在别人心目中留下"铁石心肠"的印象。不过，说来奇怪，父母有时候可能会故意想要给人这种印象。比如，当孩子恶作剧时，父母就忍不住"发怒"。通常这只是虚张声势，但有些时候父母是真生气了。大多数父母可能相信，这是管教孩子的最佳途径——可以打碎他心中的抗拒，把他拉回正轨。如今，有一个很流行的心理学流派，盛赞甚至推崇这种所谓的"收回感情"的做法，将其看作是教育孩子时唯一有效的好办法。

　　我们必须承认，通过这种方式的确可以在一定程度上达到目的。孩子依赖父母（或其他照顾他的人），一旦让他觉得你不再接受他、不再爱护和关怀他，就会心生恐惧，这种感觉的确足以让他克制住自己想要不守规矩的想法。但是，若以为孩子彻底改变了自己的想法，那你就错了。当然，孩子不愿失去父母的爱，他努力克制住自己的冲动，不去做父母不赞成的事。但是，他只是压制住这些冲动，却不等于清除了这样的想法。你必须再做点儿什么，才能真正打消他的这些想法。

　　更糟糕的是，孩子的勇气会因为父母故意疏远而严重受损，因为这让他敏锐地意识到，他是多么依赖你、多么弱小。很多时候，父母这种收回感情的做法，还会遭到孩子的强力反击，迫使父母对孩子表达出更多爱意。比如，他会通过睡前惊慌失措要你陪伴，以实现他的目的。于是你不得不一连几小时坐在

他的床边，甚至还要握住他的手，否则他就会哭泣不止，怎么都不肯入睡。

但是，"发怒"所带来的最可怕的后果，是孩子最终会怀疑你是否真的完全可靠。如果他最信任的人一次又一次地突然对他发起责难，他怎么能够相信人的本性，进而培养出社会意识呢？父母可以使用更合适的方法，让他感受到不良行为的后果，从而纠正他的错误。你完全没有必要为了这一目的，而破坏你和孩子之间的友善关系。相反，如果你与孩子之间的关系总是忽冷忽热，这将不可避免地会在孩子的心中种下争执与冲突的种子。亲子之间的伙伴关系，最好不要随意破坏。孩子很容易原谅你在情急之下脱口而出的尖刻话语，但是，要他忘记你刻意收回感情时吐露出的一句冰冷的"我不再喜欢你了"，却是很难的事情。只要孩子没有认识到这句话其实是你骗他的、不是真的，那么这些话语就意味着一场亲子大战的开始，只不过这是一场感情之战。还有些比"发怒"更厉害的形式，包括真正的不友善、冷漠、严厉，或一直赌气不说话，都是把感情彻底收回并严防死守的举措，都注定会迫使孩子进入与你敌对的状态。实际上，不论孩子多不听话，你都仍然爱他，而你也应该让孩子知道这一点。遗憾的是，很多孩子并不知道。我们前面已经说过，许多孩子都觉得自己不被父母接受，觉得父母不喜欢自己。他们表现良好时很少得到关注，只有在表现不好时才会被父母关注。正因为如此，他们得到的关注大多是责骂和惩罚，自然会由此得出错误的结论。另外，父母围着弟弟妹妹转，也会令孩子误以为父母不再喜欢自己了。

那么，你可能会问，到底应不应该对孩子表现出不赞成的态度呢？其实，这是不可避免的事情，甚至有时是必须做的事情。绝对的客观和不带感情，不仅是不可能、不自然的事，甚至是侮辱性的。但是，你必须清楚地表达，你不满的对象是什么：是孩子本人，还是他的行为？你可以让孩子明确地知道，让你不高兴的是他的某种行为，而并非不喜欢孩子本人。然而，正因为我们都不曾学会，也无从知晓应该区别对待孩子和他的行为，致使我们这一代人都为此背上了沉重的负担。于是，我们往往倾向于将一个人的价值与他的行为价值混为一谈，就连自己也包括在内。如果我们的一项行为没能达到自己设定的标准，我们就会怀疑自己在社会中的价值。父母和老师往往或多或少都会根据孩子的成败来判断他的好坏，结果常常是让孩子形成会荼毒他一生的错误观念。实际上，没有坏孩子，只有没能找到正确方法让自己融入社会而灰心丧气感到痛苦的孩子。

父母的过度焦虑，不利于孩子成长

孩子强烈的对抗情绪通常是由父母的恐惧和焦虑引起的。如果父母焦虑不已，可能只会看到令你害怕的危险，一心想要保护孩子免遭其苦。你也许一想到"他可能会出事"就吓得发抖，而完全没想到他必须学会照顾自己，也就是说，必须具备能辨识出危险并从容应对的能力。"风声鹤唳，草木皆兵"，于是被吓坏的父母剥夺了孩子通过自己的经历来学习的一次次宝贵的机会，结果便是这些孩子一直都不知轻重，因此也最容易受到伤害。他们玩火柴、开煤气、爬橱柜，而父母的焦虑自然也与日俱增。一旦他们稍微放松警惕，他们最担心的事故就会发生。

　　五岁的汤米很善于利用母亲的焦虑。他会在大街上从母亲身边跑开，让她跟在自己身后跑。她来找我咨询寻求办法时，我告诉她，一个五岁的男孩儿，已经懂得如果乱跑可能会迷路。我还建议她找机会让孩子亲身体验这个事实。她可以挑选一个比较安全的环境，比如在公园里，或者在没有什么车辆的安静小区。这位母亲被我吓坏了：这算什么糟糕的建议！我，一个男人而已，怎么能理解一位母亲的苦心呢？

　　在这次谈话后不到两个星期，她又来找我，情绪十分激动："医生，你知道汤米又做了什么吗！昨天，我走进他的房间，却没看到他。就在这时，我听到他在叫我，'妈妈，妈妈！'我的心跳几乎都要停止了！你想象一下，医生，我们家住在三楼啊！有扇窗户通往阳台倾斜的屋顶。汤米就坐在屋顶上，大喊大叫！我让他赶紧回来，可他怎么也不听。我试图往他身边爬过去时，他却在屋顶上往更远处挪！我们不得不答应他一定会给他糖吃，他才让我们拉住他。"直到这时我才终于让她相信，汤米又在玩儿他的老把戏了，用妈妈害怕的事情来吓唬她、威胁她，只是他无法分辨什么是真正的危险。妈妈也终于意识到，她的焦虑只会把孩子推向更多的危险。

只要孩子稍微有自立能力，就绝不会像父母以为的那样不知分寸。孩子的智力，在这方面也和其他许多方面一样，总是被过分低估。尽管的确有很多儿童会在城市街道、乡下的公路旁无人看管地玩耍，但是，统计数据却表明，被汽车撞到、碾轧的人当中，成年人的数量远远多于儿童。你只要站在任何一个繁忙的十字路口旁边看看，一定就能轻易地看出，成年人往往比他们身边的孩子更加不谨慎和不警惕，至少在真正有危险的时刻是这样的。以明智的方式养育出来的孩子，在面对其他危险时也能表现出类似的谨慎态度。唯有在孩子生命的前两年，由于他还在逐渐熟悉不同事物的性质和功能的过程中，才容易在家里将自己置于危险之中。但是，与其用迫在眉睫的危险来吓唬孩子，或者絮絮叨叨讲很多的安全常识（这两种做法都很容易激起孩子的敌意和反感），不如平和地指出他可能会遇到的危险，并安排一些没有伤害但是不愉快的体验，让他自己去感受。孩子很快就能学会正确评估他所面临的风险。

的确，有些孩子到了八岁，甚至更大的年龄仍不能独自过马路。但是，出现这样的问题，责任不在孩子身上，而应归咎于过度焦虑的父母，因为是他们没给孩子机会学会照顾自己和适当地自我保护。孩子必须得到机会学习自立，而且越早学会这么做，他们的父母就越能放松一些。

😊 恐吓会导致孩子形成恐惧心理

　　焦虑，使许多父母对孩子过度夸大生活中的各种危险。他们认为，向孩子夸大大街上的事故率、人心的堕落，尤其是绑架的恶毒、病菌的流行、时刻保暖的必要性等，自己是在教导孩子要更加谨慎。如果孩子真的从父母那里接受了这种过于谨小慎微的观念，他不但不能尽早为生活做好准备，而且还会让自己也变成一个焦虑不安的人。过度的谨慎与不谨慎，其造成的结果不相上下，这虽然听上去很奇怪，但事实就是如此。总担心会有危险发生，不仅会导致一个人面对状况时犹豫不决，而且会导致他真正步入父母希望规避的危险。要规避风险，需要有冷静的心态和对形势的清晰评估。因此，高估危险无异于增加危险。

　　因此，越是过度拘谨和胆小害怕的人，越容易误入车道或者在离开有轨电车时摔倒。勇气比焦虑更能有效地预防危险，而恐吓孩子的父母是故意把孩子置于危险之中。试图保护孩子免受疾病侵害的父母也是如此。如果孩子总是被裹得严严实实，从来都不让他吹风，那么孩子一定会容易感冒。

　　奶奶监护八岁的杰利玩耍的过程，令人实在不得不叹息。"别跑这么快，你的肺会爆炸的！""别拉得太紧，你会拉伤自己的！""不要跳下台阶，你会摔断腿的！"如果遵照所有这些训诫，孩子的一生就像被裹在玻璃瓶的棉絮里。幸运的是，最令监护人烦恼的事情，就是一个头脑健全的孩子往往会固执地无视这些唠叨。

还有一种情况，为了敦促孩子循规蹈矩不做坏事，监护人也可能会故意吓唬孩子，比如，告诉他专门来抓坏小孩的"妖怪"，或者让他看站在街角的警察，并对他说警察是"专门来抓坏孩子的人"，可是这种做法同样得不到好结果。也许你认为，这么做能让孩子更加顺从，这种权宜之计虽然有时可能会暂时奏效，但随后的结果会证明这是错误的。孩子可能会变得胆小，还可能以千百种可能的方式将他的恐惧作为对付你的武器。你永远无法从恐吓中获利。播下恐惧的人一定会收获担忧。

过度监督，影响孩子的自主发展

满心焦灼的父母，不相信自己，不相信孩子，也不相信未来，他们心中想的只有戒备和预防。这种过度的担忧导致他们做出过多的防护措施。这样的举动，若单独做也无妨，可累积到一起就会过度，不但失去应有的效果，还会起到反作用。由于父母过度焦虑，他们往往会过度监督孩子，从不允许他独立行动。相反，孩子的一举一动都必须是他们预先规定好的。对自己能力信心不足的父母，对孩子的能力同样缺乏信心。越是觉得自己管理不好自己的生活，就越想替孩子管理好他的生活，不断地对他指手画脚。他们总是担心孩子，"你最好坐在这把椅子上""把你的书放在这里""用这支笔""戴上这顶帽子""不要吃得太快""身子坐直了"……滔滔不绝的指令，真是让人应接不暇！只要孩子出现在他们身边，他的一举一动就都在父母的指挥下。他们做不到等待，完全不给孩子自己做出调整和转换的机会。孩子的一言一行都会不断地收到父母的评论，或表扬或批评，或禁令或指责，其中更多的是批评。每天都会说这些劝勉和劝诫。

　　我的一个朋友就是这样一位非常忙碌的母亲。有一次，我们聊起她的过度焦虑和对孩子的过度干涉。她并不知道自己的这种心态。我问她，一天中她给孩子的指导、批评、评论或命令大概有多少。她说："哦，不多吧。"我让她大致估计一下。她实在是数不过来，答不上来。于是我替她做了个估算，我说："大概一天一两百次吧。""哦，不会吧？"她感到有些羞恼，回答说，"也许每天最多十次。"于是我提出，我要到她家去，帮她做一小时的观察。我又问，在这一小时里，她认为自己会对孩子提出多少次的指点或要求？她说："嗯，大概两三次。"我说，我估计应该不会少于三十次。她笑着说："肯定没有那么多啦。"然后我来到她家，我只是坐在那里，看着发生的一切，每次她告诉孩子该做什么、不该做什么时，我都会大声数数。尽管她明明知道我坐在那里，也听到了我大声数数给她提醒，但不到半小时就已经超过了三十次。她根本没法让自己忍住不说。

为了充分理解这种"监督"的荒谬性，我们必须牢记，唯有当教育在孩子心中留下深刻的印象时，其影响才具有持久的价值。一次偶然且有震撼力的体验，虽然不至于改变孩子的品性或脾气，但可以刺激孩子培养出全新的心态，朝向不同的方向行动。这才是教育举措的价值所在，它能真正给孩子一个思考和反省的机会，而孩子也会因此采取明确的立场并得出结论。一些不同寻常让孩子感受极深的、朝着一致方向的体验，便可以对他的个性发展起到关键影响。

因此，持续不断地影响孩子，并不能给他留下深刻的印象。这种再三重复不但不能强迫他接受，反而会激起他的反感。孩子会对这样的刺激变得麻木、不再关注，更何况频繁地一再重复，这些要求往往还是相互矛盾的。面对这样无休止的重复，孩子要么放弃所有独自行动的努力，要么变得闷闷不乐、麻木迟钝、不理不睬。只有平常不随时监督、教育的人，才能在教育孩子时令他印象深刻。

父母的说教，会挫伤孩子的勇气

在教育孩子的各种措施中，有些方式是有害无益的，而父母说话太多就是这种行为之一。很多父母在教导孩子时，只喜欢动嘴，却不喜欢用行动帮助他，更别提动脑了。无论孩子做什么，他们都有话要说。如果他们不知道该做什么，他们就说话。当然，他们这时说的话根本就是于事无补的空话，因为他们的话根本没有任何有建设性的提议或者计划。

当然，说话是必不可少的事情。孩子需要解释和指导，就像他需要玩耍一样。而且，有些话的确有可能给孩子留下深刻而持久的印象。但是，也有很多话是没有意义和指向的。父母必须留心自己，不要说这类没意义的话。每一句没有效果的话都是多余的，甚至是有害的。这样的话不具有与人沟通的意义，反而成了对人际关系的干扰。一句话既可以是交流工具，也可以是攻击武器。每当你跟孩子说话时，必须先想清楚这句话是为了释放自己的紧张、烦恼或愤怒，还是希望能给孩子留下深刻的印象。如果是后者，你需要仔细观察，孩子是否处于能听得进去的倾听状态，若不是你就应该忍住不说。你必须关注自己的情绪，只有当你心态完全平静时，你说出来的话才是有建设性的。否则，你的话只是伤人的武器，令孩子反感，刺激孩子抗拒。如果你希望自己的话是有建设性的，就必须不断观察孩子的反应。如果看到孩子当时听不进去，就必须赶紧停止。如果注意到孩子或者你自己在说话过程中情绪开始激动，那也是你该立即停下的时候了。

在这样的时候，你必须用行动来代替说话。最好立即住嘴、思考，而不是继续说个不停，因为再说下去肯定不会有什么效果，不会令孩子产生新的反应。最重要的是，切忌重复已经说过的话，也不要告诉孩子他已经知道的事情（告诉孩子错在哪里，也属于父母不该说的范围，因为一般来说孩子肯定知道自己犯了什么错误）。如果说第一遍时没什么用，那么再说第二遍就是有害的，哪怕这次有效也是得不偿失的。重复会令人恼怒，而恼怒是不愉快争吵的前奏。你应该少说话多动脑，并采取相应的行动，让孩子体验自然后果并从中学习。有时当孩子做错事时，你沉默不语，会比言辞激烈更能给他留下深刻的印象，因为沉默已经可以表达出你强烈的不赞成了。

你可以通过下面按类别分出的各组措辞，来看看这些常见说法的荒谬之处和潜在危害。[1]

当孩子要开始工作时：

如果这件事情你完成不了，那就不要开始。

我倒想要看看，你能完成多少。

你竟然好意思做那件事！

上一件事还没做完，怎么就开始做下一件。

即使你确实完成了，那又算得了什么？

你只不过想炫耀罢了！

最好还是做你的功课去吧，那才是你该做的事。

这事可不像你想象的那么容易。

你以为所有事情都那么容易完成？

你这是贪多嚼不烂。

1　摘自爱丽丝·弗里德曼（Alice Friedmann）博士所著的《教育指南》（*Erziebung smerk blatter*）

我不认为你能有这本事。

你不会有这个耐性坚持下去。

你怎么对这么愚蠢的事情感兴趣！

如果这也能行的话，别人早就这么做了！

当孩子成功时：

这点儿本事算得了什么。

要做一个好学生，你还差得远呢。

你以为爬得够高了，但肯定会掉下来的。

这只是初学者的运气罢了。

你只是运气好罢了，不等于你脑子好！

你是瞎猫撞到死耗子。

当孩子不成功时：

看看你浪费了多少钱！

看吧，我就知道！

我已经告诉过你了！

我在你这么大的时候，都是自己叠衣服了。

我可比你聪明多了吧。

瞧你这笨手笨脚的样子！

我一猜你就没做好事情！

只是看着你，我就已经气饱了！

　　类似的这些话，都能挫伤孩子的勇气，破坏他的能力。然而，在日常生活中，这样的话我们却总是随口而出。所以，请切记，父母对孩子说话时必须要小心自己的措辞。父母的话应该是用来启发、激励、帮助孩子的，而不是用来压制孩子、惹孩子反感的。

父母的忽视，让孩子感到受伤

　　我们上面讨论的问题，都是教育过于频繁而造成的错误。这里一再强调一个重要原则，是尽量少干涉孩子，让孩子积累自己的经验。但是，若是将"少干涉"这一原则推崇到极致，超出合理的范围，那同样意味着对孩子的伤害，甚至是严重伤害。你当然必须关心自己的孩子，为孩子操劳忙碌。孩子不仅需要生理上的照料，而且需要情感上的关怀、理解和激励。如果孩子得不到这些关注，他就会因被人忽视而受到伤害，阻碍他的成长发育。他与人合作以及融入社会的能力也会因此而得不到发展。

　　父母需要自我限制的是应用教育措施的频率。如果使用得当，那么为数不多的几项措施便足以维持应有的秩序和规则。不过，在父母与孩子单纯的相处中，你与他的合作、你对他的陪伴都不必加以自我限制。随着年龄的增长，他实际上更需要体验在共同参与的活动中的兴趣相投。你对他的关注与在意，能给予他成长和进步的动力，前提是你的这些关注不会让孩子感到压力和冒犯。如果父母对他的身体发育、言谈举止、道德和智力成长没能给予足够的关注，孩子就会因为你的忽视而受到伤害。而若父母关注的方式不对，让他感到压力和冒犯，同样也会伤害他，因为那会令他心生反感，从而将他推向相反的方向发展。

👦 父母的敦促，让孩子出现逆反心理

孩子常常需要父母的敦促。这时候，你一定要鼓励他，并以友善的态度提醒他注意，促使他配合。但是，若此时孩子表示抗拒，那就不必再尝试说服他，因为通常再说服也是徒劳的。尤其是当孩子的行动需要有发自内心的动力时，越是这般敦促就越是有害的。假如孩子要出去玩儿，他在出门之前应该穿得更暖和一些，为此你可以给他适当的敦促。这种纯粹的外在责任往往需要一点点友善的压力。但是，你千万不要试图说服孩子吃饭、入睡或压制情绪（哭泣、闷闷不乐等），或劝他履行任何仅出于内在机制的功能。通过外在的诱导，你可以让他咬一口食物并咀嚼，但是吞咽和消化食物却需要来自孩子内心的意愿。睡觉也是如此。你可以不理会孩子的抗拒而送他上床去睡觉，但是任何进一步的干预都会扰乱入睡的过程。同样，孩子的情绪也不会因为受到压力就能朝父母希望的方向转变。在他内心真正准备好之前，他是无法停止哭泣或伤心的，外在的压力只会增加内在的阻力。因此，在这种情况下，你的劝阻只能

是无效的甚至是有害的，因为这有可能会产生与你的预期完全相反的效果。

当然，在这种情况下，要影响孩子仍然是可能的，关键在于你能否赢得他的心，能让他听进你的诱导——让他从内心做好准备，去做他应该做的事。孩子必须发自内心地感受那样做的必要性，以及推动力。这种内在的转变，若能让他感受到自然后果的影响，可能相对容易一些，即使他在一开始时内心强烈反对，也能因此做出转变。

家人告诉小伊芙，她只有在吃完饭后好好睡觉，才会同意晚上带她去听室内音乐会。在得知这一条件后，小伊芙对晚饭后立即小睡的抗拒立即烟消云散了。还有一次，她拒绝吃家里给她准备的麦片，但当她发现拒绝之后再也没有其他食物送过来时，她说道："爸爸，你知道吧，麦片的味道其实也没有那么糟糕。"因为她内心的抗拒消失了。这样的结果，想要通过劝诱是永远不能实现的。相反，外来的压力只会阻碍她的睡眠和进食。

因此，如果不去一再哄劝、惹孩子烦躁，而是留给他一定的空间，即使是叛逆的孩子也愿意镇静下来。正在哭的小孩子，一旦注意力被转移到其他事情上，会立即停止哭泣。然而，若是父母敦促他"别哭了"，却永远不会取得这种效果。

🧑 向孩子索要保证，不能从根本上改变孩子的行为

要求孩子保证以后会做出更好的行为，这完全是无用之举，其后果甚至是有害的。比如："你答应我，你永远都不再说那个词。""你要保证，下次会好好表现。""你向我保证，以后再也不会骗我了！"一般来说，孩子会满不在乎地随口答应，他唯一想的就是赶紧安抚你，逃避可能的惩罚。即使他此刻真的打算信守诺言，以后也同样不会有多少效果。孩子的性情并没有因此改变，因此他的行为只会是老样子。而且，等他似乎又不小心重犯他保证不再犯的错误，那就是错上加错，因为又多了一桩说话不算数的罪过，被打上了不诚实也不可靠的烙印。为了逃避这项新增加的罪名，孩子很可能更愿意让你觉得他只是忘记了、粗心了。因此，要求孩子做保证是错误的：其一，并不能起到纠正孩子错误的作用；其二，再犯时，会在原有的罪行上又增加新的罪行（不诚实、不可靠）；其三，会促使孩子为了避免在原有基础上增加了新的罪名而故意夸大他的"弱点"（粗心和健忘）。

为了让孩子不再犯相同的错误，你必须让孩子尝到犯错误后的真正后果。可如果他犯了错只需做个保证，孩子当然会欣然接受这么容易的后果，并在下一次重犯错误时毫无心理负担地再次向你做保证，无论你怎么要求他答应，事情就这样结束了。于是，犯错后做个保证，就成了一种仪式，只要完成了这种仪式，孩子就能逃避错误行为的实际后果。你可能因为不忍

心让孩子吃苦头，所以愿意帮他避免因不当行为而导致的真正后果。然后，为了隐藏你没能按正确逻辑行事的尴尬，于是你要求孩子保证下次一定要努力做得更好。正因为如此，等到了以后，如果孩子根本不走心地满口答应你所要求的一切以逃避真正的责任，那你也不必感到意外了。

除此之外，孩子也会学到利用这种保证作为他获取好处的手段，比如，想要父母对他表达爱意，想去看电影，想得到某种好吃的、好玩儿的，他都会甘愿做出任何承诺。或者，当某件令他向往的事情要到来前，你也许会在这时再跟他强调："除非你能……，否则我是不会答应你的。"这同样导致了"索要保证"的后果。父母若真正想做一些让孩子开心的事情，那就应该不带任何附加条件。而若你希望孩子根据完成某项任务的情况来决定他能否得到奖赏结果，那么你提出的要求必须与你给出的奖赏结果之间有逻辑关系，并且该任务必须预先出现且毫无争议。否则，你的要求很容易沦为空话，从而产生本小节的开头提到的结果，并且将会有过之无不及。

允许自己接受孩子以空口承诺来代替实际行动，结果只能是培养孩子不值得信赖和大言不惭的不良品性。所以，对于要求孩子做保证这件事，父母再怎么谨慎都不为过。当一个孩子主动且友善地做出承诺时，这固然是令父母非常欣慰的事情，但是，你必须留神，切莫让孩子以此当作谋求好处、逃避责任或行为后果的手段。归根结底，任何人都不应该向孩子索要保证，否则结果往往是得不偿失。

🧑 敦促孩子"打起精神来！"，孩子会更加拖延

另一种敦促孩子配合你要求的做法，与索要保证一样被频繁使用，而且同样有害无益。你也许会在各种场合敦促孩子要"打起精神来！"，通常，这句话并非暗示孩子"这样你肯定能战胜困难"，而是暗示他应该更用心一些，否则不至于连这点儿能力都没有。实际上，孩子往往不这样理解，他得出的结论往往与你希望他得出的结论不同，他不仅意识不到自己的力量，反而觉得自己就是连这点儿能力都没有。他可能会在你的敦促下做出不同的行为，但极少有机会真正奏效。他完全没有真正调动自己的意愿，付出的所有努力都是被你推动的，结果越发觉得自己就是如此无能为力，越发觉得自己就是缺乏意志力，因此他就没有内在的力量推动自己做出改进。

这种要孩子拿出干劲儿的敦促，是由于父母不能正确理解孩子的真正心理。实际上，孩子在显意识层面的意愿，并不总是与他潜意识层面的意愿相一致，而真正能掌控孩子实际行为的内因往往是后者。即使他犯了错误，也是因为潜意识里的真正目的。当然，此时他的真实意图并不是善意的，而是表达了他内心深处与某种外在情况的矛盾冲突。问题是，虽然其他人可能意识到他此时已经有了抗拒倾向，但是孩子自己却可能完全没有意识到这一点。这时，你敦促孩子要"打起精神来"，迫使他进入某种状态，反而有可能对他以后的生活产生深远且负面的影响。由此产生的心理机制，为神经官能症的产生构建了

重要的基础。

　　当一个孩子被要求"打起精神来"时，究竟会发生什么呢？其实，他的真实心态丝毫没有改变。他的反抗和抗拒仍在继续，他想争取认可或逃避责任的愿望依然如故，并不会因为敦促而受到任何影响。但是，由于父母此时并没有意识到他的敌对情绪，没能采取任何措施消除空气中的火药味，所以，直接提出了让孩子做出改善的指令。可是，孩子此时心里正处于抗拒状态，根本不可能当即做出任何改变。不过，在你的敦促下，他可能会"努力"显得不懒惰、不邋遢、不咄咄逼人、不闷闷不乐。可是，因为他潜意识里的目的并没有改变，他的这种"努力"也不能促使真正的改进，反而会令他更清晰地意识到自己的"不足"，从而加剧他自认"无能为力"和"缺乏意志力"的感觉。于是，孩子抱歉地说明自己的努力是徒劳的；他找来一千个借口，比如忘记了、没注意到，而且自怨自艾，只不过这一切都是虚假的表面现象，实际上没有任何结果。若此时再对孩子加以批评和挑剔，用缺乏意志力来责备他，只会加速他内心错误认知的发展。他会让自己显得更加"意志薄弱"，屈从于自己所有的负面冲动，表现得无法"控制"住自己。由于他是如此的"无能为力"和"缺乏意志力"，于是迫使父母或者周围环境中的其他亲朋好友来为他代劳，替他做决定、做他应该做的事情，也替他承担他应该承担的责任。而且，没有人能够因此向他提出抗议，因为他显然已经很"努力"地履行职责了。

　　如果父母不希望让自己的孩子走上这条罹患神经官能症的道路，就必须克制自己不要敦促孩子"打起精神来"。当注意到孩子表现不够理想时，最好直接找到问题的根源，帮助孩子从根本上改变他的行为目的，而不应让他形成自己真的"无能为力"的错误认知。当孩子不能好好控制自己、做事毫无顾忌或者缺乏主动性时，背后的原因绝不是他缺乏能力、精力。你必须认清孩子行为背后的真实目的，才能帮助他摆脱面临的困境。

奖励和惩罚，无法激发孩子自主的行为

　　现行的许多教育方法都是基于奖励与惩罚，以为孩子的每一个行为都应该得到奖励或者惩罚。大多数父母很难想象，若是没有奖励和惩罚，如何将教育落实到自己孩子的身上。这些所谓的教育方法几乎自古到今被使用，深深植根于以过去的人际关系为特征的社会环境中。只要人与人之间是上下级关系，一个人想要获得对方的服务，就只能通过强迫或者贿赂。掌权的一方通过各种明里暗里的镇压手法强化自己的统治。只要强权一方的手中还有更强力的手段，报复仍然是手中有效的工具。

　　在我们当今的文化中，人际关系的概念已经发生了根本性的变化。人与人之间已经变成了平等关系，这不仅反映在整体政治和社会关系中，而且反映在父母与孩子之间。因此，在双方相互报复的过程中，父母不再享受独具强大优势的有利地位。尽管他们仍可能试图保持自己的优越地位，但在不知不觉中，

社会观念的变化已经影响了他们对待孩子的态度。在把自己的孩子视为一个平等的人尊重的同时，常常一不小心反而让孩子成了自己的"主人"。此外，公认的人类行为标准也使父母没有权力随心所欲地对待自家孩子。其结果便是，孩子报复父母的力量已经超过了父母。父母对孩子的报复不再有效，尽管他们仍然一如既往地跟孩子相互报复。

奖惩理论背后的谬误是显而易见的。两者的运用都基于拥有的权力与优势。如果运用这套理念来教导孩子，那就等于训练他只在奖惩的压力下有好的表现，而不是出于自发自觉的表现。毫无疑问，通过施加令孩子愉快的或不愉快的压力，可以达到让他顺从于你的目的。但是，由此而产生的良好行为只是表面的。任何通过压制手法获得的合作，都不会是出自真正的社会兴趣和服从意愿。表面顺从的背后仍然是内心的抗拒，而这样的抗拒则不可避免地导致反社会的心态，引发破坏合作、破坏规则与秩序的行为。这种表面的顺从几乎已经掩盖不住内心的抗拒，几乎是我们当代所有人的共同特征，解释了我们这代人的社会缺陷。许多人只有当可以得到好处或者逃脱麻烦时才愿意"合作"。这样的顺应并不真诚，这样的合作也不是出于他们对社会秩序真正的认可和接纳。在他们的眼中，这个社会不是他们创造的、平等的共同归属之地，而是他们不得不服从别人的专制社会。实际上，人们彼此合作的价值、和平而有序的价值，是无法通过奖惩来教导的。这种做法，把遵守秩序变成了一种强制行为，把顺应社会需要变成了卑躬屈膝的服从，从而将真正的问题掩盖起来。对于孩子来说，尝到了混乱无序的自然后果后，才愿意去寻求顺应社会秩序的途径。自然后果的滋味，包括令人愉快的和不愉快的，足以激发孩子对秩序的认可与接纳，根本无须有人在一旁向他施加压力。

可是，一旦父母已经习惯跟孩子相互报复，往往会错误地使用逻辑后果。他们会威胁孩子说："如果你这样做，就会有那样的后果。"由此，他们再次把自己的力量注入形成行为后果的自然秩序中。他们像警察一样紧盯着孩子，假如孩子因此报复，他们竟然还感到非常惊讶，没想到那是因为他们先惩罚了孩子，所以孩子才会想办法惩罚父母。结果便是一场无休止的拉锯战，各自都要为对方之前所做的错事加以报复，于是便形成了一个"无限循环"。

今天的亲子关系几乎都充满了硝烟味，这是当代家庭教育的典型特征。许多父母都觉得自己在这样的亲子战争中已经被孩子打败了，可他们还在继续使用连他们自己都认为是徒劳无益的教育方法，却完全意识不到自己这么做的动机是什么。几乎所有家长都倾向于在他们的教育方法中加入奖励或惩罚。我们必须学会对这种做法严加防范，必须了解它给孩子造成的严重影响，并且训练自己以更有效的方法来取代这种老方法。

父母让孩子言听计从，阻碍孩子的意志力发展

假如父母对孩子提出要求，而孩子表示抗拒，你也许会因

为孩子忤逆而觉得有损于威望（如同我们国内强权政治斗争中被对手打败的政治家一样），因此忍不住就想逼迫孩子接受你的要求。问题是，这样的态度合理吗？

毋庸置疑，在某些情况下需要孩子立即做出反应。当孩子处于迫在眉睫的危急情况中，或者他必须遵守必要的规矩时，你要求他令行禁止是合理的。只是这种紧急情况并不多见。如果孩子必须立即听从你的指令的场合仅限于少数几种紧急状况，那么此时你表达出坚定的态度就足够了。但是，你若是要求孩子在任何情况下都言听计从，那就大错特错了。每个孩子都有自己的想法和观念，如果你希望他在以后的人生中取得成功，那就必须允许孩子在这方面充分发展。如果你限制孩子个性的自由发展，就阻碍了他意志力和判断力的成长。

这绝不意味着，当孩子表现出自主意志的最初迹象时，就应该遵从他的一切意愿。相反，父母需要认真地思考，判断在什么情况下孩子必须让个人意愿服从于整体秩序的需要，在什么情况下他可以在不损害他人利益的情况下自己做出决定。

但是，当孩子必须放弃他的个人意愿时，他也不用立即放弃。而父母若将孩子的每一次抗拒都看作是对他们威望的威胁，当然会觉得气血上涌，很难耐心等待孩子改变主意。可一旦他们失去这份耐心，那就意味着亲子冲突的开始，而这样的冲突本应该是可以避免的。他们冲动下的反应是气恼、愤怒，然后动用武力。如果他们能不过于在意自己的威望，对孩子多些耐心，可能很快就会发现，稍微动点儿脑筋的话，效果绝对比直接对孩子动用武力要好。比如，可以利用自然后果引导孩子自愿放弃不恰当的愿望和意图；或者，可以想出一些更合适的方式来影响孩子，使他朝着正确的方向去做。

十岁的哈利，他有一个父母不喜欢的朋友。父母禁止他与这个男孩儿来往。但是，他们的禁令如同许多类似的禁令一样，并没有什么用处。有一天，当哈利的母亲问他跟谁一起在外面玩儿时，哈利撒了谎。当谎言被戳穿后，父母情绪非常激动。撒谎不好好惩罚怎么能行！可是，父母与其对孩子吼叫、责骂，甚至责打，不如稍加反思，就应该能想到，孩子是否真的无权拥有志趣相投的朋友？是否根本无权选择跟谁做朋友？如果他们实在不喜欢孩子们之间的这段友谊，他们唯一正确的做法，就是想办法让儿子自动放弃这段友谊。

父母可以向哈利指出这个小伙伴的缺点，并平静地与他谈论这段关系的不利之处。但是，如果哈利仍不认同，他们也没有理由对孩子采取更强硬的措施。最好的做法，是让哈利与其他孩子接触，比如，邀请其他男孩儿子来他们家玩，让哈利有机会自己选择跟其中一两个孩子交朋友。哈利之所以会撒谎，是因为他想要逃避因这件事跟父母继续争吵下去的痛苦。这次撒谎本应该足以让父母反思他们对待此事的态度，意识到他们之前解决这一问题的方法并不恰当。但是，他们不但没有反省自己，反而认为这是孩子违抗父母之命，是对父母权威的公然藐视。在这场亲子战争后，你觉得父母的地位能有所提高吗？哈利能更加认真地遵从他们的意愿吗？

我们必须认识到，在与孩子相处时，不可能一说话就立竿见影地达到我们所有想要达到的目的。尤其当孩子因为某种原因处于反抗心态时，父母更要时刻牢记这一点。比如，孩子因先前的矛盾已经与父母有了摩擦，家里添了一位小弟弟或小妹妹而导致新问题的出现，孩子开始上学有了新的责任，以及孩子生病了，等等，这时往往需要父母有更多的耐心与智慧。在有些年龄段里孩子更容易产生叛逆心理，比如三到四岁之间，以及孩子的青春期。在这种矛盾更容易激化的情况下，父母若为了维护自己的脸面和威信而与孩子开战，其影响尤其具有破坏性。父母越是缺乏自信，与孩子的矛盾冲突就越激烈，他们也就越害怕自己的指令得不到贯彻与落实。而他们越是不能立即实现他们认为重要的目标，就越害怕会导致灾难性的后果。

🙂 父母越唠叨，孩子越不愿服从

强烈的不耐烦很容易变成唠叨。几乎没有什么比父母的唠叨更让孩子感到苦恼和痛恨，孩子讨厌他们从早到晚地喋喋不休，吹毛求疵！而且，更令人烦恼的是，一方面父母喜欢不断地唠叨，另一方面他们又缺乏想象力和创造力，因此只会单调地重复同样的话语。无论什么都要受到批评，到处都有出错的地方，没有哪件事情是足够好的。孩子哪怕是最轻微的失误，都能被当作是十恶不赦的罪行。

　　唠叨的教育作用几乎为零。不止如此，唠叨只会增强孩子的抗拒心理，让孩子更不愿意服从，造成更快、更彻底的失败。如果父母肯观察自己唠叨产生的直接影响，那足以令他们惊讶，也足以令他们决定改变策略。只是他们从不肯停下来反思，因为他们的态度只是基于自己的需要，而不是孩子的需要，他们真实的行为目的存在于潜意识深处。尽管他们提出了一千个对孩子不满的理由，可他们根本意识不到，这种不满的根源来自他们对自己生活的失望和内心深处的挫败。监督孩子和唠叨孩子的目的，是要借助对孩子的贬低和蔑视来证明自己的确比孩子更强、更好。还有一种家长的做法也与此类似，而且也被冠以"合理"的帽子，那就是对孩子吹毛求疵。接下来我们会将两者结合起来，探讨它们对孩子的影响。

父母的吹毛求疵，让孩子灰心丧气

　　你能想象在教育孩子的过程中从不挑剔他的毛病吗？恐怕不行。自古以来，挑毛病一直是教育者的重要手段之一（可以肯定的是，在我们的文化群体外，曾经有过并且仍然存在不采用这种"育儿方式"的社会群体）。我们指出孩子的错误，是为了向他表明他没有正确地行事。但是，我们为什么到了吹毛求疵的地步呢？我们已经看到，对孩子强调正确的做法，同样可以激发他辨别是非的能力。一般来说，在纠正孩子之前，他就已经知道自己犯了一个错误。只要稍微做个试验，就能够验证孩子对父母不同态度的不同回应。你会看到，当他受到鼓励、得到友善的指导时，他是多么容易被管教。与对他吹毛求疵所得到的结果相比，你会发现后一种方法所取得的成果是多么微不足道。

不过，在界定什么是"吹毛求疵"的时候，我们必须做出两个限定。首先，我们所说的吹毛求疵，是对孩子贬低性的评论和行为，正如这个词的字面意义。当我们对孩子说："你做得不对，来，应该这样做。"这并不算是吹毛求疵，而是给予孩子指导。吹毛求疵的人会带有一种典型的、挑剔而责备的语气，我们在这里所要讨论的，只是这种形式的父母干预。

其次，毫无疑问，有些孩子会对责骂做出积极的反应。也就是说，有些孩子唯有在受到严厉批评时才会做出恰当的反应，而若用其他方式则统统得不到回应。友善的劝说和鼓励似乎都是白费力气。换句话说，对大多数孩子来说效果最好的做法，用到这些孩子身上却毫无效果。为什么会这样呢？在这种情况下，我们面对的是非常执拗和顽固的孩子，他们仿佛被硬壳包裹起来，唯有采用高压手段才能迫使他屈服。我们将在后面的章节里，结合对孩子体罚的问题，更详细地讨论这类孩子的心理，以便我们能更清楚地理解这类孩子特有的心态。

或许在某些情况下，吹毛求疵偶尔能带来好的结果，尤其是非常有雄心壮志的孩子。但即便是对这样的孩子，同样有可能产生不良的影响。父母若是谨慎而有节制地使用，有可能会激发孩子的干劲儿。可若是使用得太过频繁、强度太大，哪怕再有雄心的孩子也会因此感到气馁，甚至于灰心至极，放弃一切努力。在这里我们再次看到，哪怕父母采取了相同态度，也会在不同的孩子身上产生不同的效果。

除了上面提到的例外，吹毛求疵往往会造成大致相同的后果。大多数孩子会因此感到灰心丧气，从而妨碍他们的能力发挥和成就高度。因此，如果孩子习惯对父母的批评保持无动于衷的心态，反而是件值得庆幸的好事情。总的来说，父母的挑剔往往形成一个恶性循环：父母挑孩子的错——孩子不予理会，不肯改进——父母更加挑剔——孩子更加气馁，也变得更加固执。如此往复，心怀不满的父母和满心恼怒的孩子会沿着既定轨道越走越远。有多少家庭悲剧都来源于这种错误的亲子关系？

然而，糟糕的是，父母还会不断地指责孩子的缺点和坏习惯。如果总是揪住孩子的毛病不放，那不会导致什么好结果。你此时的心态，是因为孩子没能达到你希望的完美，因此感到伤心甚至是愤怒。你会这样说："你一定是长了两只左脚吧。""没有人比你更笨手笨脚。""你总是磨磨蹭蹭的。""你为什么总是那么莽撞。""只要是你碰过的东西，就没有不弄坏的。"你的话至少有一个很明确的结果——发泄了自己的愤怒情绪。可是，除此之外，这些话会对孩子形成正面影响吗？能帮助孩子变得更加灵巧吗？恐怕更有可能产生相反的效果。因为我们可以肯定，孩子的笨拙在很大程度上是出于内心的挫败，由于他觉得自己就是愚笨的人，因此自然会在他的行动中表现出来。你的话对他来说不是什么新鲜事，只不过是证实了他对自己的低评价而已。

同样，若反复指责孩子蠢笨、懒惰、邋遢等缺点，也会造成类似的后果。如果孩子不太相信自己有这些缺点，你的一再指责肯定会让他最终全然信服。然后，这些缺点会在他身上生根发芽，因为一再的批评让他完全失去了想要改进的勇气和干劲儿。他只会这么想："既然我是这么蠢笨的人（或笨拙、懒惰等），那么再怎么努力又有什么用呢？"于是，他认定了自己的缺点是理所当然的。更糟糕的是，他会满足于看到有人为此烦躁不安。

因此，这种不断让孩子挫败的行为，很可能会成为导致孩子养成坏习惯的直接原因。我们只要好好看看孩子不诚实的原因，就很容易看清楚这一点。假如你不理解孩子生动而丰富的想象力，也不理解他还不太分得清幻想与现实的区别，因而指责他说的话是在撒谎，那么他可能从此认为自己天生就是不诚实的人，结果便是真的开始谎话连篇。

怕什么，往往就会来什么。你可能会因为气恼不过而把你对孩子的不满都撒到孩子身上。在愤怒的情绪下，你往往容易夸大其词地渲染他的缺点，而你的控诉通常听起来会比你的本意更加强烈。为了缓解心中的一个烦恼而创造出更多新的烦恼，这样做值得吗？

一味地贬低孩子，引发孩子的强烈反抗

所有这些唠叨、吹毛求疵、棍棒教育，其实都是在贬低孩子，并且制造亲子冲突的教育方式，在实际运用中产生的效果，恰恰与我们想要达到的效果背道而驰。

大多数父母在纠正孩子的一些坏习惯时，比如咬指甲、挖鼻子、不整洁等等，他们的做法往往都是各种训诫、责备、威胁、责打，以及要求孩子做保证。然而，如果有人想要给孩子灌输这类坏习惯，这些做法都是可以达到目的的好办法。假如有人问教会孩子挖鼻子的最佳方法，仅仅给他做出示范是不够的，劝说也不是容易奏效的好办法。但是，有一种方法，保证可以让你快速达到目的：一看到孩子将手指伸进鼻孔，就赶紧给他一巴掌；再过一会儿，他的手指又伸进去了，这时，你只需要对他大声吼叫，不许他碰自己的鼻子。然后，请你重复这一做法，逐渐加强威胁和给他一巴掌，以及不耐烦的语气。不久后，孩子保证就能养成挖鼻孔的习惯了。这不正是父母在"教导"孩子时实际的做法吗？唯一不同的是，他们认为这么做是在帮助孩子改正坏毛病。他们完全不知道，正是他们采用的这种方法，不可避免地导致了相反的结果。他们的父母当初就是这么对待他们的，如今他们又以同样的方法运用到自己孩子的身上。

等孩子的反抗之心被激起时，他当然会抗拒不从。每个人的反应都是如此。人们可能会认为，随着时间的推移，父母和

老师终究会注意到这一事实，不再使用这些无效和有害的训练方式。但是，我们惊讶地注意到，实际情况与此相差甚远。

原因可能是，我们对不同教育措施给孩子带来的不同影响缺乏洞察力。我们只能看到直接的、表面的结果。家长们处于与一百多年前的医生们类似的处境。那时候，尽管医生的用心是好的，可是由于他们不懂得治疗措施会带来什么结果，反而对病人造成了严重的伤害。数百年来，对在事故中或战场上受伤的人，都会用旧亚麻布制成的纱布来包扎伤口，从来没有人想过这样包扎会导致伤势加重的，甚至往往是致命的伤口感染。直到维也纳医生伊格纳兹·塞梅尔维斯（Ignaz Semmelweis）率先发现了无菌治疗的必要性，才有效地预防了人为造成的伤口感染。

正如医生以前不知道应该对伤口进行消毒处理一样，今天绝大多数父母也不知道对孩子的心灵伤口同样必须谨慎处理，因为孩子的心灵受伤是导致他顽皮、忤逆、不做应该做的事等无数劣行的根源所在。如今，现代"深奥"心理学知识已经使我们能够理性地理解儿童和成人的内心世界，也让我们第一次得以观察和跟踪各种儿童教育方法的具体实施，以及孩子对此的回应。现代教育学试图帮助父母和老师看清孩子的真实本质，以及缺陷所在，从而停止使用可能误导孩子的有害的教导方式。

教育学的先驱者比医学界的先驱者更加步履维艰。诚然，塞梅尔维斯医生痛苦地目睹了同时代人的固执，并因为他对人类的贡献而饱受蔑视，在贫困中不幸早逝。但是，随着时间的推移，在事实面前，他的医学发现终于赢得了公认。然而，心理学上的发现却很难如此清晰、令人信服地展现出来，即便有些教导方法的效果足以被任何持客观态度的观察者所认可。问题的关键是，父母在面对自己的孩子时，最难以——也许是不可能——做到的事情就是保持客观的态度。大多数医生拒绝为自己的家人进行诊治，可是没有谁能逃避指导和培养孩子的责任。

在第 1 章里，我们一再强调妨碍父母对孩子采取客观态度的各种困难，也提到了许多父母出于一己之利而使用的一些对孩子毫无益处的教育方法。可是，不管我们讲得多么清晰易懂，如果一个人出于内心的需要而对它心存抗拒，那又怎么能起作用呢？如果一个人选择视而不见，那么再无懈可击的证据又有什么用呢？如果你仔细审视自己，就会发现自己是多么容易怠慢孩子。许多父母不敢真实坦然地承认孩子的成就，这就是他们不愿称赞自己孩子的原因。而假如他们一时脱口称赞，那他们肯定会赶紧补充一句表达贬低的"但是"，"你今天表现得真好，但是，为什么你就不能一直都表现得这么好呢？"孩子的良好行为被认为是理所当然、不必关注的事，唯有当孩子做了出格的事、惹出麻烦事，才会引起父母的关注。然而，父母却拒绝承认他们这种态度背后的自私自利，反而为自己辩解，若不这样的话，孩子就会变得骄傲自满了。

每当孩子犯错误时，父母的自私自利就会明显地表现出来。任何对自己与孩子的关系感到自信和笃定的人，都能够平静而温和地引导孩子改正错误。但是，没有这种自信的父母却不会这么做。也许父母不知道该如何正确地应对眼前的问题，也许他现在没有时间顾及孩子。父母内心深处往往对孩子以后的发展充满恐惧，而他对孩子的贬低也就从这一刻开始了，通常伴随着激烈的批评和攻击。也就是在这种时刻，父母会用尽各种贬低孩子的方法，轻者责骂，重者责打，其间还有各种训斥、教训、谴责、嘲讽，等等。这种冲动的、情绪化的贬低，在许多父母来说都是一种惯用手段，也经常表现为各种形式的过度监督、唠叨不止以及火冒三丈。

有些父母刻意将贬低孩子作为系统性的教育技巧，上述趋势在他们身上也同样存在，尽管不那么明显。这些父母认为，只有使用严厉的措施，有计划地羞辱甚至责打，才有可能把孩子教育成功。他们没意识到的是，这种做法表示出他们想要把孩子利用到极致的内心愿望，即通过使用最极端的强制措施，来维持自己在孩子面前的优势，也就是说，贬低孩子是为了维护他们作为父母的权威。

父母这样对待孩子，肯定会激起孩子的反抗。父母动用权威本是为了教导孩子要遵守秩序，但是滥用权威注定会遭到孩子的强烈抵制。不论从表面上看孩子有多么顺从，他的内心深处仍然满怀不甘与矛盾。如果需要动用武力来维持权威，其内在的脆弱性就此显露无遗。

严厉地管教，阻碍孩子找到归属感

拉里是个独生子，母亲在他三岁时去世了。他的继母是个正直又能干的女人，只是无论是继母还是父亲，他们都不理解拉里执拗而沉默的对抗。因此，他们打算好好"管教"他。当拉里每一次行为不当时，就会受到严厉的惩罚，他做的每一件事都会被继母挑出毛病。到了晚上，继母会向丈夫详细报告拉里的一举一动。如果拉里犯错误了，父亲会连续几天拒绝和他说话。拉里很少听到令人愉快的、友善的字词——他总是闷闷不乐的，似乎不"值得"被善待。

拉里在表面上是个听话的孩子。尽管如此，父母仍然很少对他感到满意，因为他并没有真正参与到家庭生活中。他不仅不跟父母交流，而且常常固执己见；他时不时地脱口而出挑衅的话，有时还不按时回家，或者拒不完成交代给他的家务。即便他顺从地答应了，也是满脸的不情愿。

通过这样的做法，也许可以从表面"降服"孩子，但是这种绝对严厉的方法，会阻碍孩子发展出社会兴趣和归属感，这样无疑会加剧孩子心中已经存在的无助感，让他更加清晰而痛苦地意识到自己的无能和依赖。孩子是无法把这样的父母当作朋友的。孩子的内心深处想要反抗他们，因此一有机会就会表露出自己的疏离或恶意。如果家长系统性地实行严厉的管教方法，孩子可能不敢表露出公开的反叛迹象，但双方都明白对方的行为是隐含敌意的。

😊 羞辱孩子，让孩子的内在世界受伤

许多父母认为，他们可以借助羞辱来削弱孩子的抗拒，从而使他改掉某些缺点和坏习惯。他们可能要求孩子站在墙角或者跪在地板上，不过这些做法有时根本满足不了他们惩罚孩子的冲动，他们有足够的创造力和想象力想出更多的手段。

每当八岁的艾伦干了"坏事"后，她都要跪在父亲面前，大声忏悔自己的过错，重复好几遍这种自责，最后还要请求父亲惩罚她。我们不难想象，要做到这一步并不容易，为了让这条规矩执行下去，每次在她这般忏悔之前，总少不了漫长的喊叫、威胁和责打。

我们不难预料这样的羞辱对孩子的影响。最好的情况是，孩子让自己习惯于这些羞辱，机械地按照父母的要求行事。但是，这类孩子的内心世界必然与他外在的言行相差甚远。在他表面温顺的言辞和卑微的行为背后，暗藏着无言的讥讽和咒骂。而他也由此被培养成一个虚伪的、表里不一的人。他表面上良好的行为究竟有多少真实价值，是非常值得怀疑的。

这种孩子的心理构成已经遭到严重破坏。他们往往会患上神经官能症，而且这种经历往往会导致他们以后出现情感障碍，

并有可能产生受虐倾向。孩子有可能将原本的惩罚转化为一种享受的源泉。父母相信他们的做法是想让孩子吃些苦头，可是，他们想不到自己的行为可能给孩子带来感官上的快乐。因此，孩子表面上最卑微的时刻，内心深处却成为获胜者。

🧒 体罚不是教育孩子的有效方式

体罚，作为一种系统性的儿童教育手段，正被越来越多的人摒弃。我们为这一事实感到高兴。但是，仍有许多人为体罚辩护，声称"棍棒之下出孝子"。只有这样孩子才会承认父母的权威和优越地位。他们还说，尤其是在孩子生命的最初几年里，那时候小家伙还不懂讲道理，因此打屁股是唯一能让他听话的好办法。他们还宣称，哪怕孩子再大些，也需要借用鞭子和棍棒，一是为了让孩子避免受到直接的危险，另外有时不打他是不管用的。我们这里说的，是那些把体罚当作系统教育手法的家长们的论点。还有些家长平常不打孩子，只有在情绪失控时才会忍不住动手，不过当他们的情绪恢复正常后，会意识到体罚是不可取的。

因此，我们必须想一想，是否真的有不打孩子就无法处理的情况。来看看小婴儿吧，他当然不会理睬你说了些什么，因为他还不能理解你说的话。但这就是你应该打他的充分理由吗？毕竟，语言在儿童教导中并不是必不可少的，相反，它往往是多余的。因此，在与婴儿打交道时，语言可能是无关紧要的事情，毕竟还有更有效的引导方式，也就是让孩子体验自然的和人为的逻辑后果。这种做法，不论是在婴儿期还是孩子长大后，都一样适用。当宝宝想要抓住可能对他造成伤害的某样物品时，只需将物品拿开，放到他够不到的地方就行了，无论他是否哭叫都要这样做。有时还可以做一些人为的安排，在不会伤害孩子的前提下，让他体验某些物体可能让他感到疼痛。假设孩子坚持在婴儿车上站起来，身体使劲儿往外倾斜，仿佛马上就要跌出去了。这时，你的责骂最多只能暂时有效。也许这就是你认为必须给他一巴掌的关键时刻。但是，如果此时能做点防护措施，在保证他安全的前提下微微倾斜他的婴儿车，不就是一个更有效的做法吗？小车的倾斜会带给他危险感，会让他不由自主地坐下来。如果一次这样的经历效果还不够好，你不妨多让他体验几次类似的感受。如此一来，小宝宝很快就失去故意摔倒来吓唬你的欲望了。

对于年龄大一点儿的孩子也应该如此。有一次，我们正在讨论体罚不可取的时候，一位母亲说出她的例子作为反驳。

她有两个儿子。其中年龄较大的那个，小时候总要去打开厨房里的煤气阀门。妈妈多次向他解释这种做法的危险性，可他仍是无动于衷。妈妈还在报纸上读了一篇文章给他听，讲述了一次可怕的爆炸事件就是玩煤气阀引起的。但他仍然不予理会。最后，当他再次故技重施的时候，妈妈狠狠地打了他一顿。从那以后，他再也没去动过那个阀门。几年后，他告诉妈妈，每次他经过煤气灶时，都会想起那顿挨打，从而克制住拧开阀门的欲望。（请注意这种持续存在的欲望！）

　　在这种情况下，打屁股是唯一有效的解决办法，对吗？当然不是！只要这位母亲稍加学习，就能针对孩子这种毫无顾忌的行为想出一系列的自然后果。比如，她可以告诉两个孩子，只有不打开煤气阀门的孩子，才可以随意到厨房里去玩儿，否则必须待在厨房外面，直到他能够做到经过煤气灶而不去碰它后才可进去。这样的措施，如果坚持执行下去，便可以平复这场"煤气阀门之战"。你还可以想出许多类似的方法，教导孩子不要去动煤气灶。

　　从最初的婴儿期开始，孩子就必须学习尊重秩序、遵守秩序，而且必须学会调整自己的愿望以适应环境的需要。但是，即使孩子认为自己应该受罚，体罚也从来都不是达到这一目的所必需的手段。假如父母知道孩子在挨打时的感受和想法，他们一定会又惊又怕，立即住手，再也不敢打孩子（当然，正常、健康的孩子也是如此）。在接受惩罚时，经常被打的孩子会产生仇恨和愤怒的可怕想法，不少孩子甚至会盼着正在欺辱他的人赶紧死去。你真的相信，孩子在这般痛苦的挣扎之中，能产生不做坏事的冲动吗？相反，我们有充足的理由可以预料孩子以后的表现只会越发恶劣，即使是最残忍的痛打也不会对他的心灵产生任何正面的影响。他内心的抗拒不但没有因为挨打而消散，反而只会更加强烈。

仅在极少数情况下挨打的孩子，和长年累月经常挨打的孩子，这两者的情况并不相同。从未挨过打的孩子，在第一次挨打时，因为太过震惊而留下非常深刻的印象，所以他可能会尽一切努力避免再次挨打。但是，这样的孩子一般来说都是成长得非常健康的孩子，因此体罚对于他们而言实在是错误之举，尤其是哪怕一次暴力体验也难免给孩子造成深刻的精神冲击，而这样的冲击往往会产生持久而有害的影响。孩子学到的是恐惧和屈服于暴力。每打他一下，都会摧毁一分他幼小的尊严、勇气和自立精神。

然而，有些孩子却只有打他一顿才会服从，有时候他甚至是故意找打。他会通过任性和无礼等行为激怒父母，几乎是有计划地一步步煽动起父母的怒火。劝说、警告、威胁此时都对他不起作用。最后，烦躁至极的父母只好把孩子打一顿才能发泄他们心中的怒火。之后，孩子就像是变了一个人——深情、驯服、乖巧。我们经常可以看到这种情况，而且往往被当作是体罚的确有效的证据。然而，实际效果真的有我们看到的那么好吗？为什么面对如此粗暴的对待，孩子的反应会如此正面呢？

在谈及"渴望惩罚"时，有些心理学家提出了一个大胆的解释，他们认为那是因为孩子深感内疚而希望自己受到惩罚。可在我看来，事情却简单得多。这样的孩子，通常是觉得自己被忽视、被拒绝了。很多时候，一个孩子会在弟弟或妹妹出生后开始变得格外惹人厌烦。他其实是希望通过自己的恶作剧或淘气行为，把父母的注意力吸引到自己身上。只要父母还没有生气，他就觉得你是在无视他。他当然因此感到不满，因而会不断招惹你，直到你再也顾不上其他事情而专心"收拾"他。而假如你在发脾气后又感到心中愧疚，因此忍不住以爱抚和亲吻他来弥补你刚才的粗暴，那么孩子开始为了吸引关注而激起父母的责打，甚至可能因为责打之后父母所表现出的喜爱之情而感到满足，这有什么奇怪的呢？他就像是故事里那个农夫的妻子，含泪跑到神父面前，哭诉她的丈夫已经不爱她了，因为他已经整整两个星期没有打她了。打人时，注意力必须全部集中到被打的人身上，正是因为这一事实，使得许多孩子对挨打有了特别的心态。有时，他们甚至享受自己有能激怒父母的本事。

然而，父母在打孩子时，他们的目的却不在于此。他们认为那是在教育孩子，而不知道自己只是在满足孩子的渴望。孩子挨打后的良好行为，是他为了得到这份"关爱"而甘愿付出的代价。他先前的挑衅和捣蛋，也是他潜意识中计划的一部分，其目的或是为了吸引父母的关注，或是为了惩罚父母、激怒父母。

有些孩子对挨打的反应可能有所不同。在孩子反抗父母的同时，我们有时会看到与反抗完全相反的反应。虽然父母的暴虐通常会激起孩子的恐惧和厌恶，但有时也会导致孩子对父母明显的依恋乃至忠诚。某种程度上，我们所谈论的是与前一节提到的情感生活障碍同样的问题，通过把父母的暴力转化为一种感官上的愉悦，孩子达到了反抗父母暴力的目的。这样的孩子也会经常故意招惹父母来打他。

　　通常，严厉的父母在孩子成年后格外受到孩子的喜爱和尊敬。成年的孩子不记得小时候被暴打时的痛苦感觉，反而常常表示对曾经受到的严格教育心怀感激。在这里，我们看到一个孩子会对曾经向他展示权威的人表现出尊重，而过去那个挥舞着棍棒的父亲此时已经转化为权力的象征。当他终于不再被孩子看作是一个可怕的威胁时——也只有在那个时候——他的孩子才可能会爱他。他们甚至可能模仿他。因为这种被父母打大的孩子，长大后会认为打他是应该的，甚至是值得高度赞扬的。我们经常从他们口中听到这样的话："我小时候挨过打，结果我现在成长得很好。所以这种做法同样对我的孩子是有益的。"但是，不论是对他们还是对任何挨过打的孩子而言，父母的痛打一定会给他们造成深刻的影响，只是他们自己意识不到这一点而已。每个小时候被打过的人，都会在他的性格中表现出相应的痕迹。

　　从小被打大的孩子，其典型后果是要么变成一个卑微、怯懦的人，而且往往同时是畏缩又狡猾的人，要么变成一个令人厌恶的傲慢又自负的人。几乎所有在童年时期挨过打的人都有一定的暴力倾向。这样的孩子，有可能成为一个非常有能力的人，他性格上的刚硬和严厉，可能会使他特别适合在商业或某些专业方面独占鳌头。但是，他也因为缺乏真正的温柔和温暖，而在亲密情感上出现障碍。他并非没有能力发展出更深厚的感情，而是他根本无法摆脱对人的不信任感。其根源在于他可能总是害怕小时候经历过的羞辱与难堪再次重现，于是他只好变得冷酷无情。

　　F先生是一个从小经常挨打的孩子。他的父母非常爱他，在很多方面都对他很宽容。但是，每当他们不知道应该拿他怎么办时——这样的情况经常发生——只好把他狠狠打一顿。F先生是一位非常成功的商人，以沉着冷静而著称。他的妻子很有魅力，看上去非常爱他，几个孩子都长得很英俊。可事实上，F先生没有一个要好的或者亲近的朋友。别人更多的是怕他而不是喜欢他，因为他十分专横，不认为任何人能与他平起平坐。没有人能让他觉得足够可靠，也没有人能对他的生意了如指掌。由于他不善于体谅他人，常常到了对人毫不客气的地步，因此得罪了许多原本可以与他建立起更密切合作关系的人。

　　他对家人也霸道无情。好在他花了非常大的力气，总算克制住自己，避免用他小时候遭受的待遇来对待孩子们。只不过，虽然在这一点上他做出了让步，但仍然非常强调家人在任何事情上都必须听他的。当他发出指令时，每个人都必须响应。他根本不给妻子任何自由，极端嫉妒，严格限制她活动的时间、地点，规定她交往的人群。他常常在陌生人面前让她难堪，并以此为乐。任何人有不同意见，或者对他稍有忤逆，都足以令他大发雷霆。他会狂怒不止，大吼大叫，污言秽语，或者是尖酸刻薄地冷嘲热讽。

　　我们可以清楚地看到，在他看似威风凛凛的表面背后，隐藏着深深的恐惧。他在与别人打交道时处处设防，以保护自己免遭对方的拒绝或者攻击。为此，他四面树敌，就连对他的妻子和孩子也紧闭心门。他既不能理解也不愿意知道那些表面上服从于他的人，实际上都在尽可能地糊弄、欺骗他。他其实也能感觉到，但就是不愿承认，不愿醒来面对这些事实，否则他将不知如何应对。他同样不敢面对的是，万一他的生意出现亏损，为此他常常担惊受怕、夜不能寐，因为那意味着他赖以维持权威和财富的优势将从此荡然无存。

然而，体罚作为教育手段至今仍然有人使用，尽管所有人都已经清楚地看到这种做法的无效和荒谬之处，及其危害作用。要解开这个谜团，我们只需看到这个事实：绝大多数至今仍会打孩子的父母，都是从小挨过打的人，而这些人都认同打孩子是必要的手段。他们认为自己打孩子是出于理智，而实际上他们只是任由自己被一种内在冲动驱使着行动。他们想给孩子一个生动而激烈的印象，好让他看清自己的优势所在；他们害怕若不动用武力则根本压制不住孩子的反抗。可他们没意识到，动用武力恰恰暴露了他们根本的弱点，说明他们除了打孩子之外，已经无计可施了。他们也不承认这种"教育手段"的背后隐藏着多少的怯懦。我们都知道，若一个大孩子打另一个比他年幼和弱小的孩子，那么大孩子就会被认为是一个不公平的、懦弱的人。那么，这和一个成年人打比他弱小、毫无防御力的孩子，又有什么区别呢？既然这样的手段不是必需的，也不是有效的，只是有这么做的冲动，那么就有必要从自己身上找冲动的原因所在。然后，你就会觉察到自己有一定的暴力倾向，渴望展示自己的力量和优越感，而且，更重要的是，你最不愿意承认自己的权威实在有限。到了这时，也许你就能明白，在打孩子的那一刻，你其实已经对孩子感到无可奈何、无能为力。正是因为这种无能感，使你不计代价也要向孩子证明，你与孩子谁才是更强大的那个，哪怕你个子比他高、力气比他大。这种渴望是如此地强烈，以致你根本不会停下来思考，这么做是否真是为了孩子好，甚至是否真是公平之举。

为了反驳这些事实，你可能坚持认为孩子就是"需要"挨打，或者你可能会拿出陈词滥调的理由，即所谓的"神经失控"，认为自己是一时失控。但是，不论你找到什么借口，结果都是一样的：你明知道自己不应该打孩子，但是，在无奈下，你宁可不顾自己的错误也要对孩子诉诸暴力，然后再用"神经失控"来感叹，安慰自己的良心。

社会融入感，与孩子对生活环境中的秩序与规则的认同密不可分，是孩子健康成长的必要因素。而贬低孩子、羞辱孩子，只能削弱而不可能提升这种社会融入感。从小被贬低和打压的人，从来都不会成长为社会真正的一员，只能算是一个仍然半驯化的动物。因此，要想把孩子培养成为一名真正的社会人，就必须在教育过程中避免对孩子造成压制和羞辱的任何权宜之计。[1]

---

1 社会融入感，强调的是在社会中个体之间、各群体之间的相互依存，建立在共同的价值观和信仰之上，是集体行动的核心要素，与归属感紧密相关。——译注

具体的
教育措施

如果你能以正确的心态对待孩子，

遵守基本的教育准则，

那么每遇到一种新的情况时，

你就能很容易确定自己该怎么做。

孩子在生活中遇到的不同的外部环境，往往会给他造成不同的问题。如果处理不当，有可能会对孩子以后的发展造成深远的、负面的影响，让一个问题开始演变成不良行为。到那时，隐藏的矛盾便往往以令人眼花缭乱的方式暴露出来。

如果你能以正确的心态对待孩子，遵守基本的教育准则，那么每遇到一种新的情况时，你就能很容易确定自己该怎么做。当然，你最好学习一些孩子在各个成长阶段的基础知识。新时代的母亲们已经可以通过培训和练习，提前为婴儿护理做好准备，尤其是身体方面的护理。但是，要照顾好婴儿，你还需要了解孩子在生理需求之外的其他需求，包括活动、玩耍和兴趣，而且伴随着他的成长，这些需求每年不断发生变化。若是详细描述这些内容必将超出本书的范围。[1]因此，在本章中，我们只针对一些比较重要的问题从心理学角度做一些探讨。

---

1 我们推荐你仔细阅读以下育儿书籍：阿诺德·格塞尔（Arnold Gesell）所著的《人生的第一个五年》（*The First Five Years of Life*）。纽约，哈珀兄弟出版社（Harper & Brothers），1940年出版。阿诺德·格塞尔（Arnold Gesell）和弗朗西斯·伊尔格（Frances L. Ilg）合著的《五到十岁的孩子》（*The Child from Five to Ten*）。纽约，哈珀兄弟出版社（Harper & Brothers），1946年出版。本杰明·斯波克（Benjamin Spock）所著的《婴幼儿保健常识》（*The Common Sense Book of Baby and Child Care*）。纽约，杜埃尔斯隆和皮尔斯出版社（Duell, Sloan and Pearce），1945年出版，1957年修订版。

👦 掌握必备的育儿知识，减少育儿焦虑

当怀孕时，父母就已经面临着此后的第一个教育任务。在孩子出生之前，父母和孩子的亲子关系就已经通过你对孩子的态度和预期建立起来。这时，父母有可能会犯一些我们在上一章讨论过的典型错误。比如，过度恐惧、过度焦虑、过高期望、过分活跃等，这些是最容易出现育儿陷阱的，请你务必小心！父母应该有意识地利用怀孕这段时间来增强你的勇气、士气和自信。我建议你通过阅读或课程，学一些婴儿护理常识和幼儿心理学，这是明智的做法。不过，父母也要避免这类学习带来的负面影响。如果因为信息量太大、建议太多而变得灰心或焦虑，那么就不可能从学习中获得任何益处。如果你让自己陷入了恐惧，担心自己是否有养育孩子的能力，那就反而会削弱你的力量和智慧，而拥有力量和智慧，却是成为好父母必须具备的条件。

👦 孩子的最初体验，具有至关重要的意义

小婴儿对周围人的最初体验，具有至关重要的意义。一旦他形成错误的印象，并因此得出错误的结论，就需要在他以后的成长过程中花费大量的心血和努力来纠正他的行为模式。早在孩子能够理解语言的意义之前，他就已经能够对自己所处的生活环境做出反应，也能觉察到他与周围人的相互关系。他能

清晰地感知别人的情绪，并能明确地做出回应。父母的焦虑和担忧会导致婴儿胆怯和紧张，而父母的平静和随和则有利于婴儿安宁与平静。毫无疑问，扰乱亲子和谐关系的恶性循环，可能首先是由孩子引发的。婴儿的早产、重病或者发育不良，都会导致母亲烦恼，这当然是可以理解的。但是，母亲的焦躁心情反过来又会影响孩子，妨碍他做出有益的自我调整，从而不断地刺激母亲，导致她更加焦躁不安。或者，恶性循环可能是由于其他一些令人烦恼的情况引起的，虽然与孩子无关，但因为首先扰乱了母亲的安宁，同样会导致孩子不安。即使日后造成最初困扰的源头已经不复存在，母亲和孩子之间被破坏的关系依然会让双方都感到烦躁。因此，你必须用心保持自己情绪的平衡，再怎么小心都不为过。这不但应该是在育儿过程中始终坚持的一个原则，而且在婴儿生命最初的几个星期和几个月内尤其重要。

父母应该努力保护和帮助如同婴儿这般柔弱而无能的人，这当然是合情合理的。然而，如果孩子从一开始就体验到无能会带给他那么多的有利后果，他就无法培养出充足的勇气去努力发展独立自主的能力。每当孩子遇到小小的困难时，父母都需要克制住自己去帮助他的冲动，这需要极大的自制力。但是，只要坚持自我克制，得到的回报必将是巨大的。首先，孩子在努力学习控制自己身体的过程中越来越有本事，并在努力应对各种困难的过程中获得越来越多的成功；然后，孩子会因此而发展出更多的勇气和独立性。父母的怜悯心和恐惧感都是错误的行为动机，这不但会阻挠孩子的健康发展，而且更重要的是会扰乱孩子与他人建立正常的人际关系。父母的野心和虚荣心，也是导致虐待和压迫孩子的原因之一。

从出生的第一天起，婴儿就是一个独立的人，必须融入他所属的社会群体，遵守相应的社会秩序。尽管他在某些方面的确需要帮助和支持，但是他完全有能力依靠自己的力量适应生活，而且他也完全有权利获得这种依靠自己的体验。

🧒 帮助孩子养成规律的进食习惯

在吸吮母乳时，孩子就开始了与他人的第一次合作。当然，用奶瓶喂养的孩子也是如此。因此，从他生命的第一天开始，就有必要进行规律生活的训练。一旦他习惯规律生活，遵循秩序就会成为一种愉快的体验。从一开始就按规律哺乳有两个好处。其一，这使婴儿接触到秩序和规律，而这正是社会生活的重要组成部分；其二，食物的规律性摄入也符合生物的规律性，因为所有生理机能，尤其是植物性机能都具有明确的节奏性。孩子越早在生理机能中建立自然节奏，他的身体发育和社会性的发展就会越好。随着食物摄入的规律性节奏，也能很早形成规律排泄。只不过，排泄训练必须等到孩子能够自己有意识地控制排泄器官之后才可进行。而食物的摄入并不需要孩子控制自己的器官。当孩子规律性地进食时，他的肠胃就能自然适应进食规律，无须任何人为控制。

制定哺乳时间表时，需要考虑不同孩子的需要。父母应该咨询儿科医生，制定出恰当的时间间隔。一般来说，四小时的哺乳间隔对普通孩子来说是最合适的。不过，如果孩子特别体弱，或者生病，则可能需要不同的时间间隔。随着孩子成长，进食的时间表也需要适时修改。不论孩子多大，父母都应该为他安排一个明确的作息规律计划。

哺乳方面的错误大多是因为父母不必要的焦虑导致的。过度焦虑的父母总是担心孩子吃不饱。他们低估了生理器官的自然力量。只要父母不干涉孩子的食欲，孩子就能够照顾好自己。如果这一次孩子吃得少，那么下次自然会补回来。如果他在哺乳过程中睡着了，你也不必担心。还有，你不必因为他饿肚子醒来时发出的呜咽而动摇，因此破坏哺乳间隔规律，提前给他哺乳。若你因此而心软，反而会阻碍孩子享受规律性进食的好处。

然而，使用哺乳时间表也会有产生新的焦虑的危险。你大可不必把时间表当作始终悬在头顶上的利剑。早几分钟或者晚几分钟哺乳都不要紧，重要的是在给宝宝哺乳时能保持安详与平和的心态。婴儿对紧张和焦虑情绪的反应非常强烈，而这又会扰乱他正常的生理机能。无论你是因为什么而感到焦虑，比如担心奶瓶的温度、孩子进食的数量或质量、哺乳的确切时间，等等，这些都是无关紧要的事，而焦虑本身比任何上述所谓的"问题"要更加有害。

冷静地面对宝宝在断奶期的哭闹

断奶是孩子养育过程中的另一个难题。如果断奶的时间到了，你应该再次制定进食计划，并执行新的计划。孩子自然不愿放弃已经习惯的舒适方式，但是我们不能因为孩子的抗拒而放弃新的计划。父母只需要付出的努力是——不要屈服于孩子的哭闹。你可以借助宝宝的饥饿感来达到目的，而无须附加任何额外的压力甚至胁迫。只要你能克制住自己的担忧、同情和焦虑，就能在保持态度平和与友善的同时做到坚定。这样，孩子就不会觉得你对他进食的关注，超过对他本人的关注。

由于孩子已经习惯纯流质食物，因此在开始时可能会推开任何他尝到的固体食物。如果你逼迫他接受新的食物，只会增加他的厌恶感。所以，当孩子拒绝某种食物时，你只需不再提供其他食物就好。这样，他最终会接受当初不喜欢的食物。

教孩子独立学习站立和行走

婴儿天生有一种想要自己站起来的强烈愿望。当他长到足够强壮时，他会自己坐起来，然后再站起来。父母不可以试图逼迫他超越自己的能力，也不可以表现出焦虑。通过学习站立和行走，孩子不仅学会使用腿的力量走动，更重要的是，通过这些练习，他体验到最早的、靠自己站起来的独立能力。若你给予太多的帮助，不但会阻碍他学会走路，还会阻碍他自主能力的发展。

孩子也必须学会不怕摔跟头。当你在他摔倒后安慰他时，当你把他抱在怀里时，你就教会了他自怜，让他明白了眼泪的力量。但是，如果你能对他的哭泣不以为意——毕竟，他很少会真的重伤自己——你就能教会他勇敢坚强。若父母是焦虑的，孩子往往就是爱哭的，因为他知道可以通过哭泣来获取摔疼后的立即补偿。

当孩子独自一人在婴儿围栏中时，他能够依靠自己的能力迈出第一步，这值得你尊重，因此你一定要给他这个机会。反之，如果你牵着他的手拖着他走，那么他学会独立行走的过程，反而会不必要地增加额外的困难。孩子学习走路的时候不应该依赖任何人，否则只要他身边没了帮助，他也就没了自信。

👦 给孩子自主如厕的机会，培养良好的秩序感

在孩子长到一岁半的时候，你就可以根据他的发育情况开始进行如厕训练，教他保持干净。如果孩子已经有能力保持两小时的尿布干燥，这就是可以开始训练他的好时机。这里我再次强调一下，秩序感源于规律性的日常作息。如果定时送孩子去如厕，无论他是否需要如厕，他都会学到按时如厕的好处。在这个过程中，父母的态度越放松越好。无论他在此时做什么，都不可责骂，不可变得情绪暴躁。为此生孩子的气、跟孩子闹矛盾，完全是多余的。另外，我不建议你在夜间叫醒孩子让他

上厕所，因为这样做反而导致他在半睡半醒之间进行排泄。他可能看起来已经完全清醒，但通常不是真的。

　　这一套训练法应该持续到孩子能要求或者自己主动去上厕所。如果孩子在训练成功后又尿裤子，那么若是偶尔发生的"意外"，你当然可以忽略，若真的是"退化"，那么你不妨再次恢复这套日常训练。这也是他不履行自己责任的自然后果。不过，你同时也应该思考造成他退步的原因，并尽量改善局面。比如，也许是因为他嫉妒家里的新生婴儿，并试图让自己也重新变回婴儿。在这种情况下，如果他不能再保持干净，那就应该重新给他用回尿布。无论你此时怎么做，是定时带他去如厕还是重新使用尿布，你都应该只实践一天，第二天再给他自己如厕的机会。但是，如果他继续尿湿裤子，你就必须恢复每隔两小时定时让他如厕的规律。如果还是起不到作用，尤其当他年龄偏小时，间隔可以缩短为每小时一次。无论他在如厕时是否成功小便，都应该让他在马桶上停留几分钟，但不要拖太长时间。但是，在实行这套惯例时，必须尽量少说话，以免孩子把它当作是寻求关注的手段。不要说你没有时间进行这套训练！宝宝的如厕训练需要时间和耐心。如果你此时不肯为这项任务投入必要的时间，那么你以后只会更加忙碌，而且是以更令你恼怒和沮丧的方式投入更多时间。

😊 引导孩子自己解决问题

在宝宝的早期训练中，父母最容易遭遇的陷阱，是你的焦虑，以及对宝宝的娇纵。宠溺宝宝是你的自然倾向，所以从一开始就要特别小心，切莫让自己掉入这个陷阱中！要随时留心孩子的举动，看他是否在寻求过度的关注，是否让你围着他转。一旦觉察到孩子的这种意图，就要克制住自己，不再跟着孩子的指挥走。他的哭泣、夸大的无助，都是他的武器。父母应该学着分辨他哭泣和呜咽的不同含义——是真的表达某种需要、痛苦或不适，还是仅仅是吸引你关注的手段。我们很容易低估婴儿在遇到困难时照顾自己的能力。如果他弄疼自己，他需要的不是同情和安慰，而是促使他继续努力的鼓励。这听起来很残忍，可是，你此时的安慰才是更残忍的举动，因为当他明白痛苦能换来你的关注和疼爱时，他感受到的痛苦只会加剧。

孩子哭泣是很自然的事，这是他在告诉你，他想要从你那里得到某些东西。但是，唯有他真的需要帮助时，你的帮助才是有用的。如果你多给孩子机会，让他自己努力、自己想办法，那么哪怕在他生命的第一年里，他能在多大程度上学会控制自己的肢体，能克服多少身体障碍，他的表现一定能令你惊讶万分！孩子最需要的，是你的鼓励，而不是保护。只要他发现哭泣没什么用，他就会寻找更好的办法，自己解决眼前的困境，学会照顾好自己。最重要的是，他会因此少受苦，更快乐。

八个月大的凯伦正在婴儿围栏里，我亲眼见到她的两条腿卡在了围栏中间，身体拧巴着，无法解脱出来。母亲坐在旁边，并没有伸手去帮助她，而是用平静的声音说道："你可以把腿抽回去的，凯伦，你做得到。"宝宝肯定听不懂这些话，但她能明白母亲的意思。她停止了哭泣，没过多久就收回了双腿，她的脸上满满的成就感，露出了胜利的表情。

十五月大的凯伦喜欢爬椅子，而且刚学会怎么从椅子上安全地滑下来。此刻，她又在练习爬上爬下的能力。在一次练习的过程中，她格外兴奋，情绪高涨，甚至突然从椅子上跳下来，结果脸朝下摔倒了。她的鼻子流着血，开始放声痛哭。母亲不动声色地把她抱起来，又平静地把她拉回到椅子边，说道："现在再试一次，凯伦。"孩子犹豫着又爬了上去，小声地哭着。"好，现在你再下来。"孩子虽然已经不再哭了，但心里仍然害怕，伸出手求助。母亲安慰道："你自己能行的，凯伦。"她小心翼翼地滑下椅子。母亲又建议她爬上椅子。这一回孩子很快就滑下去了，不再表现出任何恐惧。她的小脸肿了几天，但这次事故并没有给她留下任何心理创伤。这很幸运，若母亲没有那么镇静，这件事定会给凯伦留下很长时间的心理创伤，不仅会挫败她的勇气和安全感，还会影响她和母亲之间的亲子关系，以及她与未来遇到的其他可能的帮助者之间的关系。

孩子越早学会依靠自己的力量和能力，他的安全感就越充足，越是从容自信。

👦 教导孩子要温和而坚定

　　有人可能认为，孩子生活在成年人的世界里，仿佛处在"巨人国"里一样，是一件"不自然的"事情。然而这就是现实，我们必须面对的事实。蒙台梭利和其他教育体系为了帮助孩子而特意设计了适合他的环境，以便让他充分发挥出自己的能力，这样的努力值得我们敬佩。不过，虽然一些过度保护的孩子、感到气馁的孩子可能需要这样的环境来重新获得勇气，提高自立和独立的能力，但是，更明智的做法是让孩子在这个成人世界中成长，获取能力和勇气，因为这本身就是孩子必须生活的自然环境。出于同样的原因，我们不建议将孩子限制在自己的房间里，并且根据他的需要对房间进行一些特殊布置以确保他远离可能的伤害。我们认为，孩子必须学会在任何地方都要举止得当，无论是在客厅还是在厨房。

　　很多父母都不知道该如何做到这一点。谁能向小宝宝解释清楚，什么东西可以碰，什么东西不可以碰呢？又如何让他明白，哪些物体是易碎的，甚至是危险的呢？的确，宝宝可能听不懂单词，也听不懂复杂的句子，不过，他却完全可以记住自己的体验并理解。你可能又会问："也就是说，小宝宝要去碰他不该碰的东西时，难道不应该打他的手吗？"当然不是。你甚至不需要用严厉的话语威胁，比如"不许、别动"来吓唬他。你只需平静地把孩子带走，他就会明白什么是不应该做的。小宝宝很容易理解做错了什么。他之所以会弄坏东西，不是因为他缺乏知识，相反恰恰是因为他明知这样做是不可以的。大多数父母都会在不知不觉中以错误的方式系统地训练宝宝。你只需要好好看看，当小宝宝又打坏某件东西时，他能引发多少"轩然大波"啊！既然这么好玩儿，为什么他要管住自己的手脚，不再去故技重施呢？

宝宝第一次扔东西的时候，父母就需要觉察自己的反应。你可能会上前捡起来。这样的初期体验会影响孩子。你可能以为他并没有注意你做了什么，但是，他注意到了，反而是你没有意识到。当他第一次拉下窗帘或倒空抽屉时，你可能会觉得他的行为很"可爱"，毕竟这也许是他控制自己肢体力量的第一次实证，让你觉得满心欣喜。可是几个月后，他类似的动作却会令你火冒三丈。那么，你应该怎么做呢？其实很简单：当他碰了不该碰的东西时，当他拉扯或乱扔东西时，你只需平静地把他放到婴儿围栏里，同时用温和的语调表达你对此的遗憾。他很快就会发现哪些行为会让他失去你的陪伴。孩子是非常聪明的，总能得出正确的结论。他必须适应周围环境的要求，否则他就不能离开小围栏，自由自在地走动。但是，你把宝宝送进婴儿围栏后，还应该在他准备好，举止得当的时候，立即放他出来，给他机会好好表现（如果孩子还小，不能表达他已经准备好了，你应该在一段短时间之后放他出来，给他这个机会）。这样的教导方式，不需要责打，不需要严厉的批评，更不需要使用暴力。这种温柔而坚定的做法足以教导孩子必须遵守秩序。一个经过充分训练的孩子，自然会懂得适应家中的环境，不论你在家里摆放什么，都不会伤害他，也不会被他破坏。

　　对于宝宝扔东西的行为，可能需要不同的对待方式。孩子坐在高脚椅子里、你的膝盖上、婴儿床或婴儿车里时，喜欢把东西往下扔，这是一件"正常的"事情。在这种情况下，你不需要替他把东西捡回来，只需不予理会或者干脆把东西收走就行了。

　　通过观察和体验，孩子会自然而然地辨识出哪些是有危险的。不过，有些危险仍然需要我们系统性地教导孩子，让他有所了解。这些危险往往带来的伤害较大，而且无法通过偶然的体验来自然辨识。比如，拿锋利的物品、跑到街上、点燃火柴、触摸滚烫物体，等等，这些都需要特别的教导。仅仅把孩子抱走，或者把东西拿走，是不够的。你应该而且必须花时间带着孩子一同反复尝试，直到他能了解其中涉及的危险。若是只靠讲解、说教和解释来禁止孩子做事，不但起不到作用，甚至会适得其反。孩子需要实际的示范。你可以拿一把刀或剪刀，让孩子感受它的锋利程度和刺痛感。当你不小心割破自己的手指时，可以借机让孩子看到你流血的手指，表达你的痛苦。你可以让孩子在你的守护下触碰滚烫的炉子，他会记住那种感觉，并且吸取教训。用同样的方法也可以让孩子明白点燃火柴的后果。你可以训练孩子如何在街上行走，来教导他不要自己跑到街上。做法是这样的：先允许孩子不拉住你的手，跟着你一起走；等走到需要过马路的地方时，你要牵住他的手，并且告诉他说，过马路要这样做才行。你可以把这些当成是游戏，花时间带着孩子反反复复地体验，直到孩子完全接纳这种方式。

陪伴孩子一起玩耍，建立亲密的亲子关系

玩耍是孩子的正当工作。无论他做什么、学什么，对他而言都是在玩耍。但是，这样的玩耍却是非常重要的事。孩子的成长发育，他对自己和世界的了解，都是从玩耍中获得的。在孩子的玩耍过程中，重复并非一味地为了追求快乐，而是孩子自我教育的必要手段和必要过程。如果一个孩子没有时间和机会玩耍（与他的年龄相符），他的成长发育就会受到阻碍。

孩子的玩耍首先是功能性玩耍。他首先要熟悉自己的身体，掌握如何运用四肢，不过很快，他就开始学会了解自己周围的事物，并通过感觉器官的发展来感知这个世界。接下来，他的玩耍就会变成工作。他用积木、布娃娃、彩色球、立方体，以及其他各种玩具，创造出新的东西。通过玩耍，他开始渐渐明白，若要想创造出什么，他必须遵守一定的秩序和规则。他通过完成自己选定的目标，学会责任感；他通过和他人一起玩耍，学到了适应社会规则的要求。他最早跟母亲一起玩的简单游戏，就是熟悉社会环境的第一步。在这些游戏中，孩子初次体验到除了自己以外的其他人具有的重要价值，觉察到人的天性。随着玩耍带来的乐趣变成了成就感，并享受它带来的满足感时，纯粹的玩耍就具备了工作的意义。

在这里，你需要遵守一个重要的原则：你必须给孩子提供

充足的机会玩耍，而且是不受干扰的。你要允许他按照自己的意愿行事，并且及时对他的成就给予真诚的认可。他的玩具要尽量简单，这样才能更充分地激发幻想，给他更多自由发挥的空间。他玩耍的东西越简单就越适合他，尤其是在幼儿早期阶段。

过度娇惯的孩子，既不会独自玩耍，也不会和别人一起玩耍；还有些孩子不知道怎么参与集体游戏，他们只能独自玩耍。因此，通过观察孩子的玩耍，你可以不断觉察他发育过程中的障碍，并及时加以纠正。

父母应该花时间陪孩子一起玩耍，这对于维护父母和孩子之间的良好关系是非常必要的。给孩子读书，带他一起去散步，虽然都很好，但还不够。没错，这些活动会让你感觉到和孩子很亲近，但是这些活动并没有足够的相互参与，没有彼此间的给予和接受，除非你真的跟孩子一起玩耍。然而不幸的是，许多父母不愿意陪孩子玩儿，他们也不知道该怎么陪孩子玩儿，更不知道玩耍和陪伴的重要性。结果便是他们找不出时间陪孩子玩耍。他们花了很多的时间和精力，让孩子们吃饱穿暖、干净整洁、不调皮。如果这些任务都完成了，他们就觉得自己应该歇一歇了。许多父母，尤其是父亲，对如何陪孩子玩耍并不感兴趣。如果孩子要求父母和他一起玩儿，他们就会感到无聊。而如果他们对某个玩具感兴趣，他们就会自己玩儿，让孩子成为旁观者或侍奉在一旁的仆人，根据他们的要求递这个、拿那个。任何成为准父母的人，作为为人父母的重要准备环节之一，就是去学习该如何跟孩子一起玩耍。[1]

　　和父母一起玩耍，对孩子来说非常重要。只有那些能和孩子一起参与有趣活动的人，才更容易对孩子产生影响力。在和孩子玩耍的过程中，可以建立起与孩子的友善关系，维持你对他的影响力，并且让他懂得如何与人合作，如何讲究秩序。一边陪伴孩子玩耍，一边观察孩子，引导他承担责任，为实现共同的小目标做出贡献。你还可以教导他积极参与到大家共同努力的事情中，成为一个能够尽自己最大努力且从容面对失败的人。如果你有多个孩子，那么，和他们一起玩儿尤为重要。在这样愉快的、有组织的共同活动中，他们可以学会将彼此视为朋友而不是竞争对手。让所有家庭成员都一同参与的游戏，是激发家庭归属感的最佳动力。

鼓励孩子自力更生，从穿衣服开始

　　随着孩子长大，他必须承担的责任越来越复杂。如果你想要鼓励孩子自力更生，请尽量减少给孩子压力和胁迫，孩子就更容易学会掌握这些职责、愿意承担责任。孩子的所有追求，本质上都是为了玩耍。你可以利用他喜欢玩耍的天性让他学会

1　以下书籍可能有助于你了解该如何与孩子一起玩耍：露丝·泽克林（Ruth Zechlin）所著的《如何与孩子一起玩》(*How to Play with Your Child*)，萝丝·阿尔舒勒（Rose Alshuler）所著的《两岁到六岁》(*Two to Six*)。

责任。等到孩子上学时，如果他需要担当的责任仍然以玩耍的形式展现，他就能真正享受上学的任务。许多人之所以会对"承担责任"的观念非常反感，原因就在于他们在学习承担责任的过程中，所有的乐趣都从他们需要担当的工作中被剥夺了。"必须"这么一个简单的词，通常便足以让最愉快的工作变得令人反感。

如果你给孩子机会，让他充分体验其中的快乐，学习自己穿衣服对孩子来说也是在快乐地玩耍。当你提出要跟他玩穿袜子、脱袜子、穿鞋子、系鞋带等游戏时，他会热情地参与其中（当然，这种"游戏"自然跟孩子其他形式的玩耍一样重要，并无差别）。再过一段时间，你允许他试着自己穿衣服，他自然会满腔热忱地开始这项新任务，甚至可能会在他遇到困难时，拒绝你提供帮助。只不过，一旦你开始给他施加压力、挑剔错误、指责蠢笨，这就不再是游戏了。如果你特别喜欢替他穿衣服，把他当作一个布娃娃来对待，那他永远学不会自己穿衣服。即便你最终决定让他自己学会穿衣服，他也不愿意学了。如果为此你们引发了冲突，那么他的健康成长之路也会被破坏。他知道如何通过磨蹭、笨拙让你发狂，变相强迫你不断伸手替他穿衣，于是他发展出操纵你的能力，代价是牺牲了他对自力更生的向往。

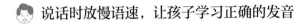 说话时放慢语速，让孩子学习正确的发音

用"宝宝腔"跟孩子说话，是一个很严重的错误。父母应该避免只使用孩子已经能理解的那些词语，而且不应该模仿孩子不正确的发音。此外，当孩子说话含糊不清时，不应该格外费心地去理解他。如果孩子觉得，你很善于猜测出他笨拙的话语背后的真正意思，他为何还要费力去努力学习清晰的发音呢？也许你特别得意只有你能理解孩子的话。不过，你的这份骄傲，却只会阻碍孩子正常的说话能力。

如果你想帮助孩子，请在对他说话时放慢语速，用心措辞，给他机会学习正确的发音和遣词造句。你不必有意避免使用更难的词，但是同样不必刻意指出并纠正他的错误。当你听不懂他说的是什么，不应该批评或责骂他。唯一能纠正他错误的正确方式，就是让他明确知道你没有听懂他的话。

利用自然后果，帮助孩子养成讲卫生的习惯

在教导孩子学会保持干净整洁方面，也应该采用相似的方法。为什么男孩儿往往比女孩儿更容易脏兮兮地到处跑，而女孩儿通常更爱干净呢？这不完全是因为女孩儿有"女人的本能"，天生就爱干净、爱打扮，而是因为母亲在这方面对男孩儿的更多纵容。他们有时认为不讲究干净整洁才是男子汉气概的表现，而洗漱、梳头、讲究整洁则是"娘娘腔"的表现。

因此，虽然男孩儿一方面可能会拒绝你的要求，不肯把自己打理干净，展现自己的"男子汉气概"，但是另一方面，他可能非常乐意将洗漱的过程转变为你必须为他提供个人服务的手段。因此，脏兮兮的脖子和耳朵，要么是孩子在表示反抗，要么是他在寻求关注。

洗漱当然也可以变成一种有趣的游戏。但是，一旦让孩子感受到"胁迫"，就会破坏整个游戏，而且很容易导致孩子走向两个极端——要么满不在乎，要么过分讲究。对待不整洁的孩子，你可以利用自然后果来纠正他，比如如果他不收拾干净，你就不跟他相处，包括不许上桌吃饭或者玩游戏。

不哄劝、不威胁，培养孩子良好的饮食习惯

用餐时间不仅仅只是吃饭，还是为数不多的全家人的共同活动之一，所有人此时聚在一起，做着同样的事情。餐桌上的气氛、用餐过程中是有序的还是混乱的，都会揭示出一个特定家庭的整体结构。一旦孩子可以自己吃饭，他就应该和其他人一起用餐，从此成为一位成熟的家庭成员。如果他还需要喂饭，你可以让他坐在餐桌旁的儿童餐椅里，但是应该单独安排他的用餐时间，因为在集体用餐时对任何一名家庭成员的区别对待都会扰乱整个家庭关系。

作为父母，你不仅要对用餐的气氛负责，而且需要维持用餐时的秩序。这是孩子了解你的想法和感受的好时机。愉快的

谈话也是良好饮食习惯的一部分。

为了让孩子从小学习适应社会秩序，每个家庭成员都应该遵循当地社会群体普遍流行的进餐规范。孩子还应该学会不挑食，这也是正确饮食习惯的一部分。挑食不可能保证均衡的营养。

不论哪个孩子，只要他违反了家中的规矩，就不应该让他抱有侥幸心理。如果他在用餐时捣蛋，他就不能和其他家人一同用餐。不要空口威胁孩子，而是在秩序被严重扰乱时采取行动，让孩子离开餐桌。不过，下次用餐时，还应该重新给孩子机会，允许他再次加入家庭团队。如果他不肯按时上桌，那么等到其他人都开始用餐后，他就不可以到餐桌用餐了，他也就错过了这顿饭。当然，只有当你注意到孩子的行为超出了合理范围时，才需要严格遵守这些建议。在和谐的家庭氛围中，也许根本不需要通过这样的自然后果来维持每个成员的有序合作。

但是，你一定要严格遵守以下原则，否则就会遇到麻烦：一方面孩子吃不吃饭、吃多少，这是他自己的事。任何人都无权哄劝、要求、责骂或威胁；另一方面，如果孩子不好好吃饭，玩儿食物或者磨蹭而没有和大家一起结束用餐，那么家人不必再等他，直接收走他的餐具就好。如果他表现得没有什么食欲，该用餐时吃不下，那么允许他不吃任何食物，这是非常自然的事情（当然，你也需要考虑到小孩子的胃口，他们可以有第二份食物或者一次小小的加餐）。在饮食方面，你无须多言，不需要关注吃得慢或者吃得少的孩子，直接让他们体验不吃饱的自然后果就好，不用提前警告，或者事后说教。

🧒 帮忙做家务，促进孩子的合作能力

你应该在孩子很小的时候，就让他积极参与家庭生活。通过帮忙做家务，不但能促进社会兴趣和合作能力的发展，还能增强他的自信心，为以后有所作为奠定基础。通过游戏的形式来呈现任务，更容易激发孩子的合作意愿；利用他对成就感和自豪感的追求，更容易激发他的热情。当你允许他帮忙做事时，他会觉得自己长大了，更会为他已经有能力做到的事情感到骄傲。家中经常需要做的各种任务和简单的事，可以让孩子有充足的机会展现自己的价值。但是，如果你在请他帮忙时态度粗鲁、傲慢、不耐烦，很容易使他对分派的工作感到反感。使用许诺或者威胁、奖励或者惩罚来让孩子完成某项任务，也是错误的做法。这使得工作本身成了一件令人讨厌的事情，而获取奖励或避免惩罚才是孩子的真正目的。

只有当孩子乐意合作，因自己的成就而感到满足时，他才可能形成做家务的良好心态。这与孩子对待游戏的态度是相同的。只有在这种情况下，哪怕交代给他的工作并不令他愉快，甚至有些困难，他也会心甘情愿地承担起这份工作。能从小养成这样的良好心态，对孩子以后的健康成长、未来的成功和幸福的人生，具有非常重要的意义。

平等地对待每个孩子，让孩子感受到爱

对于孩子和父母来说，最复杂的状况之一，就是新生儿的加入。在许多人的一生中，这件事是最重要的一个转折点，从此改变了他们人生的发展方向，也改变了塑造他们性格的方向。在此之前，孩子一直是家里最小的孩子，或者是唯一的孩子。可是从现在起，他觉得自己从"王位宝座"上被赶了下来。母亲对他的慈爱与细心呵护忽然之间减少了。最令他伤心的是，这一切都是因为一个陌生的小入侵者。因此，孩子对新生儿的敌意，往往非常明显。许多诗歌、故事和漫画都幽默地描述了大孩子的这种悲愤情绪。

但是，真实的情况并不有趣。大孩子可能会请求你把小婴儿还给白鹳[1]，或者很认真地建议把宝宝扔出窗外，甚至扔进壁炉里。在这方面，即使他们将想法付诸行动也不足为奇，你也许不得不保护好小婴儿，以免他真的被大孩子的粗暴行为所伤害。有时，大孩子会用蹩脚的借口来隐藏他想要"干掉"小宝宝的企图。但是，每当我们看到大孩子让婴儿从小推车上摔下来、从桌子上掉下来时，我们无疑都清楚地看到"被废黜"的孩子心中怀有的敌意。

在这种时刻，孩子特别需要你的关心。对他的恶言恶行表示愤慨是荒谬的。此时他还不懂得死亡的概念，而且他对小婴

---

[1] 当孩子问"我是哪里来的"时，西方父母最常给出的答案是"白鹳衔来的"。——译注

儿的感觉，跟一个无生命的物品没什么不同，也许是把他看作另一个玩具而已。当然，他的态度暴露出他想要"重夺王座"的倾向，令你心中反感，但是这应该归咎于父母过去对他的宠爱。因此，你不能对他现在的表现过于苛责。相反，你必须意识到，你现在每一次的严厉斥责，都只会让他更加相信，你果然不再爱他了，也让他更加抗拒你。

他可能尝试着用最不切实际的方式，想要重新获得他最害怕失去的关注。于是，许多孩子故意惹是生非、调皮捣蛋，或者"退化"成笨蛋。而父母要做的，就是让自己格外克制，不去适应孩子的意图。遗憾的是，你常常会被孩子的可恶行为气得头脑发涨，对他严加惩罚，结果便是让他从此与你渐行渐远。

此时，帮他摆脱困境的唯一方法是：让大孩子做个有用的人。你可以指出他的年龄比小宝宝大的优势，赢得他的合作意愿，来帮忙照顾小宝宝。你可以强调他有价值的洞察力、判断力、做事能力等，来实现这个目标。你可以想方设法向他表明，虽然你现在关注他的时间减少了，但你对他的爱并没有因此减少。在这种情况下，父亲可以多花些时间关注大孩子。而母亲当然会被新出生的小宝宝占用更多时间，可是如果你能遵循尽量让小宝宝多休息的原则，那就一定能找到充足的时间来陪伴另一个孩子。但是请记住，在任何情况下，你都不可以回应大孩子用来吸引你关注而使用的恼人和挑衅的各种做法。相反，你要理解、容忍和忽略他的这些行为，并在他制造的冲突范围之外找机会关注他，多用心安排一些愉快的亲子时光和共同活动，来陪伴这位"被废黜"的孩子。

在努力给予每个孩子应有的权利时，父母可能会不断地试图平等地对待互为竞争对手的每个孩子。你希望自己能公平地对待每个孩子，但有时会导致另一种特殊的竞争形式。我曾见过一个案例，那位母亲每次都用称重的方式来给孩子分巧克力和水果，以保证两个孩子得到的一样多。结果，那位母亲成了孩子们的"奴隶"。如果你想要公平地对待两个孩子，就不能允许孩子们发生"谁比谁得到的多"的争执。其实这并不重要，如果一个孩子"得到的更少"，并不意味着他得到的"价值更低"，那么孩子们也就不会斤斤计较了。

两个孩子之间的和平合作，必须以减少相互嫉妒为前提。正是孩子之间的嫉妒情绪，导致每个孩子都时刻紧盯着父母有没有任何偏袒的迹象。嫉妒这种特质，每个人都会有，而且永远无法彻底消除。但是，孩子只有在感到自己被父母忽视时，才会心生嫉妒。有些父母有致命的"天赋"，那就是让每个孩子都觉得自己遭受到父母的轻视。他们喜欢指出每个孩子的毛病，而且总拿一个孩子的优点跟另一个孩子的缺点比较。这种做法加剧了孩子之间的竞争，而这正是人们经常讨论的，把羞辱孩子当作教育手段的结果。其实，你应该努力让每个孩子都感受到你的爱，让他相信——即使另一个孩子碰巧在某方面做得比他更好，这也完全不会损害他在你心目中的个人价值。只要他对自己的个人能力和成就有正确的认识，他就不会再跟别人比较。

不可否认，要在两个孩子之间保持平衡是非常困难的。这是有两个孩子的父母需要承受的最沉重的负担。两个孩子中不讨喜的那个，要么是父母出于某种原因而对他抱有偏见，这通常是因为他们无法理解是自己让孩子感到被忽视而引起的抗争，要么是因为孩子得到了更多的溺爱，因此反而陷入了挫败感。如果一个孩子因此失去了勇气，并放弃竞争，那么另一个孩子的发展也会受到影响。因为一个孩子更出色的表现或更突出的成绩，往往建立在战胜竞争对手的基础上。假如，更加出色的那个孩子后来遇到一个他不能轻松战胜的对手，或者失败的孩子因为某种刺激的影响而取得更大的成就，那么，原本更出色的孩子不但能力会骤然下降，而且他的自豪与骄傲也会受到影响。他因为害怕被后来者居上的恐惧，而与另一个孩子之间积累的矛盾，此时就会公开爆发，再也掩藏不住。所以，为了避免造成这样的局面，请你一定要格外注意，千万不要在两个孩子之间进行比较。你也许认为，这么做会刺激不够出色的孩子更加努力，但这样的想法是完全错误的，它只会导致你想要刺激的那个孩子更加沮丧，甚至更加绝望，进而导致他放弃所有的努力。这样的刺激还会影响原本领先的孩子，因为他也因此更加相信，一旦他真的被超越了，他就会陷入困境。

孩子们经常因为相互竞争和想要占据优势的地位，导致频繁的打架与争吵，而若想要减少这些家庭战争，就必须克制自己"站队"的冲动。冲突是谁挑起来的、双方谁对谁错，这些都不重要。孩子之间的很多冲突，其实都是为了吸引父母的关注。父母的态度应该是无论谁对谁错，孩子都必须学会和睦相处。如果他们吵闹得厉害，让你觉得心烦意乱，不妨将他们都送到外面，直到他们吵完才可以回来。介入孩子之间的纠纷和争执不但是危险的，而且完全是徒劳的，只会延长和加剧他们的争吵。如果一个孩子过来找你告状，你必须告诉他，你非常遗憾他不能与兄弟姐妹和睦相处。毕竟一个巴掌拍不响！今天犯错的孩子，可能只是想为昨天的伤痛而进行报复。每个孩子的任何不当行为，都应该由所有孩子一同承担责任。他们必须学会互相照顾。

如果你能多安排一些有趣的集体活动，比如陪孩子们一起玩耍、带他们出门远足、一同分享令人兴奋的刺激经历，这很容易激发孩子们的归属感和合作精神。但是，在这类活动中，你必须格外用心避免遇事只责骂其中一个孩子。假如有一个孩子行为不当，那么你应该完全抽身而退。这有助于孩子们意识到，他们每个人的乐趣和快乐是相互依存的。唯有意识到这一点，孩子才会团结起来，相互体谅，相互尊重。

适时分离，让孩子适应幼儿园生活

为了准备好逐步地、适时地与孩子分离，孩子应该尽早加入其他孩子的群体，换句话说，在孩子三岁之后，他应该上幼儿园或学前班。这种集体活动的必要性，以及与之相关的问题，我们在第 3 章中已经较为详细地讨论。这里我们只简单地谈论孩子进入幼儿园的过程中可能出现的一些问题。

一个深受宠爱而怯懦胆小的孩子，往往对母亲格外依恋，因此可能十分抗拒上幼儿园，不肯加入其他孩子的群体中。在那些孩子身上，他不可能找到渴望的纵容与关怀。为此，他也许会想出各种各样的办法来逃避上幼儿园。他会哭闹、啜泣，甚至可能出现神经官能症的表现。他这么做的目的显而易见——如果母亲任由自己被孩子的花招吓住，那么她不仅会阻碍孩子对社会生活的适应，而且还会开始一个危险的先例，让孩子看到哭诉甚至神经紊乱就能让他达到目的，它们能帮助他逃避不愿意做的事情。这些孩子甚至可以通过"焦虑症"来动摇父母的决心。他会在夜间尖叫，也会突然莫名其妙地开始哭泣。他会特别害怕幼儿园里的"坏"孩子，一再控诉他们欺负自己，好让父母能对这个群体产生偏见。与此同时，孩子的这般行为也会招致其他孩子的恶意欺负。如果你因此同情孩子，为他说情调解，甚至采取极端做法让他退园，那么他永远也学不会如何与人相处。当你的孩子试图逃离其他孩子，不愿加入他们的社会群体时，你一定不能动摇自己的立场。你必须克制自己的焦虑和怜悯，保持温和且坚定，既不尖酸刻薄也不大惊小怪，更不要情绪失控。只要你做到这些，通常用不了几天，孩子就不会继续抗拒去上幼儿园了。

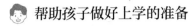 帮助孩子做好上学的准备

在以前，上学第一天是童年中最重要的经历。今天，由于幼儿园和学前班对学前教育的普及，而且在许多国家，一年级小学生的功课都是学习和娱乐相结合的，这样使"上学第一天"的影响在一定程度上有所缓解。尽管如此，学校对孩子来说仍然是一个全新的环境。在那里，孩子想要赢得别人的认可，就必须靠他自己的成就。他所处的社会也不再是一个游戏团体，而是一个工作团体。

你应该努力帮助孩子为上学做好适当的准备。他将来必须有能力工作。对孩子的疏忽和溺爱都会阻碍孩子的智力发展，比如他可能词不达意，或者还有其他方面的缺陷，还没有为上学做好充分的准备。不过，在孩子上学之前教他阅读和做简单的算术，却对他并没有好处，只会降低他在入学后对阅读和算术的兴趣——毕竟，他预先已经学习了字母和数字，在进校后就无法获得掌握新知识和新进步的满足感。让孩子学会自己穿衣洗漱、在没有别人帮助的情况下克服困难，比提前认字要重要得多。可是，这些能力却经常被父母忽视。

让孩子学会自己过马路，并注意交通安全，也是他自力更生的重要部分之一（在孩子长到一定年龄时）。如果父母长期护送孩子上下学，对他在同学中建立地位可能没有好处。他也许会因此被大家说是"妈宝"，这通常会让孩子感觉羞耻。

父母时刻刻指导孩子做功课，这是一个严重的错误。父

母这种功课指导，通常会变成对孩子的审判和威慑，因为你的焦虑情绪可能会在指导时变得不耐烦，甚至暴躁。这既可能让孩子更加气馁，又可能会激起他更多的抗拒。所以，孩子在功课上的任务应该交给老师，最多是当孩子向你询问某个问题时，可以偶尔帮助他。如果你必须陪他一起完成作业，那么请你一定要保持冷静，否则你会让孩子觉得学习是一种折磨，并激起他的反抗，而这很可能使他抗拒学习，不再愿意把上学当作获取知识的方法。出于这个原因，老师是否应该要求父母监督孩子做家庭作业，这是件值得怀疑的事情。一个孩子会有不良的学习习惯，成绩不好或拒绝做功课，这已经表明父母的教育方式出现了问题。既然在此之前父母没有有效地管教孩子，现在又怎么能指望他在父母的帮助下养成更好的学习习惯呢？

实际上，这些建议通常表明老师想推卸责任，老师和父母往往把孩子抗拒学习的原因归咎于对方。然而，如果老师不能把知识传授给学生，他们就应该意识到自己的不足。他们应该从销售员那里多学习实用的心理学知识，毕竟销售员如果遇到客户抵触他的推销，他是不能责怪客户的。父母对孩子的监督不力当然是可悲的，但是父母对孩子的监督并不应该延伸到孩子需要在学校完成的工作上。

孩子到了上学年龄却不让他上学，这是错误的做法，因为学校的重要性不仅仅在于向孩子传授知识。一个好的家庭教师同样可以出色地传授知识。而学校的真正价值在于，给孩子提供了一个与其他孩子共同学习的社会环境，这恰恰是好的家庭教师做不到的。正是在学校里，孩子们可以学会如何让自己适应社会群体的环境需要，懂得严格遵守社会的秩序规则。因此，如果让孩子等到二年级甚至三年级才开始上学，他融入社会的困难就会成倍增加。他很可能变成一个"鹤立鸡群"的独特存在，很难交到朋友，而且在人群中总会感到不自在。

👦 客观看待孩子生病，不提供特殊待遇

所有的孩子都会经历生病，所有的父母都想要保护孩子免遭病痛的折磨。然而，远比任何身体疾病更具危害性的是，重病或反复生病带给孩子的情绪后果。比如，孩子可能会觉得在他生病的时候，母亲比在他健康时更爱他。如果孩子得出这样的错误结论，他的健康意愿可能会受到影响，尤其患病会让他逃避他不喜欢承担的责任，比如上学或者做家务，便更是如此了。康复后，孩子经常想要留住他在生病期间享有的特权。他会在进餐时撒娇耍赖，会因为轻微的不适而哼哼唧唧，并最终可能成为"疑病症患者"。众所周知，娇生惯养的孩子比那些对生病不感兴趣的孩子更容易患百日咳，而且病症持续的时间也更长。

在生病期间，孩子的确需要特别照顾，但是在此期间，父母必须让他遵守一定的秩序与规则。还有，在孩子生病期间，你不可以过多地逗他开心、过度地关心与疼惜，以及表露出其他不同寻常的情绪，也不可给他太多礼物，或者满足他所有的

要求与愿望。你对孩子的同情是可以理解的，但是你肯定不愿意他因为短暂的病痛而造成长久的心理不适——如果他得不到生病时的特殊待遇，就无法好好生活。如果你让生病变得很轻松或很愉快，也许会让孩子认为生病是一种美好状态。而我们都知道，如果一个人想要生病，那该是一件多么容易做到的事情。

😊 遇到家庭变故，鼓励孩子以积极心态面对

当然，我们不可能列出所有可能对孩子造成伤害的事情。生病是一个方面，还有许多其他方面也可能让孩子成为令人同情的特殊对象，比如父母一方或双方的死亡、家庭不幸、家境突然陷入贫困，等等。这些事件对孩子的危害，可能会因为家人对孩子的过度同情和过多娇纵而增加。孩子当然需要帮助，但是父母要提醒亲朋好友们，不要因为对孩子的善意同情而妨碍孩子的正常成长。孩子必须学会靠自身能力和智慧战胜困难，走出困境。如果你的帮助能引导孩子自己找到解决问题的方法，那么这样的帮助必将比直接为他铺平道路更有价值。尤其不要怜悯孩子，这可能是极其有害的做法。

😊 提高孩子进入新环境的适应能力

另一种情况和弟弟妹妹出生的情形类似，会给孩子带来一

些负面影响：搬家、换学校，甚至只是更换老师。如果孩子觉得自己无法适应外部环境的变化，他也许会放弃尝试。他没能做好自我调整，这表明他已经感到非常挫败，也表明他以前的行为方式不再适用于新的环境。这时，他需要的是父母的帮助，而不是向他施加更多的压力。你必须努力寻找给他造成困难的真正原因。在这个过程中，也许你会发现新的变化导致他之前潜意识里的"人生计划"出现了某些缺陷。你现在应该关注他的这些缺陷，而不是他现有的不良举止，不要被他表现出来的恼人行为蒙蔽双眼，还有更深层的问题。也许孩子一直都是众人关注的焦点，可是现在他忽然失去这样的地位；也许他早已习惯了纵容，受不了别人的拒绝；或者他以前从不需要承担责任和做决定，可是现在他不得不依靠自己。因此，外部环境的决定性变化，是孩子是否具备适应社会生活所需能力的试金石。因此，孩子年幼时遇到的困难，恰是可以纠正他的缺陷，以及为将来的社会生活做好准备的好时机。

尤其是对于年龄幼小的孩子，给他换个不同的外部环境，很可能为他的成长创造出更好的条件。面对新的环境，他不得不进行自我调整以适应新的局势，这本身就可能让他更容易接受新的秩序与规则。这对于养成好的习惯尤其重要。因此，换个环境，你就有可能从头开始帮助孩子建立秩序感，尤其是过去的错误教导方法或者孩子的反叛抗拒已经让他养成不守规矩的坏习惯时，就显得格外有价值了。在新的环境中，你会更容易纠正之前过度纵容孩子的习惯，从而改变孩子对你的态度。

简而言之，这是一次好机会，为教导孩子创造一个全新的、更有利的环境与条件。但是，你必须确保从第一天起，就一以贯之地执行全新的制度。这当然不能通过与孩子不断发生冲突来实现。在执行新的秩序与制度时，实施方式必须与之前的做法不同，以便用更融洽的相互合作的方式，取代之前相互对抗的方式。在全新的环境下，你很容易获得孩子的关注，赢得孩子的信任，因为这时他的确更需要友爱和亲密的亲子关系。如果你能以不娇纵、不屈从的方式建立良好的亲子关系，并为孩子做好榜样，孩子可能会乐意效仿，并遵循你建立的新秩序。

🧑 鼓励孩子自己战胜困难

孩子很容易因为遭遇困难或者挫折而感到气馁，无论是在家里、在玩伴之间，还是在其他地方，都是如此。因此，他必须学会承受挫折与失败。当孩子遭遇失败或挫折时，如果父母不能接受也无法忍受，那么失控的情绪只会加重他的挫败感，对他毫无帮助。当你责骂他、对他生气时，他只会更加确信，他的失败充分证明了自己是多么无用、不可救药。如果一个人因为一次小挫折就认输，他就永远无法准备好去应对人生中的困难。所以，此刻他其实更应该加倍努力，集中所有精力来认真应对。正因为如此，失败可以成为他战胜困难取得成就的宝贵动力。而你若在此时责备他、表达对他的气恼或者失望，都有可能严重削弱孩子战胜困难的勇气和力量。不过，若你千方百计地安慰他，甚至免除他应该承受的自然后果，让他非常轻易地"渡过难关"，同样是错误的。可这却往往是许多父母会做的事情，比如孩子在幼儿园里跟小朋友们相处不好，他们就会把孩子带回家，甚至有可能用好吃的、好玩儿的来安慰孩子。这样做怎能教会孩子在逆境中承受痛苦呢？孩子必须学会自己战胜各种艰难困苦，而你则必须尽职尽责地增强他的勇气和自信。最容易做到这一点的方法，就是告诉孩子，你相信他！让孩子有信心看到你对他真诚的关心和善意，看到你坚定地相信他能够自己战胜困难："下次你会做得更好！"但是，你必须首先真正对孩子充满信心——唯有这份真诚的信心，才是他汲取力量的源泉，让他即使在遇到可能会削弱勇气的挫折时，也能从你这里得到鼓励。

冷静应对他人对孩子的教育干涉

不幸的家庭环境，可能给教育孩子带来额外的困难。家庭问题可能导致父母无法胜任他们原本能做得很好的育儿工作，在孩子需要的时候，无法给予他所需要的支持和指导。

很多母亲深有同感的是，丈夫、母亲、婆婆或是亲戚等，总是不断地插手你对孩子的教育工作，挑剔和干涉你的做法。他们对你的孩子宠溺、严厉、唠叨、哄骗，明显对孩子造成各种不良的影响。可是若你想跟他们讲道理，那肯定是毫无用处的。你最不应该做的，就是让自己被别人的行为误导。你不能指望通过自己相反的做法来"纠正"或减轻其他人犯的错误，因为这只能是错上加错，从而加重对孩子的负面影响。此时你可以做的事情，是成为孩子生活中最稳定而可靠的人。只要你能始终保持这样的地位，孩子就有可能学会承受一切外来的影响而不会受到伤害。当然，当所有人都以极度的纵容、宠溺、贿赂来疏远你和孩子之间的关系时，你的处境会非常艰难。面对各种不利因素，需要你拿出自己的勇气和冷静。只要你能始终保持自己的勇气，那就一定能找到更好的方法来赢回孩子的心——友善、交谈、讲故事、一起玩耍、激发他的能力、认可他的成就，等等。从长远来看，你对待孩子的正确态度，总是能够战胜通过娇纵或贿赂而获得的虚假成功。

　　父母很容易利用孩子作为对抗其他成年人的同盟，尤其是当其他人以同样方式利用他时。一旦玩儿起这种游戏，在面对孩子时你就会失去客观性，而且很快会沦为孩子操纵的工具。更严重的是，你会变得不分青红皂白地责备他或夸奖他，你的情绪和对他的期望会失去应有的分寸，你和孩子的亲子关系也会明显失去平衡。虽然你和其他家庭成员之间也可能存在矛盾和冲突，互相竞争、互相怨恨，但是你对孩子的态度应该始终保持不变。唯有这样，你对孩子的影响才是有利的，才能正确地抚养孩子。无论其他人可能会对孩子造成多少不利影响，甚至是伤害，你都应该尽力做到这一点。

　　这同样适用于当孩子处在其他不利的生活环境时，比如生活环境艰苦、经济贫困、父母没有足够的时间陪伴、身患疾病或其他灾难，等等。也就是说，在特定情况下，尽力对孩子做到最好。情况越糟糕，孩子就越需要你。如果你陷入痛苦和沮丧，又怎么能帮助孩子呢？你对恶劣环境的怨恨和抗拒，你向他人抱怨，虽然都是可以理解的，但是对于孩子来说，这却意味着他所处环境的进一步恶化，甚至让他背上了原本不属于他的重担。相反，若你能支持他，那么生活环境的痛苦和压力，就有可能会成为他奋力拼搏的动力，让他能集中所有的力量与之对抗，这不是通过一味地放纵做到的。只要你能做到给予孩子理解和鼓励，你就能帮助他鼓起勇气和建立自信，帮助他走向更美好的未来。

我们很难要求所有家庭成员、亲戚和保姆都懂得如何教导孩子，但是他们作为示范者，对孩子的影响仍不容小觑。你可以而且应该要求家庭成员们保持平静而友好的态度，避免使用粗俗或不雅的语言，举止得当。在自己的家中，孩子初次体验和认识社会生活，因此他与每个家庭成员之间的关系，都是他成长发展中的重要因素。然而，如果孩子周围的人举止不得当，父母最应该做的事情，不是试图去改变他们，而是尽自己所有的能力做到最好。

帮助孩子树立正确的道德观

除了上面已经提到的人外，还有很多人可能会对孩子的行为产生一些影响，他们被称为教育中的"隐形伙伴"。家人的朋友、偶尔的访客、杂货店员和送货员、邻居，以及孩子的玩伴，还有后来通过书籍、戏剧、广播和电影等媒体给孩子留下深刻印象的作家和演员。要想杜绝所有这些影响是不可能的，也是不必要的。你无法阻止孩子看到或听到不利于他成长的事情，唯一能防止孩子受到不良影响的恰当方式，是增加他对不良影响的抵抗力。通过观察孩子，你可以辨识他受到的影响，并尽力减轻不利因素，促进积极的影响。但是，仅仅通过禁止孩子接触负面的影响，从来不是好办法。经验表明，越是禁果就越是诱人，越是压制就越会增加孩子的好奇心。唯有争取让孩子接受你的观点，才能保持你对他的影响力。如果你能以明智而通情达理的方式与孩子讨论，孩子会愿意倾听你的见解。孩子和所有成年人一样，不喜欢由别人来告诉他什么对他好、什么对他不好。说教、讲大道理，只会让他充耳不闻。

父母最重要的职责之一，是帮助孩子树立正确的道德观和价值观，帮助他区分好坏，以便他可以在这个善恶并存的世界中认清自己的道路。邻居家孩子的错误态度、广播中的恐怖故事、某些漫画书和其他劣质内容的影响，不值得你恐惧和烦恼，反倒是一个值得利用的好机会，拿来跟孩子进行有趣且友好的讨论，从而把你的健康观念传输给他。当你听到收音机里开始播放恐怖故事，与其赶紧关掉收音机，不如和孩子一起听，向他解释不同的声音是如何产生的，不动脑筋的人是如何感到兴奋或者陷入恐惧的，这样孩子就能像一个聪明的成年人那样，发现这些节目的愚蠢之处。假如邻居家的孩子骂了脏话，你的孩子回家后自豪地向你展示他新学到的"语言",你可以和他一起谈论,为什么那些孩子会骂脏话。仅仅厌恶地指出那些脏话有多"不好"是不够的。其实孩子都知道那样不好,这本就是他"学以致用"的原因所在。但是你可以让孩子明白,其实他不需要借助这种手段来吸引别人的关注、炫耀自己的重要性。当他明白街上那些孩子只是没有其他机会去获得关注和认可,他就会获得一种新的内在力量,从而拒绝模仿他们的行为。孩子若是被父母保护得太好,而没有机会经历这些挑战和危险,那么一旦他需要面对现实生活,难免会不知所措,毫无防御能力。

🙂 性启蒙是自然过程

当孩子开始对性感兴趣的时候,父母可能会感到十分尴尬,不知所措。这也就体现出你对性问题的错误认知,其中一部分原因是你的父母在性启蒙方面的忌讳态度。在这里,我们再次看到世代相传的错误的教育态度和方法。

我们不会在此探讨性问题会令人羞于启齿的深层社会原因。我们反对以忌讳的态度面对性问题,也不应被视为无耻。但是,父母必须意识到,性启蒙是个自然过程,父母对此的错误掩饰,往往会造成孩子情绪发育的严重缺陷,甚至可能对他以后的爱情生活造成实质性的伤害。此外,这还会导致孩子对父母失去信心。如果你无法对孩子自然而单纯的问题给出自然而单纯的答案，那么性就变成了一个神秘的禁忌、诡异的秘密。事情还不止如此。为了满足好奇心，孩子会求助于其他人，而那些人会提供哪些信息给他，或许是不可靠的。更何况，孩子还会因此向你隐瞒他对这个问题的想法和猜测。而你也许永远无法重新获得他对你无条件的信心和信任。

实际上，性启蒙绝没有你想象的那么困难和尴尬。你也许担心两种可能性：其一，孩子提出的问题会超出他的理解范围；其二，你可能会觉得难以启齿回答他的问题。然而，如果你对待孩子的态度是正确的，这两种担忧便都不会出现。确实，孩子可能在小时候就会问关于性的第一个问题，也许是在三至五岁之间。但是，只要遵守一些基本原则，你就会发现，要回答孩子的问题并不难。孩子想要的只是一个简单直接的答案。如果他问了什么，你只管按照字面意思回答，就不会超出他可以理解的范围，也不会令你尴尬。父母之所以会害怕直接回答这些问题，通常是因为他们担心孩子还会接着追问让他们更加难堪的问题，不过这只是他们的想象而已。

事实上，情况并非如此。一个简单而明确的回答足以让孩子心满意足。他还需要再等待一段时间，也许是几年，才有兴趣提出下一个问题。同样，你在又一轮的回答时，只需根据他当前的智力发展水平，按照他的字面意思，给出简单而直接的答案就好。人们往往会以植物和动物的繁殖来做比喻，这种做法其实不必要。在大多数情况下，这样的比喻肯定超出了幼儿的理解范围，反而将他的注意力引到他尚未感兴趣的事情上。

孩子自己对动物进行观察就完全不同了。给孩子机会进行这样的观察（例如参观农场）是很有价值的事情。我们知道，通过观察，每个人只会吸收他理解能力范围之内的内容。孩子也一样，在这样的观察中只能学到他能理解的内容，于是孩子因此而得到的性启蒙程度会根据他的理解能力自动调节。这些方面更深层的知识，孩子在青春期之前是不需要具体了解的。等到青春期时，他固然需要对性知识有更详细的指导，不过你不必为此感到难为情，或者担心自己太无知，因为到时候不一定由你来完成这项任务了。

一般来说，孩子对此的兴趣，是逐步发展的：在很小的时候，他可能会问："宝宝是从哪里来的？"这时你不必犹豫，不妨直接回答："从妈妈这里。"这就足够了，他暂时不会有更多的问题。等他长大一点儿，他才会好奇小宝宝会藏在妈妈身体的什么位置。答案还是很简单，"在妈妈心脏的下面。"再长大一点儿，他也许想知道宝宝是怎么进到妈妈肚子里的。你只需简单地回答："从你爸爸那里来的。"到了最后，你也许终于要面对你最害怕的问题了："爸爸是怎么把宝宝送到妈妈肚子里的呢？"但是别怕，他想知道的比你想象得要简单。在他这个年龄，孩子还没兴趣了解具体的生理机制，而对此事做解释还为时过早，而且完全不合时宜。所以，你只要简单地回答："在爸爸和妈妈相爱的时候。"他就会满意。在大多数情况下，直到他进入青春期，他才会想要了解得更加深入。

我必须补充说明，唯有从小受到良好保护、没有接触过其他性信息来源的孩子，才会呈现出好奇心发展的上述阶段性特征。对孩子而言，过多的解释反而与他的正常发展需要相悖，并且会妨碍情感生活的正常发育。如果孩子因为家庭之外的经历或影响已经得到"性启蒙"，那么继续把他当作无知的孩子来对待，在他眼里只会是可笑的事情，而且可能教他学会虚伪。以下这段趣事简练地描述了在我们的生活中一种常见的情形。

　　奶奶带着乔尼和玛丽去了动物园。他们站在白鹳的笼子前，奶奶向他们解释说，就是这种鸟把他们带到了父母身边。正说着，乔尼看向玛丽说："你觉得该怎么办？我们是应该告诉奶奶真相，还是让她直到死去都不知道这是怎么回事？"

　　每一个对孩子不诚实的回答，都会危及孩子对你的信任。因此，用白鹳的神话来哄骗孩子是不妥当的事情，而敷衍孩子的问题同样是错误的："那不关你的事，反正你也理解不了。"这样的回应态度——甚至不用说真正的指责——会把孩子推向一个不利于他发展的方向，让他反而重视自己的问题，过度刺激他的好奇心，倒是更容易使他受到一些不利影响。

　　不过，虽然你应该在孩子提问时遵守"如实相告"的原则，但是有一个前提条件，那就是你必须确信他不是把提问当作吸引关注的手段。如果他的动机是获取关注，那么你反而不应该遵循正常的逻辑回答他，否则你真有可能把他还没有准备好接受的东西灌输给他，尤其是当他碰巧询问有关性的话题时。稍后我们将讨论你该如何分辨他是真有疑问还是想借此获取关注。你必须仔细加以辨识，弄清孩子的真实目的，尤其是这些问题与性有关系时。

虽然孩子的身体尚未成熟，但心理已经成熟，要回答他的问题无疑是你最大的难题。假如你实在没法坦诚地和孩子谈论这些事情，那么不妨送他去看儿童心理咨询师，或者找医生；你还可以给他一本关于儿童性启蒙的好书。[1] 这几种做法，在你遇到任何情况时都不失为明智之举。不过，如果你能克服心理障碍，在你的知识范围内，亲自给予孩子完整的性教育，那必定有助于增进你与孩子之间的关系。如果有必要，向孩子坦诚你对某些问题的答案不太确定，也不是什么坏事情。

在性启蒙方面，比生理机能更重要的，是理解两性社会职能与地位的不同。孩子学会区分男孩儿和女孩儿，首先是从外表开始的：他们的衣服、头发、身形、皮肤和声音。不久之后，孩子就能意识到不同性别在生活中要担任不同角色。他对男女差异的早期印象，有可能对他影响深远。如果一个孩子认为自

---

1 我们向你推荐以下书籍：给年幼孩子的书：卡尔·德·施韦尼茨（Karl De Schweinitz）所著的《成长》（Growing Up）；弗朗西斯·布鲁斯·斯特林（Frances Bruce Strain）所著的《出生》（Being Born）；伊芙琳·贝尔（Evelyn S. Bell）和伊丽莎白·法拉戈（Elizabeth Faragoh）合著的《新生儿》（The New Baby）。

给青少年看的书：爱丽丝·凯利赫（Alice Keliher）所著的《生命与成长》（Life and Growth）；多萝西·巴鲁克（Dorothy Baruch）和奥斯卡·赖斯（Oscar Reiss）合著的《我的身体及其功能原理》（My Body and How It Works）；伊迪丝·斯威夫特（Edith H. Swift）所著的《循序渐进性教育》（Step by Step in Sex Education）。

己的性别是低人一等的，他与社会的融合就有可能遇到困难。他可能会反抗，但这是不可能成功的，因为性别是不能改变的。"男尊女卑"的观念，不仅会激起女孩儿的反抗，也会令男孩儿烦恼，担心自己无法成为"真正的男子汉"。这种"反抗男性优势"的心理，会导致孩子们对自己性别担当的"天生职能"产生逃避心理，认为那么是有辱人格，要么是很难做到。也有可能相反，为了彰显自身性别的优越感而极力地夸大。女孩儿可能会反抗女性气质，逃避与性别相关的职责，并模仿男孩儿的言行，而男孩儿则可能想要通过一些不合情理的、令人反感的行为举止，来展示他认为的优越地位。由于当今社会的竞争更加激烈，两性直接的冲突，甚至从童年时期就已经开始了，使得每个孩子都在对自己，以及对异性的性别角色的偏激与惧怕中长大成人。[1]

因此，帮助孩子形成正确的观念很重要，而且越早越好。唯有通过谨慎而恰当的早期性启蒙，才能帮助孩子避免未来对性、爱情、婚姻、责任和职能产生恐惧心理。从这个角度来看，过度焦虑的父母同样可能激化家庭矛盾与冲突。假如你对女儿说："你怎么像个假小子一样！"或者对儿子说："你怎么像个女孩儿似的！"则有可能导致孩子对自己的性别产生不满。另外，作为母亲，千万不要让孩子觉得你更希望自己是个男人，你也

---

[1] 我在《婚姻：挑战》（*The Challenge of Marriage*）一书中，针对这些问题进行了更详细的论述。

不要让孩子觉得你更希望他是个女孩儿，或者是个男孩儿，这对孩子是一种致命的伤害。尽管社会观念和法律条文赋予男性更多的特权（这在当今时代已经不再那么明显，但还远远没有被消除）。事实上，不论男性还是女性，都有着各自明显的优势和劣势。重要的是，每一个人，无论男女，实际上都可以基于自己的性别找到通往幸福和成功的可行之道。

🧒 以适合孩子年龄的方式对待他

父母对待孩子的方式，必须与他的年龄相匹配。这里的必要性是不言而喻的，然而，父母却常常违背这条原则。他们的做法往往趋向于两个不同方向的极端，要么仍然以对待小孩子的态度对待已经长大的孩子，要么把超越孩子实际年龄的重担压在他身上。不论是哪一种情形，父母的这种不当做法都会束缚孩子的正常发展，阻碍他培养应有的生活能力，增加自卑感，削弱他适应社会所需的自我调整能力。

父母之所以犯这样的错误，原因在于他们对孩子的观察不够细致，没有正确地理解孩子的处境。孩子的存在，不仅仅是为了满足父母的愿望和期望，他本身就是一个独立的人，有自己的需求和要求，而这在很大程度上因为他的年龄而有所不同。可是，很多时候父母根本不考虑孩子在不同成长阶段的不同需要。过于虚荣和深情的父母希望孩子别长大，因为在生命的最初几年，小孩子的确非常讨喜、惹人疼爱，所以父母只盼着孩子永远保持婴儿的状态。他们会模仿孩子初学说话时的"宝宝腔"，以一种低于孩子年龄的幼稚语气与他交谈，仿佛这才是跟孩子交流的唯一恰当的途径。可他们却不知道，这会在很大程度上阻碍孩子语言能力的正常发展。在接下来的几年里，父母依然会使用可爱的"宝宝腔"，比如"吃饭饭""睡觉觉""拿拿"，哪怕孩子上了好几年幼儿园，他们也坚持用孩子最早学说话时的腔调和字眼。于是，在父母的坚持下，有些明明已经四五岁的孩子，在说话和其他生活方面，仍然保持着两三岁小宝宝的特征。

不但如此，孩子们也常常不用承担符合他年龄应该承担的责任。即使有些孩子已经上了小学，也要每天由父母替他洗漱穿衣，有时甚至替他找借口逃学。到了他七八岁时，仍在家人的温柔呵护下，享受着小婴儿的待遇。当然，他同时被剥夺了自己做决定的权利，直到进入青春期，这些孩子才被赋予自己做决定的权利。

很多父母似乎根本没有关注到孩子早已长大成人。在他们眼中，孩子永远都只是他们的"宝宝"，意识不到"宝宝"其实已经成长为跟他们一样完全独立的个体。有时难免导致十分荒诞的情况出现。我曾经认识一对母女，母亲已经大约六十岁了，女儿也已经差不多四十岁了。这个女儿在方方面面都非常顺从母亲，当她要出门买东西时，她母亲会警告她说："注意不能在外面待太久了。""在马路上要小心，别磕着碰着了。"而这位已经四十岁的女儿总是恭恭敬敬地回答："好的，妈妈。"幸运的是，今天的孩子们很少能忍受这种无聊的告诫。但是，只要今天的父母仍把孩子视为"长不大的孩子"，这样的现象就只会更加普遍。

出于这些原因，在孩子的成熟期，父母的态度尤为重要。不幸的是，在青春期，男孩儿和女孩儿都必须克服身体上的巨大困扰，如果父母仍不愿意承认孩子已经改变，而且已经长大成人，青春期时的麻烦与痛苦就会更加严重。一个年轻人，不论从外表上还是心态上已经完全成熟——虽然其内在发育还没有完全稳定并成熟，但是父母还把他们当作一两年前的孩子来对待，孩子怎么能受得了呢？令人痛苦的训斥，对个人自由的过度限制、对孩子脸面与尊严的忽视与漠视——这些都是父母不理解孩子青春期的发展而导致的典型结果。实际上，从孩子进入学校开始，父母的角色就要从生活照料者逐渐转变为孩子的好朋友与合作伙伴。只可惜大多数父母往往很难让自己及时做出改变。

另一个事实是，父母对待孩子截然相反的态度，同样常常会阻碍孩子的正常发展。这里我们指的是父母只顾自己的兴趣和利益，而没有考虑到孩子本身的需求，没有顾及教育应有的循序渐进。比如，父母常常要求小孩子达到完全不可能的高要求。他们要求孩子做的事情，与其说是为了促进孩子的成长，不如说是为了满足他们的虚荣心、野心，或者是心理安慰。于是，许多孩子在上学之前就已经学会了写字和阅读，只因父母对他们过早的、看似非凡的"天赋"感到扬扬得意。但是，在没有帮助的情况下，这些孩子有可能还不会自己穿衣服或上厕所。如果孩子没有表现出令父母夸耀的"天赋"，父母就会抱怨不停，认为孩子太没出息。许多父母竭力想把自己的孩子打造成"神童"，人为地培养孩子一些虚假的成就，其实孩子在那方面并没有真正的天赋。这并不能真正起到鼓励孩子的作用，反而会让孩子因此对自己的能力感到怀疑，甚至因为最后不可避免的失败而变得自暴自弃。因此，不论是对孩子能力的高估，还是对他能力的贬低，都同样会阻碍他的正常发展。像对待成年人一样对待小孩子，更会造成灾难性的后果。

七岁的马克可以参与父母间的所有谈话。每当家里来客人时，他也可以与客人们共进晚餐。晚上他也不需要早早上床睡觉，父母什么时候入睡，他就什么时候睡觉。在餐桌上，他也会像他父亲那样，拿一份报纸放在面前！他的父母为他如此"成熟"和"聪明"而感到分外自豪。可是另一方面，他也让父母感到很头疼，因为他十分倔强，很不听话。每当他的某个欲望没有立即得到满足时，他就会大发脾气，甚至对着母亲拳脚相加。他还对食物挑剔至极。由于马克喜欢争强好胜，他无法与任何人相处，也没有朋友。他明显的缺点和表面上的优点之间，无疑有着非常明确的关联，在这两方面他的父母难辞其咎。

此外，父母也不应要求孩子做出超出他理解力和判断力的决定。在这里，如果父母对孩子心智发育程度有着错误的理解，很可能在上一刻还认为，自己的孩子比实际上愚蠢和不可理喻，而在下一刻却又以为，孩子已经具备了与年龄不相符的智慧和洞察力。甚至有时，孩子被迫卷入他不可能理解的、成年人之间的冲突乃至商务方面的问题。

孩子敏锐的洞察力和判断力常常令我们瞠目结舌。他在许多方面的思维过程比我们更自然，能比我们更迅速、更客观地进行推理分析，而不会像成年人那样总是拘泥于既定的社会观念和思维模式。但是，仍然有一些事物之间的联系是孩子无法理解的，因而必须通过学习逐渐掌握。所以，当你跟孩子分析情况和问题时，必须考虑到孩子对此的理解程度。你既不可以低估孩子的智慧，甚至拒绝按照他的要求进行解释，又不可以把自己的焦虑过多地放在孩子的身上。你应该仔细观察孩子在面对生活中的问题时所做出的反应，不要把符合孩子心智水平的典型行为误认为是他太过迟钝、不够圆滑或者残忍无情。有些问题，比如死亡和临终、经济利益纠葛、社会问题或政治问题等，几乎对每个孩子来说都是无法理解的难题，可是父母往往在这些方面很容易对年幼孩子的理解力产生误解。要正确地评估孩子在各个发展阶段的心智水平，虽然并不容易，但的确非常必要。

给青春期的孩子更多的理解和尊重

在孩子性成熟的这段时期，存在许多潜在的危机。整个世界突然变得和以前不一样了。这不仅是孩子的身体长大的结果，还因为他的腺体功能也发生了改变。这两大巨变都让他很容易对自己没有信心。他必须重新学习身体的运用，并努力适应全新的环境。他体验到一些从未有过的兴奋感。他试图将自己融入整个社会，在纷繁复杂的世界中找到自己的位置。在这个年纪，成长中的少男少女们需要并急切地寻求帮助和指导，但是他们却很少从自己的父母那里得到这一切，因为父母仍然把他们当作小孩子对待。随之而来的注定是两代人之间的激烈冲突，一定会摧毁双方伙伴关系与合作精神的萌芽。这段时期，对父母来说同样是一段艰难的时期，毕竟虽然孩子迅速成长，外表上看是成年人，可他在未来的几年里，实际上还是一个孩子。许多十二至十四岁的男孩儿和女孩儿，看上去似乎已经完全长大了，因此陌生人会把他们看作是成年人，可回到家却仍被父母视为小孩子，这当然会激起孩子的反抗。青少年的社会成熟度和身体成熟度在时间上并不一致，这需要你具有高度的理解力和洞察力。若借助你身为父母的权威，这对孩子是没有帮助的。唯有赢得并保持孩子对你的信心和情谊，你的影响力才会对他起作用。假如你缺乏对孩子的理解与善意，假如你想借助自己的权威来慑服孩子，那么你很难赢得孩子的心，只会破坏通往团结合作的道路。而你的孩子，在他即将走上自己的人生之路时，在他本可以做好准备进入成年人世界与成年人友好合作时，却被你远远推开，他的前路该是多么令人堪忧！

　　女孩儿的发育更早、更明显。与男性相比，女性腺体的变化会给她们带来更明显和更令人愉悦的外在变化。这种变化使她们更容易被社会所接受。这也是为何女孩儿似乎要比男孩儿更早"成熟"的原因所在。但是，你也需要帮助女孩儿提前为"成熟标志"做好准备，否则她对性功能的第一次体验可能会是尴尬的，甚至是痛苦的，从而导致她以后都认为性本身就是令人尴尬和厌恶的，甚至是肮脏的。性成熟在什么年龄到来并不重要，你不必担心孩子的这个过程太早或者太晚。除非发育异常迟缓（直到十五岁或十六岁以后），你才需要带孩子去看医生。假如你的女儿在青春期发育延迟，由于她希望自己表现得像个成年人，因此她感到痛苦，而且还可能嫉妒那些比她成熟得更早的朋友，那么你必须向她表明，女子成年期的外部特征迹象其实并没有很大的实际意义，因此这是无关紧要的事情。在这个从童年到成熟的过渡时期，少女们往往对自己的外表特别在意，这是因为她们想通过一些她们还不确定的因素来证明自己的真正价值。此时，你越是强调她还是个小孩子，她越想要模仿成年人的举止。如此一来，你可能会削弱她作为一个准成年人的自信，从而阻碍孩子内心世界的成长。

由于父母未能认识和理解青春期孩子的身体感受和重重困难，因此叛逆成了青少年典型的特征。而且，叛逆不仅仅是针对父母和教育者的反抗，甚至是对整个世界的反抗。男孩儿和女孩儿都具有这种叛逆的特征，试图掩盖他们实际的渺小与脆弱。于是，在他们的不自信和自卑感中，青春期的女孩儿刻意把自己打扮得"花枝招展"，男孩儿则喜欢"做尽坏事"。但是，人们对他们这种行为的轻蔑，不但不会减少他们的傲慢自负和过分夸张的行为，反而使他们更加自卑，进而导致他们不当的行为变本加厉。他们想要得到别人的关注和重视，最容易达到目的的做法，不是被社会认可的行为，而是反社会行为。这样的孩子往往是在家庭、学校得不到认可或者适当的引导，他们心中对"我很重要"的强烈追求，驱使这些少男少女做出违法，甚至犯罪的行为。对于一个满心渴望得到认可的女孩儿来说，性的爱慕要比学习成绩更容易让她赢得别人的欣赏和称赞。父母和老师越是责骂和批评她，痴情男孩儿的甜言蜜语越可能成为她唯一得到别人赞赏的机会，让她感到自己被需要、被接受。同样一个满心渴望被认可的男孩儿，既然无法通过与优秀学生的竞争达到目的，那么他当然可能选择以逃学、酗酒或是带女孩儿出去等行为，来感受自己的高大和英勇。另外，他还可以通过砸窗户、偷东西、甚至更严重的暴力行为，让自己成为"英雄"。

一位母亲来找我做心理治疗，她抱怨家里十六岁的女儿变得完全无法控制，说她跟着男生到处乱跑，很晚才回家，在家里也不帮忙做家务，不整理房间，粗鲁无礼。不管这位母亲怎么劝说、惩罚、许诺她好处，都不管用。应我的请求，她的女儿来见我。她很漂亮、聪明，也很有气质。我问她和妈妈相处得如何，感觉如何，是否快乐。她开开心心地回答说，一切都很好。我问："你是不是有时跟妈妈吵架？"她答："还好啦，妈妈有时候脾气很坏，但她说的都不是真心话，过去就没事了。"我又问："她老是责骂你、唠叨你，你受得了吗？"她答："还好啦，我哪有什么受不了的。"

然后，我变得认真起来，很坦率地告诉她，我非常了解她的母亲，也很理解她现在的日子有多么难熬。那个女孩儿目瞪口呆地看着我，随即她的眼泪夺眶而出。她哭得很厉害，以致良久说不出话。等她终于能开口说话了，才慢慢地，抽抽噎噎地对我说："人人都说我是个坏女孩儿，我妈妈才是天使。可她对我没有说过一句好话，我做什么都是错的，只有我弟弟才是好孩子，而我总是坏人。我也想讨妈妈的欢心，可她连看都不看一眼。我得到的只有责骂，没有一句好话，她从不夸赞我，也从不欣赏我。"

这就是她给出的故事的另一面，也是第一次有人听到她说出这样的话。她的叛逆只是天生那颗骄傲之心在作祟，也是她的一种自我保护。当我把实际情况告诉她母亲时，那位母亲完全不敢相信。从没人见过这个女孩儿掉过眼泪，也从没有人能打破她那随遇而安的表象背后无人理解的落寞。

若想要帮助这些年轻人，你就必须能看穿他们表面的狂妄自大，看清他们内心深处的挫败沮丧。遗憾的是，这些未成年孩子的父母，极少有人能做到这一点！青春期这个阶段，是年轻人对自己不自信，知道自己缺乏社会地位，但又渴望得到社会地位的阶段，只要成年人愿意对他们平等相待、接纳认可，他们非常愿意在成年人的世界中努力发挥自己的作用。可是，成年人却很少给予他们这样的机会。青少年渴望得到引导和支持，但是很少有成年人能真正理解他们、欣赏他们，愿意与他们推心置腹。特别是他们的父母，很少能表现出对孩子足够的尊重和欣赏，更多的是被孩子执拗与顽劣的表象所迷惑。因此，他们往往就这样把孩子推到别人的怀抱中，仅仅是因为别人表现出对孩子更多的理解，愿意与他平等相待，所以孩子愿意将对方认作朋友或者领路人。问题是，这样的"别人"，往往可能是父母或多或少觉得不值得信任的人。

父母要逐渐放手，孩子才能学会成长

我们教育孩子的目的，是要让他学会自立。因此，父母与孩子之间的关系，是随着孩子的成长而慢慢放手的循序渐进的过程。这个过程从很早就已经开始，婴儿断奶就是第一步。伴随着孩子不断进入新的社会群体，上幼儿园、上小学，他成长的每一步都是放手过程中的重要节点。然后，随着孩子进入青春期、上大学，最后进入职场，这个逐渐放手的过程也即将完成。如果父母一直都没有让孩子与自己疏远，那么此时他们仍然是孩子最亲密的朋友。只不过，父母作为教育者的职责已经结束，但这并不妨碍孩子继续尊重他们的意愿和意见，正如任何好朋友之间都会保持这样的相互尊重一样。可是，若父母没有适时地逐步放开自己对孩子的束缚之手，则有可能导致孩子在成长过程中因不当干扰而产生缺陷。父母往往会竭力想要掌控孩子而一直不肯放手，生怕自己的存在变得多余。而虽然孩子很努力地想要争取独立，但又因为害怕承担责任而甘愿一直躲在父母的羽翼之下，所以即使他已经结了婚，还可能保持着小宝宝那般的幼稚和无助。

父母放松对孩子的束缚，是非常必要的，但是这对那些不承认孩子有独立人格和权利的父母来说，却是很难做到的事情。他们期望孩子满足自己的欲望，因为在他们眼中，孩子只是他们的私人财产，从来都不是独立的个体、完整的人，因此，也不允许他独立自主。这并不是在孩子进入青春期后才出现的新问题，而是贯穿孩子整个童年时代的老问题。孩子不会在某个固定日期忽然"长大"，如果父母不学会如何与他建立和保持友情，他甚至会从婴儿时期起就开始远离父母。如果在孩子小时候父母没能留住孩子的心，他们就必须在他长大后为此承担后果。如果孩子和父母就像生活在同一屋檐下的陌生人，在孩子离开家之后，又怎么能指望孩子与父母保持亲密的关系？他们又凭什么抱怨孩子冷酷无情、忘恩负义？

父母适时放松对孩子的束缚，正是作为教育者的最高成就。唯有这样，你和孩子之间诚挚的亲子关系，才不会随着时间的流逝而改变，也不会因为距离远近、职业差异、社会差异而改变，更不会因为孩子成家立业而疏远。属于你的时代注定会过去，你必须早早为下一代让出位置。今天看上去是无能弱小的人，明天就会成长为中流砥柱。唯有深厚的亲情纽带，才能超越时间和沧海桑田的变化。在你退出舞台之后，孩子一定要自己在生活中站稳脚跟。即使他还很小，你也不应该这么想："我要是不在了，他该怎么办呢？"这样的设问是毫无用处的。相反，你应该现在就学会退后一步，站到孩子的身后，让他现在就学着独立自主！你必须让自己有足够的勇气，从今天开始放手，把他交给生活，交给其他人，交给整个社会。孩子必须从现在开始建立一种人与人之间相互平等的关系。唯有你能允许孩子与你建立起平等关系，他才能在以后的岁月中证明，你是称职的好父母，你的养育之道是恰当而得体的。

6

理解孩子

孩子的每一个行为
都有自己的目的，
而且与他努力融入社会的
目的完全一致。

如果孩子从出生就得到恰当的抚育和教养，如果父母从一开始就不会犯错，孩子成长的环境始终非常和谐，那么，孩子可能一直不会出什么大错，不会出现不守社会秩序、不适应社会要求的情况。但是，由于孩子极少能享受到这些有利的成长条件，所以，他们总会制造出无穷无尽的麻烦。仅仅告诉父母他们当初应该做什么、不该做什么，现在已经于事无补。我们更需要做的是引导父母和孩子找到针对他们现有问题的解决方案。

我们已经向你展示了一些能真正有效的教育孩子的方法，指出了大多数父母容易做出的错误之举。你也许会据此学着改变自己，努力避免再犯过去的错误，并且尝试一些过去从未用过的方法。不过，你不可期望事情能取得立竿见影的效果。孩子并不会因为你改变了做法而立即放下敌意。因此，你在改变了自己对待孩子的态度之后，反而要做好准备，孩子的反应首先会是变本加厉。这是因为，虽然你单方面停止了与他对战，可他仍然习惯于过去的冲突模式，见你不回应了，他当然要加大攻击力度，以刺激你再次像过去那般跟他对战。那才是他习惯的模式，而且他很熟悉在对战时该怎么对付你。所以，为了帮助孩子也能从相互对战的心态中解脱出来，你必须在他加大力度挑衅你时坚定立场，坚决不予还击，以免孩子通过挑衅行为迫使你重蹈覆辙。

摒弃你过去的教育方法，这只是第一步。接下来你还需要理解自己的孩子，否则无法真正帮他。父母完全不懂得自己的孩子，这是当代亲子关系的悲剧之一。大多数父母根本不知道孩子为何会做出不当的行为，不知道这些不当行为背后的原因和目的。在接下来的案例分析中，我们将尽量让你明白孩子为什么会表现出那样的行为，以及他借此想要达到的目的是什么。你将看到孩子是怎么建立起自我认知，这会有助于你认清他潜意识中引导他行动方向的"人生计划"。等你了解这一切之后，你就能意识到孩子所面临的困境。到目前为止，你只知道面对孩子的不当行为，为人父母是多么的不易。等你能真正理解孩子之后，你才会懂得他的苦衷，并能真正帮助他解决这些问题。

为了能给予孩子积极的影响，你必须学会客观地看待他。而要做到这一点，你必须学会"看轻"他的不当行为，不要再把孩子的这些行为提升到"道德败坏"的程度。行为不当的孩子并不是"坏"孩子，他只是不开心，受到了误导，而且十分气馁，是找不到正确的方法来解决他所面对的问题。他一直在努力寻找自己的家庭地位，想办法满足别人压在他身上的要求。而他的每一个不当行为，都是他为了能达到目的而做出错误判断的结果。

孩子根据他错误的自我认知，做出了错误的判断，所以才做出了他认为能解决问题的错误行为。可是，父母很少能懂得孩子的心理，因此往往对他的行为感到不解。我们常常听到母亲带着困惑和愤慨，数落孩子的种种不当行为、毛病与缺点："他怎么能这样？你看看他又做了什么！"我们不能照着她诉说的表面意思，来理解孩子的行为。我们唯有了解他的父母或者其他主要人物在孩子的生活环境中所扮演的角色，才能够理解孩子的行为。一方的主动行为和另一方的反击行为，单从逻辑上说是有道理的，但是，从心理层面来说，都有错误的地方。真正的问题不在于"道德败坏"，而是孩子与父母的亲子关系（以及他与其他人之间的关系）出了问题。父母对孩子的道德指责只是他们手中的盾牌，用来抵挡孩子对他们的权威所发出的攻击（这也是整个社会往往会对孩子做出的误解）。正因为如此，亲子关系和其他人际关系层面的真正问题被掩盖了，人们看到的只是孩子的行为问题，并且以为自己对孩子的指责是客观的、正确的。正是父母的这种心态，使得他们对孩子的教育进行不下去，孩子的行为问题也就难以解决。

　　孩子的每一个行为都有自己的目的，而且与他努力融入社会的目的完全一致。一个举止得体、适应社会的孩子，懂得获得社会群体的认可，就要遵守其所属社会群体的各种秩序与规则。他能觉察到整个团队的需要并采取相应的行动。他会在需要他主动时保持主动，需要他被动时保持被动；他会在该他说话时说话，该他沉默时沉默；他可以成为领导者，也可以成为追随者。一个能完全适应环境要求的孩子——如果真有这样的孩子，他不会表现出自己的个性，只会按照他所处环境的社会需求来行事。只有在他不能完全彻底地适应社会需要、与之出现一定偏差时，他才会通过自己找到和发掘出的独特方式，体现出他本身的个性。

从这个意义上说，所有个人行为都与绝对的适应有轻微的偏差。这样的轻微偏差不应被视为对所属环境需求的"不适应"，毕竟任何社会群体的需求都不会是一成不变的。社会群体本身需要改进、成长和进化。每个人的观点对群体施加的影响，正是推动整个群体向前发展的动力。如果一个人的观点对这个群体是有益的，而且他施加影响的方式是建设性的，那么，尽管他并没有做到完全地适应，但仍然——而且也只有此时——是他最适应的状态。因此，单纯一味地适应，可能成为社会发展的障碍，从而成为不能很好适应社会需要的一种表现。

所谓的"适应不良"，指的是那些会扰乱社会群体正常运作和改善进程的行为。成年人的适应不良，其心理机制非常复杂，想要揭开成年人面具之下掩盖的面纱，揭开在潜意识中影响他行为的各种因素，需要花费大量的时间和心血。成年人对自我认知的基本态度与儿时并无不同，但是，进入青春期后，为了维护面子他学会了掩饰自己，也接受了社会既定的模式，能成功地掩盖一个人的真实意图和动机，我们称之为"成熟"。小孩子的心智还没能达到这个发展阶段。虽然他也不明白自己的行为目的和真实意图，但他会毫不遮掩自己的想法和行为。因此，我们只要通过观察就可以识别孩子的行为目的。

孩子所有令人烦恼的行为，其背后的行为目的大体上可归为四类，分别代表了他如何看待自己与对方之间的关系。他的行为表示他想要向对方：(1) 寻求关注；(2) 展示他的力量；(3) 惩罚或报复；(4) 证明他的无能。

孩子的行为目的会根据当时情形的不同而不同。他此刻的行为是为了吸引对方的关注，另一刻的行为是为了维护自己的权力或者寻求报复。通常，我们可以通过孩子的行为来判断他的行为目的，是关注、权力、报复，或是想通过向外界展示并证明自己的无能来逃避应有的行动和责任。孩子可能会使用不同的技巧来达到目的，而同样的行为模式也可以用于不同的行为目的。

寻求关注，在大多数低龄幼儿中相当普遍。这是按照我们当今的文化来培养孩子常见的结果。低龄幼儿很少有机会通过做出有价值的贡献，来确立自己在家中的地位。我们极少需要小孩子为家人或者家庭做出贡献。但凡有什么需要做的事情，长辈或者哥哥姐姐们就去做了，用不着小孩子来做。于是，能让年幼的孩子觉得自己被接纳、在家庭中也能占有一席之地的唯一途径，就是家中的年长成员评估自己的价值和社会地位。结果，便是孩子不断地收到礼物、家人的爱意，至少是家人的关注，成了他自认为被家人所接纳的证据。可是，由于这些并不能增加他的自信、自立和力量感，因此他不断地想要寻求新的证据来证明自己的价值，否则他就会觉得自己被忽视、被拒绝。他还是会尽量以家人能接受的方式，来寻求他想要的东西或关注。然而，如果他觉得这样的方式不再奏效，他就会朝反方向去尝试，也就是，不再是有价值的、为社会所接受的途径，而是用尽各种不当行为，让家人来关注他、为他提供服务。只要能让他达到目的，哪怕结果令他感到痛苦，比如羞辱、惩罚、甚至是打他，都没关系，只要能关注他就好。比起被人忽视，他宁愿挨顿打。如果一个孩子被忽视、被冷落，他的感受一定是自己被排斥、被拒绝，认为自己在这个家庭群体中没有任何地位。

孩子其实可以通过建设性的方法，来满足他对家人关注的渴望。而且，孩子天生更愿意以建设性的方式来获取关注，只要他觉得这么做还能够获得成功。但是，如果他的过度索求，或者他的索求被对方拒绝，他就可能朝相反的方向努力，以调皮捣蛋的方式来寻求更多的关注。亲子间的较量，就从这里开始了。在一定阶段内，父母可能会屈从于孩子的挑衅，并不会生气，也不会恼怒。于是，相处时的愉快和不愉快的经历仍能保持一定的平衡：孩子达到了让父母关注的目的，他的做法也在父母的承受范围之内。但是，总有一天，父母会认为孩子太让人厌烦了，决定要好好制服他，不让他再继续下去。然后，孩子的行为目的也会随之发生改变，从关注变成了与父母的权力较量，让父母因为想要维持自己的权威和权力而陷入与孩子对抗的僵局之中。孩子想要向父母证明，他才是说了算的人，他想要随心所欲，父母不能强迫他。如果他果然达到了目的，那么他就是胜利者；如果父母成功地强行逼迫他，那么他就输了，但是，下一次他会用更强硬的方式重返战场。这样的较量远比他为寻求关注而与父母的较量要更激烈。孩子的"适应不良"会更加明显，他的行为中的敌意会更加浓厚，他与父母对抗时的情绪也会更加强烈。

亲子之间的权力之争便会愈演愈烈。父母为了守住自己的权力和地位，甚至能达到不择手段的地步，一心只想制服这个"罪魁祸首"。相互的敌对和仇恨因此可能急速上升，以致没有亲人间的愉快感觉，再也维持不了归属感、友好以及合作意愿。然后，孩子会转向第三个错误目标：他不再期待得到关注，他也没希望能赢得权力之争的胜利，只觉得自己遭到了彻底的排斥和厌恶。因此，唯一能令他感到慰藉的，就是报复别人对自己的伤害。在他看来，这是他唯一的出路。"至少，我还可以让他们讨厌我。"这是他绝望之中的唯一念头。如果他在所属的群体中仍然可以保持个人优势和权力，他的表现会温和一些；若在群体中完全没有了任何地位，他则会表现得更加粗暴和残忍。这种类型的孩子是最为暴力、最为狠毒的，他们知道对方什么地方最痛，报复对方时专找对方的软肋下手。对方的权力和力量在他面前都形同虚设。他们处处挑衅，深具破坏力。由于他已经认定没有人会喜欢自己，所以他会故意激怒所有与自己有接触的人，直到刺激别人也讨厌他。当人人都认为他讨厌至极时，他却把这看作是自己的胜利。这不但是他唯一可以获得的胜利，也是他唯一追求的胜利。

一个有第四个错误目标的、完全消极的孩子，不会朝着公开敌对的方向前进。如果他之前的对抗行为都失败了，他可能会彻底失望，并且再也不指望自己能得到什么。一个极其渴望得到关注，或者渴望在权力之争中胜出的孩子，如果认定自己绝不可能得到之后，也会陷入这般失望至极的状态中。他从此放弃一切努力。既然怎么做都不会有结果，那继续努力还有什么意义呢？此时，让自己再次承受失败之痛已经成了孩子最不愿意面对的事，他当然要竭尽全力逃避任何可能的失败，而他的逃避之法，就是向他自己、向别人证明，他没有足够能力做任何事。无能，被他用作了自己的保护盾，挡住了别人可能对他的任何要求或期望，也进而帮他挡住了任何可能的羞辱与难堪。

适应不良的孩子，其行为既可能是积极的，也可能是消极的，而他的行为方式既可能是建设性的，也可能是破坏性的。他会选择什么样的方式，取决于他觉得自己是被人接受还是被人拒绝：认为自己遭到拒绝的孩子，往往以破坏性的行为来表达心中的敌意。孩子是否还会寻求归属感，是他的行为会是建设性的还是破坏性的决定性因素。而他会选择积极行为还是消极行为，则取决于他内心有多大的勇气，满心沮丧时的选择只会是消极行为。于是，上述两组因素的组合，会形成四种类型的行为模式：

一、积极—建设性

二、积极—破坏性

三、消极—建设性

四、消极—破坏性

　　以上顺序的排列，实际上是以孩子适应不良的实际发展过程为基础的。许多父母和教育工作者往往以为积极—破坏性的孩子会比消极—建设性的孩子更为糟糕。然而，事实却不见得真是如此。如果孩子的反社会心态还没有发展得太严重，比如他的目的是想寻求关注，那么，引导他将破坏性行为转变为建设性行为的可能性会大一些。但是，想要把一个陷入消极情绪的孩子变成一个积极向上的孩子，却是极其困难的。消极—建设性的孩子没有那么令人讨厌，但要帮助他重新建立自信、鼓起勇气，却需要花费更多的心血。

　　寻求关注（错误目标1）是唯一可以通过上述四种行为模式都可以达到的目标（正因为如此，孩子以寻求关注为目的的各种行为，需要按他的行为模式是积极的还是消极的加以区别，而其余三种错误目标的行为只会由上述二、三、四的行为模式呈现出来，所以不需要再做细分）。积极—破坏性、消极—破坏性的行为模式，常见于权力之争时争夺优势（错误目标2）、寻求报复（错误目标3），而以表现自己无能为目的的行为（错误目标4）自然只能使用消极—破坏性的行为模式了。

　　前面提到，以寻求关注为目的的孩子可能采用四种行为模式，为了加深理解，这里我再多讲几句。以第一种积极—建设性的行为模式来吸引关注，看上去像是合作与顺从。不过，辨识这种行为与真正的合作的不同之处，在于孩子此时的行为目标是不是为了获得关注和认可。如果孩子没有得到他想要的关注，之前的良好行为就会变成不良行为。接下来他可能尝试第二种行为模式，也就是积极—破坏性的行为。当他采取这种行为模式时，看上去又像是为了错误目标 2（权力之争）和错误目标 3（报复）的行为，而要分辨他的目的究竟是为了寻求关注还是后两者，只需看他接下来是否还有充满敌意和暴力的行为。如果孩子的目标只是寻求关注，那么，当他达到目标时，他就会停下破坏性行为。反之，若孩子的目标是想要展示他的力量（错误目标 2），那么，他并不会满足于单纯的获得关注，他还想要按他的方式行事。

采用消极—建设性的行为模式寻求关注的孩子，也值得在这里多说几句。许多家长和老师实际上察觉不到这个群体中的孩子采取的是不当行为。以这种方式寻求关注的孩子，他的愉悦、可爱与顺从，很容易令他身边的人忽略了隐藏在他的消极性和依赖性背后的挫败。在男权的文化环境中，人们习惯于要求女性以消极—建设性的行为行事。出于这个原因，采用消极—建设性模式的寻求关注的行为，在女孩儿中要比在男孩儿中更为常见。我们在前文已经指出，成年人常犯的一种错误，是往往注意不到采用消极—建设性行为的孩子，比采用积极—破坏性行为的孩子承受着更大的挫败感。采用消极—建设性行为的孩子没有那么令人讨厌，但他们需要更多帮助来培养自信和勇气。一个以消极—破坏性行为来寻求关注的孩子，很可能会最终成为错误目标 4 中的彻底气馁的孩子。

本章主要关注于理解孩子的行为问题，同时，针对不同类型的行为问题，我们还会相应地为你提供基本应对原则。过度寻求关注的孩子必须学会独立，也必须明白在群体中获得地位的有效方式是为群体做出贡献，而不是不断寻求关注。针对寻求关注的四种行为模式的孩子，推动他们做出改变，应该是让孩子的消极态度转向积极态度，让破坏性的行为转向建设性的行为，直到他不再需要别人给予他任何特别的关注。对于要在权力之争中占上风的孩子来说，你应该不让他接触正在反抗并且已经反抗成功的权力和压力，也就是说，你不能再用以权压人来对付他。要承认他的价值，甚至是他的力量，这对孩子来说是至关重要的，因为只有这样才能让他感到自信，才会让他愿意不再继续跟你争夺权力。你还必须让孩子明白，更重要的不是权力，而是成为有用之人。一心想要报复和惩罚别人的孩子，通常坚信没有人喜欢他，甚至以后也不会再有人喜欢他。要帮助这样的孩子，需要有一个漫长的过程，来证明的确有人喜欢他，或有人愿意喜欢他。至于因失望至极而选择放弃的孩子，我们必须慢慢让他重新相信自己是有能力、有潜力的。

孩子所表现出来的行为问题多种多样，不过，各种不当行为却并不表明孩子的行为目标相同。例如，懒惰这种行为，完全出于这四种错误行为目标。孩子既可以用懒惰来获取关注和帮助，又可以借此拒绝做必须完成的事情，从而建立优越性，还可以是对过于雄心勃勃的父母进行报复的手段，故意刺痛他们的虚荣心。又或者，当自己的努力似乎得不到收获时，懒惰还可以是放弃努力的借口。

在接下来的讨论中，我们会根据最常见的几个错误行为目标进行分类，尽可能清楚地列举出不同的行为问题。不过，每个小标题下叙述的行为问题，并不意味着这样的问题不可能在其他情形或在其他行为目标中出现。

该部分的重点在于阐述孩子的行为与亲子关系、兄弟姐妹关系之间的联系，因为这是理解孩子行为问题的基础。为了便于查阅，有些信息会重复出现，特别是应对不同问题时可使用的技巧，但只会被简要提及。毕竟，对于具有相似心理机制的行为问题，这些简要的应对建议也是相似的。

A. 寻求关注

行为模式：积极—建设性

"模范"孩子

许多让父母和老师由衷喜爱的好孩子，实际上并不像他们看起来那么完美。他们只是为了获得赞美和认可而努力展示自己的"优秀"。在某些特定的情况下，他们不那么完美的一面就会显露出来。通常，他们与同龄人的社会关系很糟糕，因为他总想要让自己光彩照人，否则他就会感到迷失自我。他们对完美、正确、优势的渴求，常常源于雄心勃勃和完美主义的父母的刺激，因为父母激励他们拥有这些特质，有时还会拿他这个

"好"孩子激发其他兄弟姐妹的好胜心。而与兄弟姐妹的竞争，通常又会促使孩子更加渴望赢得父母的掌声。为了能维持自己相较于弟弟妹妹的优势，或者为了能赶上，甚至超越哥哥姐姐的优越地位，孩子会努力让自己变得听话、懂事、体贴、合作、勤奋，并甘愿主动承担一切交给他的任务。然而，不论是孩子还是他的父母，都很难意识到他的优秀对其他兄弟姐妹的负面影响，导致后者常常因此而陷入气馁和适应不良的境地。这个"模范"的孩子，往往是以另一个孩子的顽劣为代价的。

九岁的比利是一个非常棒的男孩儿。自从四年前他失去了父亲之后，便想方设法地安慰母亲，给了她很大帮助。他很早就开始承担家务，还帮忙照顾如今已经六岁的玛丽莲。尽管他年纪还小，但母亲遇到问题时还是会和他商量，因此他其实承担起"家里的男人"这样的角色。比利唯一表现不太好的地方是在学校。他朋友很少，对功课也不太感兴趣。不过我们并不觉得奇怪，估计他在学校里根本不能获得在家里享有的重要地位。

我们也不难想象玛丽莲是哪种类型的女孩儿。她极其任性，母亲已经对她毫无办法，只好求助于我们。她不讲整洁，说话不算数，吵闹，惹人心烦，是一个不折不扣的"讨厌鬼"。母亲实在理解不了这两个孩子为何如此不同！她无法理解比利的优秀和玛丽莲的顽劣之间有什么关系。

　　我们和两个孩子一起进行了以下讨论。首先，我们问玛丽莲觉得妈妈喜不喜欢她。不出所料，她摇了摇头。然后我们向她解释说：我们非常确信妈妈很爱她，只是玛丽莲自己不相信，不断地做出让妈妈很生气的事情。也许她觉得妈妈只在她做出不当行为时才会关注她。如果她尝试做出不同以往的表现，她会发现妈妈其实也爱她。

　　然后我们又转向比利，问他是否愿意玛丽莲成为一个好孩子。他立即大喊："不行！"我们问他为什么，他不好意思了，思索后回答说："反正她不是个好孩子。"我们又继续劝他说，也许我们可以帮助她，他也能帮助妹妹，这样我们就可以一起让玛丽莲变成一个好孩子。我们又问他希望这样？他有点儿不确定地说，是的，他希望这样。我坦率地告诉他，我不相信他真的希望。我认为他一开始回答的"不"更真诚、更准确。我问他，为什么不希望她变好？能不能告诉我原因呢？他想了一会儿，说了实话："因为我要比她更好。"

　　这样的孩子，如果别人不认为他比其他孩子好，他就不再觉得做好孩子是令他快乐的事情。如果他没法做得比别人更好，他宁愿放弃，正如比利在学校里的表现一样。如果我们让"问题孩子"也变成"好孩子"，那么所谓的"好孩子"往往会出现问题，甚至会"惹麻烦"。出于这个原因，仅仅帮助妹妹这个"问题孩子"是不够的，家庭中的所有人际关系都必须加以改善。比利也和玛丽莲一样，需要家人的鼓励。他对自己的家庭地位并没有多大信心，总是害怕会失去它。他对做个好孩子的热切渴望，只是他在自我怀疑之下采取的一种补救措施。

年幼的孩子，因为在年龄、体力上都比不过哥哥姐姐，所以常常会用"乖巧"来弥补自己的不足，以获取父母的青睐与喜爱。有时候，因为男孩儿拥有的各种特权，女孩儿也会让自己显得格外懂事、负责、体贴，以弥补自己的不足。但是，她的男性竞争对手却往往会因此付出代价，因为他们无法在懂事和负责方面超过她，反倒被她反衬得格外不可靠、自私又自利。女孩儿的这种"乖巧"还可能会危及自己的幸福，损害她与别人相处的能力，因为在不知不觉中，她会让别人觉得自己不可靠，而她却像个忍辱负重的人。这给予她一种道德优越感，是她特殊的荣耀。在这样的情况下，她有可能让自己变成一个假圣人般的存在，并认为自己所受的一切痛苦都是因为别人不够好。孩子的适应不良很少能被及时发现，所以也就没有人去帮助这样一个"好"孩子。

过度的责任心

过度的责任心，经常被孩子当作一种工具，用来博取长辈们的认可，展示自己凌驾于其他孩子之上的道德优越感。这种过度责任心的背后，隐藏的是孩子对博取父母额外关注的渴望。通常所有人都无法察觉这一点，连孩子自己也意识不到。只要孩子能获得自己想要的关注和认可，只要父母能满足他的要求，不断地给予他认可和嘉许，双方的关系就会一直保持和谐。但是，孩子的这种做法迟早会受到挑战，要么是父母拒绝继续屈从于他的过度要求，要么是兄弟姐妹或者小伙伴们开始反感他的格外懂事，抗拒他的特别照顾。

这时，这种责任心过度的孩子，就有可能以积极—破坏性的方式，来获取更高的优越感和权力感，甚至想要超越他的父母。只要一个孩子心气儿过高，再加上他做出合理解释的超强能力，他就可以将优越感和权力感的追求伪装成过度的责任心。他欣然接受父母提出的一切要求，但是结果并不是父母所希望的。父母虽然没法跟他直接对抗，但也被气得无可奈何。他会把一切都用爱意和善意掩盖，他也会格外用心地努力把事情做得无可挑剔，让父母对他无可指责。比如，他很爱干净，他会格外爱干净，每天要洗三十次手！也因此浪费了时间。然后，他用餐的时间就会被耽误了，出门上学的时间也被耽误了。他用极度遵守规则掩盖了抗拒遵守规则。又比如，他不会偷懒，相反，他学习了一整天，以致父母不得不让他停下来，或者带他去睡觉。可是，正是因为你拦住了他，让他没法继续学习，所以第二天他的考试"考砸了"，这就是天经地义的了。正如所有隐藏的敌意一样，这种心态很容易导致神经官能症的形成。

你不应该被孩子行为背后的敌对本质所欺骗，也不可因为试图强行对他进行干预而卷入与孩子的冲突之中。敦促、告诫——更用说威胁——在这里要么是毫无作用，要么只会激起亲子之间的权力之争。相反，你需要认清孩子的敌对态度与叛逆的根源所在。在大多数情况下，孩子的问题在于父母的过度宠溺或者高压。孩子实际上对自己没有信心，对周围的人也没有信心。因此，他一方面竭力让自己表现得充满善意，另一方面又尽力为自己的缺陷找借口。

十一岁的玛丽是个责任心过度的孩子。她的父母非常爱她，但也非常焦虑，为了他们唯一的女儿，可是操碎了心。他们琢磨女儿的情绪，预测她的每个愿望，跟踪她的每一步脚印，精心照顾她的一切生活细节，担心她过度劳累。出于健康的本能，她理应奋起反抗父母的这种极度焦虑。可是，因为她太过敬爱自己的父母，所以做不到公开表达自己的反抗，但是，她用对每件事过度认真负责的态度表达了自己的情绪。她做什么都格外认真仔细，每个小小的疏漏和失误她都会深深自责，让她的父母为之万分心疼。结果便是她无论做什么，都似乎会有层出不穷的错漏，不是简单的一句"太笨了"就能解释的，而她的父母后来也就不敢轻易对她提要求了。

如果父母对孩子的过度尽责开始反感，他们可能会显得不耐烦，甚至会厉色相向。可是，孩子并不会在这种情况下屈从于父母的压力，也不会放弃他的道德信念和善意，但是，他内心的抗拒会加重，甚至关上自己的内心。在他的行为中，他可能会显得非常执拗，固执己见，他仅仅通过竭力保持"善意"的形象，来和其他叛逆孩子区分开。

🧒 能说会道

许多孩子之所以特别引人注目，是因为他们能够以出人意料和令人发笑的词句来表达自己。无论他们说什么都格外讨人喜欢。父母往往喜欢向熟人们吹嘘自己的孩子有多么"聪明""可爱"，但是，他们在炫耀时常常不在乎孩子是否在场。看到这般情形的孩子，自然会为自己出色的语言能力感到得意，也越发地利用各种机会表现自己的能说会道。当孩子年幼的时候，他的话语可能真的特别讨喜，尤其是他天真质朴的话语中表现出来的敏锐观察力，的确能令人忍俊不禁。但是，渐渐地，他的直言不讳开始变得令人尴尬，忍俊不禁的愉悦感也没有了，只剩下令人厌烦的烦恼。孩子变成现在的样子，父母难辞其咎，他们本应该以友善的态度帮助孩子走出困境，引导他用更容易令人接受的方式来获得认可。可实际上，父母却开始责备和斥骂孩子，甚至给孩子贴上了"话痨""废话连篇"的标签。这种做法是灾难性的，因为孩子接下来就会朝这个方向发展。

想要说话的冲动，源于对认可的追求，它是焦虑的一种体现。对于很难以更建设性的方式维护自身价值的孩子来说，这种倾向自然更明显。女性更健谈的原因可能就在于此。喜欢传递小道消息，是同一种问题的另一种特殊形式，同样能让人觉得自己的价值得以提高。我们很难阻止孩子把私密脱口而出，因为孩子其实非常清楚什么话不该说，更清楚一旦说出来会引起多大的轰动。你必须理解孩子为何会有这种欲望，而且不可过分责备孩子的口无遮拦。但是，你可以让孩子明白，说话谨慎是一种高水平能力，是只有大孩子才能掌握的本领，这样一来，你就会轻松实现训练孩子谨言慎行的目的，让他懂得有时候沉默会比话多更为可取。但是，想要做到这一点，仅靠讲大道理甚至是责备，是永远行不通的，因为这么做触及不到他爱说话的根本原因。

行为模式：积极—破坏性

自我炫耀

一个雄心勃勃的孩子，若是在实际、有价值的领域里因表现不够好而感到灰心丧气，他有可能使用一些最奇怪的方式突显自己，来吸引别人的关注。

八岁的欧文有一个比他大三岁的姐姐。姐姐很有活力，能力强，学习轻松，才十一岁的她看起来已经像个大人了。欧文却又瘦又小，但他特别好强。他总是有决定权，而且时时处处要炫耀自己。在学校里，他非常好动，注意力不集中，还喜欢用扮鬼脸、耍宝的方式扰乱课堂秩序。

对孩子这种吸引关注的倾向，父母会怎么回应呢？他们认为他虚荣心太强，且难以满足，所以常常刻意压制他这些明显是为了寻求认可的行为。父母的应对方式当然不会有好结果，因为会让孩子很受挫败，越是打压他，越会加深他对自己的负面评价。他看上去似乎毫无雄心，因为他根本不用心学习，并且在学校被批评、被惩罚时总是满不在乎的样子。可实际上，他心气儿很高，只是他的野心并没有指向努力获得好成绩，因为这条路已经被姐姐占住了。她的光芒让欧文黯然失色。

欧文必须意识到，他不必为了超过姐姐，而总是让自己成为众人关注的焦点。他越是想用不当行为来突显自己的存在价值，就越是因为引人反感而遭到更多挫败，因此也就越会觉得姐姐太耀眼，而自己太没有价值了。所以，父母必须向他表明，父母不但是爱他的，而且会为他可以有所作为而重视他。在过去的岁月中，他只有在成功地让众人"大跌眼镜"时才能体会到自己的存在价值，今后他不必再这样做。他不仅需要偶尔在行为不当时体验到秩序的不可动摇，而且更需要在他表现良好时得到关注和嘉许。

🧒 可怕的顽童

孩子们用来博人眼球的各种招数，数不胜数。他们稀奇古怪的想法，的确令人惊讶且忍俊不禁。面对这些匪夷所思的行为，父母常常因为不明白孩子行为背后的原因而显得茫然无措。比如，当他们四岁的儿子（家里最小的孩子）打算拿刀切开他的汤时，孩子这种"引人注目"的行为往往令一旁的成年人

"目瞪口呆"，可这正是他要的效果，他让人们感受到他的存在，让他的家人紧张不已。他无故打断父母的谈话，他让母亲没法继续与熟人交谈。

　　八岁的格特鲁德是家中的老二，也是一个被宠坏的孩子——她只要在母亲身边，就不允许母亲关注别人。如果母亲跟别人说话，她就会用手去捂住母亲的嘴，或者大喊大叫，让母亲进行不下去。在她尖叫和抗议的同时，她还会紧紧搂住母亲的脖子，使劲儿地亲吻她。她的野蛮和折腾让保姆都很怕她。可是，她在学校里却是个非常用功的好学生，大家理所当然地忽略了她的缺点。她是"老师的宠儿"，也是班里最好的学生。她知道在学校里自己的那些花招是行不通的。

👦 "行走的问号"

　　孩子不仅会不停地、没来由地表达自己的感情，让父母感到十分苦恼，而且还会用没完没了的提问吸引父母的注意。要分辨孩子的提问，是真对学习知识感兴趣，还是仅仅为了吸引你的注意力，这并非难事。若是前者你一定要认真地如实回答；可若是后者，就完全不必予以理会。要分辨这两者，关键在于他提问的方式。若是后者，他不在乎你怎么回答，有时甚至不等你回答完就又提出新的问题。父母经常注意不到这种游戏，这其实是孩子又在耍花招了。他们甚至注意不到孩子问的是一再重复的老问题。当他们的耐心耗尽时，他们会粗暴地责骂孩子，而孩子则会因为谈话气氛突然的转变而倍受伤害。

有一次，我在朋友家看到了如下的一幕。妈妈把她三岁的小女儿放在自己腿上，给她读绘本。每读一页，小女孩儿都会打断母亲，问她："这些人在做什么？""为什么这只狗在这里？"每次妈妈都会耐心地回答。读了几页之后，我打断了她们，问道："这些人在做什么？"小女孩儿的回答完全正确！又一次翻页时，我保持安静，孩子问了一两个问题，母亲又耐心地回答了。这个游戏就这样进行下去：阅读这一页时，我提问题，孩子回答；阅读下一页时，孩子提问题，她母亲回答，如此循环往复。等那位母亲把整本书都读完之后，我说道，刚才的游戏我玩得很开心。那位母亲惊讶地问道："什么游戏？"她完全没有注意到发生了什么。

这个小场景，与其说有趣，不如说可悲。这表明父母很少意识到孩子在玩儿小把戏，从而鼓励了孩子的错误行为目标。这个小女孩儿该睡觉了，可她躺在小床上之后，却频频叫她母亲，一会儿要喝水，一会儿要上厕所，一会儿要擦鼻涕，一会儿又说她还忘了什么东西——就这么三番五次地折腾。然而，父母往往开始时一直顺从孩子的要求，直到他们终于不耐烦了，就开始发火了。这就是这种游戏常出现的悲惨结局。

你不应该因为孩子没有意义的提问而困惑。只要你用心倾听，不难发现哪些提问是诚心诚意的。当然，你也必须意识到，孩子们有时会以天马行空般的思维，提出无穷无尽的，同时又是他真心实意想要知道的问题。但是，你仍然可以分辨出哪些问题是他思考后的，哪些则纯粹是机械性的提问，因为后者通常的表现形式是僵化或者漫无目的。孩子永远在问"为什么"，当然这有可能表达了孩子对知识的渴望，但更多时候，它只是表明孩子想要吸引你的关注。不过，即使你已经判断出孩子的提问是为了吸引你的关注，也不应该以斥责作为回应。你不妨直接提醒他，说他不可能真的想要知道这些问题的答案。

你可以通过友好的方式做到这一点。当孩子得不到他期望的结果时，他很快就会停止那些无聊的提问。如果你愿意回答这些问题，你可以让自己的回答不符合逻辑，毕竟孩子已经知道答案了。你还可以和他玩儿个小游戏，提出跟孩子交换提问，孩子提问后就轮到你提问，这通常也能起作用。或者，你可以干脆学他的样子，也忽然向他提出问题。又或者，你可以随口编一个奇妙的故事来回答简单的问题。但是，所有这些游戏都应该适当地引入，而且你需要让孩子明白他为什么会问这些问题，并告诉他说，他不需要借助这种把戏，因为你愿意给予他关注。如果你现在没有时间，还可以告诉他稍后会告诉他答案。但是，如果你以为，给他合乎逻辑的正确答案就能让他消停下来，或者你明明知道的事情也回答"我不知道"，那么肯定不会如你所愿地节省时间。或者，你对他大喊大叫，试图阻止他继续问下去，这也不行。所有这些回应，都只会刺激他以后用更多的问题来打扰你。

我们必须再次强调，任何孩子因为想要得到更多知识而提出的问题，都不应该被你无视或者嘲笑。你的蔑视会导致孩子丧失自信心，并驱使他寻找其他信息源。这么做还可能阻碍他的智力发展。一个认真提出问题的孩子，通常都有能力理解简单的答案。你不要告诉他，他还太小，理解不了。你必须多用点儿脑筋，发现他问题的真正要点。如果你给出的答案严格限制在孩子的问题范围之内，那就不会超出孩子的理解程度。一个成年人之所以会认为孩子的问题无法回答，并认定你予以回答就会超出孩子的理解能力，仅仅是因为成年人在回答这个问题之前，就已经想到了孩子会根据你的准确答案可能追问下一个问题。但是，孩子提问的深度并不会比他的理解力更深（当然，这仅限于孩子的提问是认真的）。

除了客观的问题和轻率的问题之外，还有一种问题，是所谓的反问："对吗？""你真是这么想的吗？""你是说真的吗？""此话当真？"对于这一类的问题，你若也照答不误，说得再好也是多此一举，所以根本没必要作答。但是，尽管如此，总喜欢批评和责骂孩子的父母，却常常用这样的反问句，来表达他严厉批评的态度，至少是不友好的回应。

"调皮鬼"

有些孩子会专门在不合适的场合做出不合时宜的言行举止，

这样的孩子就是所谓的"调皮鬼"。他的目的是为了吸引别人的关注，而且他不论在任何情况下都能以最简单的方式获得成功：他会尽力打破人们约定俗成的惯例和规矩。因为他拥有的聪明机智和个人魅力足以凸显自己，这些孩子往往特别有吸引力。他们的策略是不做任何明确禁止的事情，但是，绝对要把允许做的事情做到极致。

八岁的弗朗西斯是一个"调皮鬼"。他失去了父母，由两个哥哥和一个姐姐抚养长大。哥哥姐姐对他非常用心，只是不够明智：他们一会儿因为对他的怜爱而特别娇纵他，一会儿又因为不懂得该怎么教导他而特别严厉，而他则在这两个极端之间被来回拉扯。但是，他知道该如何吸引所有人对他的关注。有一次，他因为说谎而遭到了哥哥的严厉斥责。哥哥长篇大论告诫了他讲真话的必要性，却不料收到了令人目瞪口呆的效果。第二天，一位远房亲戚来访，弗朗西斯立即告诉亲戚说，家人对他都没好话。事后，哥哥姐姐因此责怪了他，可他却一脸天真地回答：毕竟，人人都必须始终说真话才对。从那以后，没有谁能让他放下这种高度的诚实。每当有客人到来时，哥哥姐姐全都战战兢兢的，因为他们知道弗朗西斯有一种可怕的本领，总能揭露出一些令人尴尬但确实存在的事情。

一个名副其实的"调皮鬼"能干出的事情，当然不仅仅是说些令人尴尬的话。他会以非凡的创造力和千奇百怪的招数，做出各种出人意料的事情。

　　有一次，在我们的儿童指导中心，我就曾因为太自信而吃了亏。在我们的咨询时间里，来了一个大约五岁的小女孩儿，她第一次来我们中心。她的母亲讲述了孩子的恶作剧，以及她如何试图通过乞求影响孩子的经过。母亲诉说时，女孩儿坐在凳子上，惊险地玩我桌上的墨砚，母亲警告她停下来，并拉开了她的手，但这没有什么效果。我想要借此展示给那位母亲看看，正确的做法应该是怎样的，于是我对孩子说道："去，把你的手伸进墨水里。你的手指立刻就会变脏，看起来不好看哦。但是，你要是想试试，就去试试吧。"正如我所料，孩子被我的话镇住了，不再玩儿我的墨砚了。可是，大约过了十分钟之后，我忽然听到了那位母亲发出一声尖叫！小女孩儿真的把她的双手都伸进我的墨砚中，兴高采烈而且骄傲无比地举着她的小拳头，上面正滴滴答答地淌着墨汁。

　　想要改变"调皮鬼"并不容易，因为他实在是太聪明、太狡猾了。不过，在以后的生活中，他的这种行为所造成的后果，并不像心烦意乱的父母所担心的那样糟糕，毕竟，孩子的确足够聪明，完全能把控自己在什么时间，在多大范围内搞恶作剧。当然，父母还是应该尽量帮孩子改掉这个毛病。不过，若想做到这一点，前提是父母不再与孩子起冲突，并且能真正赢得孩子的理解和同情。这些聪明的孩子完全能够认识到自己的行为目标，让他们体验自然后果并不会奏效，正如我们刚刚在弗朗西斯的案例中看到的，这些孩子擅长利用恶作剧的糟糕后果来达到自己的目的。当然，我们还是可以找到恰当的逻辑后果来帮助他们。

首先，孩子过去常常获得机会，他们用自己的策略很容易达到目的。父母一边责骂孩子，一边嘲笑他的把戏，这当然会促使他下次"再接再厉"，以同样的方式获得更大的成功。若是有临时在场的访客或其他人，也被他的把戏逗得忍俊不禁，那就更加刺激他用这种方式。因此，最好的逻辑后果之一，就是不给孩子在客人面前炫耀的机会。你只需要对孩子说："今天 × 阿姨要来，到时候你能表现得好一些吗？我们试试看？"如果他到时又搞怪，你可以在接下来的两三次有客人来时，不让他在场。不过，在那之后，你可以再给他一次机会。但同时，你必须努力赢得孩子的支持。最关键的是，你必须对孩子的心理有所了解，这里可能涉及他与哥哥姐姐之间的竞争。此外，你必须避免过度关注他，也不要过度激发他的好胜心来满足自己的虚荣心。

👦 "三分钟热度"

孩子的这种特点，同样带有明确的目的。

十四岁的莉儿对什么都感兴趣，但只有"三分钟热度"。她一直在更换衣服、朋友、活动以及兴趣爱好；她总是很快就厌倦了自己感兴趣的事情。这一段时间，她很擅长学习数学，表现出色；过一段时间，她又转向了历史，看了一本又一本厚厚的书，然后又把它们扔在一边。她不断地想要向人展示自己多么有天赋，她都能做些什么——如果她真能坚持下去的话，只可惜，她从来都只是"三分钟热度"。

莉儿有一个非常有能力而且尽职尽责的哥哥，她一直活在他的阴影之下。从表面上看，兄妹俩当中她才是更有天赋的那一个。但是，哥哥取得的成就更多，而且稳固可靠。所以，莉儿总想要显示自己有潜力取得很多成就。然而，她对自己是否真有能力实现承诺并没有多少信心。她害怕自己令人失望，可实际上就是她自己的做法才引起了这些失望。她把失望体现在方方面面——在人际交往中、学习中，以及兴趣爱好中。她却没有意识到，幻灭感并非来自外界，而是源于她的内心。

一个"三分钟热度"的孩子，看不到坚持的价值。他满心的渴望没有定位在获得成就上，哪怕他相信或愿意相信自己能取得成功。正因为他的勇气有限，所以他很容易放弃，"三分钟热度"之后就转向了下一个目标。他刚开始时的过度热情已经暴露了他悲观的情绪。他不肯花时间坚持下去，正是因为他相信时间终会证明他的能力不足。

我们不能无缘无故认定孩子的"三分钟热度"是天生的。孩子这样认为也无非是他为自己找的借口。也许是父母、老师等周围的人曾经错误地指责过他，从而形成了他的自我认知。若要帮助孩子，你必须首先洞悉他的内心恐惧，改变他潜意识中的"人生计划"。对年龄稍大的孩子，你可以和他敞开心扉讨论这件事。但对于年幼的孩子，这种转变只能取决于你对他的情况理解。你必须帮他重新鼓起勇气，帮助他改变追求的目标。孩子的问题在于他对做成某事并不感兴趣，他感兴趣的是用最少的努力得到更多的认可。你需要让孩子认识到，不要想通过走捷径获得成功，他必须在踏踏实实的工作和学习过程中获得满足感，无论结果如何。

行为模式：消极—建设性

过度地依赖

孩子，尤其是年龄很小的孩子，会想出许多好办法，毫不费力地得到别人的关注。他只需要一个眼神，每个人就向他伸出双手。他只要流露出崇拜和钦佩的神色，每个人就甘愿落入他的圈套。他表达自己的弱小和无助，就能让所有人都乐意为他效劳，而且他的做法是如此可爱，以致没有人为他尽心竭力时心生怨气。他从不打扰或惹恼他们，因为那样的话他就会失去操纵他们的力量。他可能会变得诡计多端，表面上看起来像对对方感兴趣，可实际上他完全是为了自己的利益。

这种依赖他人的关系，迟早会失去平衡。只要孩子能取悦对方，一切都相安无事。但是当情况发生改变，他的取悦不再奏效时，他一向的举止得体就开始改变了。为了能继续吸引对方的关注，他的行为开始变得具有破坏性。如果这番变化之后无法奏效，他可能会做出又一次的改变，而且这一次他很容易陷入怨恨之中。他过于渴望被人喜欢，但求而不得的结果，却让他以为自己根本不被喜欢。许多孩子在发现自己再也不可爱之后，常常会变得充满敌意，甚至十分残忍。比如，当家里有了新生儿之后，从原有"宝座"上被"推下台"的孩子就往往会是如此。

爱虚荣

如果仅仅赞美孩子是一个什么样的人，而不是赞美他做了什么事，这会导致孩子滋长出虚荣心。换句话说，孩子之所以有了虚荣心，是因为即使他没有做有价值的事，也能得到别人的赞赏。成年人对孩子外表的夸耀，会助长孩子的虚荣心。如果一个孩子因为家人的夸耀，让他认为这就是他在家庭群体中社会地位的基础，那么，他的虚荣心就会变得根深蒂固。长得漂亮的孩子，很容易出现的一个问题，就是他会更多地依靠自己的外表，而不再看重他通过自身的努力所取得的成就。可是，这又会使他对自己的能力越来越失去信心，进而更加依赖他人的认可，也更加重了他的虚荣心。最终，这反而会导致他与其他人之间的关系发生扭曲，因为他的要求越来越多，贡献越来越少。

　　孩子一旦形成了严重的虚荣心，想要将其消除是一项十分艰巨的任务。如果你不能理解孩子"要面子"的过分行为，其实是源于他强烈的自卑感，那么你往往会贬低他虚荣且自负的行为，以为这么做能打消他的虚荣心。然而，这只会增加孩子的自卑感，使他更想要用自以为是的方式展示自己。虚荣心重的孩子，不能容忍任何人比自己更强，因此，他会回避任何他不擅长的领域。只要这个虚荣的孩子感受到了明显的挫败感，他往往会回避在其他人面前参加任何活动。也就是说，他在不能确保自己一定会成功时，会因胆怯而失去努力的勇气。你必须学会看穿他自负的面具，也必须要看穿他故作冷漠的外表。一个在学校里一事无成的男孩儿，不代表他没有争强好胜之心。同样，一个完全不在乎穿着和个人外表的孩子，也不代表他毫不在乎面子。这样的孩子，只是不再想努力博取别人的好印象。他不想和别人一样，把自己打扮得整整齐齐。如果他不能够光彩照人，他就干脆毫不在乎。甚至，他可能反过来想要让自己"邋遢照人"。这种"满不在乎"其实是虚荣心带来的后果。如果孩子不关心自己会给别人留下什么印象，他自然会遵循传统的标准来穿衣打扮。

　　我们应该如何帮助孩子克服虚荣心呢？首先，我们不能培养孩子的虚荣心。大多数父母总是过分强调"别人会怎么说"，从而刺激了孩子的虚荣心。许多父母都喜欢炫耀自己孩子的漂亮、可爱。他们给孩子精心打扮，在他的服饰上大做文章，并为他的"成功"而沾沾自喜。但是，孩子得到的这些赞赏，并不能让他对自己内在价值充分肯定。因为一再的炫耀，孩子会越来越注重别人对自己的评价，却没有明确的自我认知。如果他没能炫耀成功，他就会怀疑自身的价值。然而，即使是孩子炫耀成功了，也不会带给他真正的自信。他固然很容易通过外表赢得别人的认可，但这常常导致他越来越不注重做出真正的成就。他不需要好好学习，不需要勤奋上进，也不需要掌握特殊技能。即使他的虚荣心与有用的、有价值的活动结合在一起，也同样清楚地让他感到能力不足的自卑。一个人，除非他认定自己毫无价值，否则他一定不愿意声名狼藉。任何一个想要成为第一的人，都会不断地担心，有朝一日没有能力再保住第一的位置，会被别人超越。父母在要求孩子出类拔萃的同时，也在孩子心中灌输了他对失败的恐惧。虚荣心重的孩子，之所以会一心想要让别人看重自己，恰是因为他害怕自己做不到这一点，也因此一直生活在恐惧之中。

这种恐惧，即一个人担心得不到他人的认可，因为只有这样他才能感觉到自己的价值，既可能存在于羞怯的孩子心中，又可能存在于虚荣心重的孩子心中。这两种孩子都害怕被别人嘲笑，他们认为，嘲笑是所有不幸中最大的不幸。但是，虚荣的孩子仍然有勇气用建设性的方法来对抗这种恐惧，而羞怯的孩子却只会一心逃避，用自己的软弱和无能来获得别人的关注。在这两种情况下，我们都必须教育孩子不要太在意别人的看法，同时要付出努力，从自己的成就、自身上发现自己真正的价值。你要让孩子认识到，做出有用的贡献，远比他的外表更有价值。

他之所以感到痛苦是因为他的价值观出了问题。我们不应该压制孩子的雄心壮志，而应该将其引向正确的方向。

行为模式：消极—破坏性

羞怯

　　十岁的苔丝是个羞怯的孩子，和她弟弟正好相反。弟弟比她小三岁，他充满活力，做事果断，时刻准备着应对任何事情。可是苔丝却特别容易局促不安，常常沉默寡言。每当有人问她问题时，她总是不知所措。她最喜欢跟母亲一起待在家里，如果没有母亲陪伴，她就不肯出门。在学校里，她也很孤僻，只有一个好朋友。每当别人跟她说话时，母亲几乎都会这样对待自己的女儿："你怎么不回答医生的话？别低头看地板！站直了！"而每当有人问苔丝问题时，母亲总会立即替她回答，根本等不及让孩子自己做出反应。虽然苔丝已经长大了，但她还总是躲在母亲的身后。这种行为的意义是什么呢？

　　苔丝与弟弟之间的竞争非常激烈。她觉得自己是因为弟弟才遭到了父母轻视——不仅因为他是个男孩儿，他反应更敏捷、更活泼、更聪明、更能干。父母一直鼓励弟弟要超过姐姐，而且，从一开始父母就让姐姐处处让着弟弟。弟弟所做的一切都是"好的""可爱的"。原本一直享受着万千宠爱的苔丝，为此失落至极。很快，她就学会了利用"依赖"和"笨拙"，这种手段不仅让她可以借此逃避继续照顾弟弟的责任，而且还能迫使母亲给予她更多的关注。这样做当然有一个不好的地方，那就是苔丝不得不忍受母亲没完没了的批评和指责，说她太没用、太蠢笨。但好处也是实实在在的，她成功地让母亲把注意力又集中在了自己的身上。

许多胆小的孩子都会使用同样的策略（不过，我们必须将这样的孩子与那些被威胁或者被恐吓的孩子区分开），他们通过自己的怯懦行为，迫使身边的人关心他、帮助他。如果想要让这些孩子主动回答问题，需要花费不少的时间和精力。他们的行为会令人不快、惹人心烦。但是，我们不能对这样的孩子漠不关心。毫无疑问，这是他们吸引关注的好办法，而且什么都不必做就能达到目的。他的气馁中可能仍抱有一些向往与渴望，否则他就不会再用这个招数寻求关注，而是彻底放弃，陷入完全暗淡的消极态度中。羞怯的孩子很害怕被人嘲笑，所以，借着怯懦这个保护盾，他逃避许多原本应该能发挥积极作用的场合。他仍然会需要并期待别人来关注自己。只是，他的这种策略有时会导致严重的神经官能症，例如因害怕而脸红（脸红恐惧症）。患有这种神经官能症的人能借此逃避所有的社会责任，但是，利用他的脸红，他仍然设法让自己成为别人关注的对象。

苔丝母亲的做法，让我们看到了一个害羞的孩子是怎么"养成"的。女孩儿显然是在故意刺激母亲，让她不断地监督她、指导她，这才是她害羞的目的。但是，母亲却不该落入孩子的圈套。我们只有通过系统性的鼓励，才能打消孩子对社会活动和承担责任的恐惧。对于害羞的孩子来说，要做到这一点很不容易，过程是漫长而复杂的，因为他就是为了逃避生活要求才把自己用"无能"伪装起来。如果你给予他夸赞，他要么拒绝相信，要么受宠若惊，但更害怕的是未来的失败。你需要花很长时间才能慢慢帮他找回自信，这个过程需要你持续地努力。仅仅是鼓励和褒奖的话语是不够的，孩子还需要看到更多的证据，让他相信自己的确能得到别人的认可和信任。

👦 依赖和懒散

依赖型的孩子——常常也是懒散的孩子，会给人带来很多麻烦。他总要靠别人来告诉他、提醒他应该做什么，甚至是让别人替他做所有事。

如果孩子被剥夺了天生就有的独立自主的欲望，或者这种愿望一再遭到打压，他以后就会变得格外依赖。父母因为对孩子的能力缺乏信心，或希望减少自己的麻烦，甚至对孩子的过度保护来彰显自己的重要性，这些都会导致孩子放弃凡事靠自己的欲望。母亲越有能力，她就越倾向于把所有的家庭义务和责任都揽到自己身上，而孩子就越有可能变得依赖。

你永远不应该替孩子做任何他力所能及的事情。如果孩子已经习惯了别人迁就他、等待他，那么你现在必须停止这种做法。在这个改变过程中，你不能急躁。如果孩子因缺乏练习而笨手笨脚，你需要留出更多的时间让他熟悉动作和技巧。与此同时，你还应该鼓励他、激励他。但是，无论是失去耐心还是同情他，都不应该帮助他推卸责任。

有时候，父母并不是唯一导致孩子缺乏自立能力的人。

八岁的特鲁迪什么都不能自己做。即使她真的尝试自己去做了，那也肯定会完成得一塌糊涂。无论她做什么，都会不断出错，需要别人出手帮助。比如，一家人出门去散步，她肯定要拖延到最后，需要家人反复催促她，直到最后把她拽走。她可以自己穿上衣服，但肯定穿得不整齐。就连她的食物都是家人为她切好的。若她自己往杯子里倒水，那水肯定会洒到杯子外面。她做事总是半途而废，又懒又不收拾。总之，她需要有人照顾她，充当她的仆人，而且还真有这样一个人！不是她的母亲，她的母亲是商界女强人，根本没时间陪伴她。但是，她有一个比她大四岁的姐姐，姐姐为她提供了无微不至的照顾。十二岁的安妮热情又聪明，她的能力远远超出了她的同龄人。因为家里长辈无暇照顾孩子，安妮不仅能把自己的事情安排得井井有条，还把照顾妹妹当成了她的责任，而且，她还不愿意放下这份额外的负担。有一次，姐妹俩一起参加了同一个夏令营，没有人能制止安妮继续按照她的方式照顾妹妹。她就想待在妹妹身边，整天不厌其烦地指点她，就像她在家里早已习惯的那样。于是，这个勤劳肯干的好姑娘扰乱了整个夏令营的气氛，其糟糕程度完全不亚于她那笨拙顽劣的妹妹。

　　你不难看出为何特鲁迪会成长为现在的样子。两姐妹之间的竞争，使得双方都各自把"寻求关注"变成了防御性或进攻性的特殊武器。安妮可能会因为在两者中能力更强而成为获益者，特鲁迪则显然需要更多的帮助。在两个孩子中，一个孩子积极地通过有价值的成就获得认可，另一个孩子则消极地通过无能来获得关注。只是鼓励特鲁迪一个人，是不够的。但是，如果我们希望她将来能更好地成长，现在就必须鼓励她。然而，她现在不愿意靠自己取得成就，因为这会让她不能再依赖更能干的姐姐了。要促使她做出改变，必须让两姐妹同时做出改变才行。姐妹之间的激烈竞争必须缓和下来，唯有这样才有可能减少双方的过度"寻求关注"。她们必须学会互相合作，而不是互相对抗，否则，两个人以后都会缺乏社会兴趣。（姐姐安妮与其他人的人际关系也不会成功，人们拒绝给予她所期望的优越地位，所以不难理解她没有真正的朋友，毕竟谁都会讨厌别人对自己指手画脚。）所以，姐妹俩都必须学会在生活中扮演适当的角色。

　　然而，为了改掉孩子的某个缺点，我们并不一定要改变他的整个人生计划。任何一个孩子都可以被培养出一定的规则意识。唯一的必要条件是，我们不能随意允许孩子不守秩序。人类的生理结构天生更适应规律性和系统性的生活。孩子之所以散漫无序，是因为他认识到，某些行为带给他一定的好处，比如不按时起床、不洗漱穿衣、不及时吃饭、不认真收拾玩具、不按规定时间睡觉。这些行为可以被当作一种手段或工具，使孩子赢得与父母斗争的胜利，获得他希望得到的关注。所以，为了让孩子改掉已经形成的坏习惯，父母首先要避免继续与孩子发生冲突，学会使用让孩子承担自然后果的教育方法。而且，父母也一定要遵守规则与秩序，否则孩子很快就会利用父母的错误来对付他们。

不能专心致志

　　如果孩子不能专心做事，通常被归咎于神经衰弱或者身体缺陷，认为这才是导致他无法集中注意力专注于一项任务的原因。这种"精神力不足"或"神经能量损失"的假设是完全错误的，尽管焦虑的父母和胆怯的人似乎都有过这样的体验，觉得这是正确的。这些人倾向于将自己或孩子的失败归咎于神经衰弱，或身体缺陷。这就像看到某人有貌似愚蠢的行为就假定他先天低能一样，这样的看法反而导致了情况的恶化。

　　十五岁的弗兰是个焦虑、"柔弱"的孩子。她正在上高中，虽然她很聪明，但有很多问题。她很容易疲倦，以致放学后她经常一直躺在床上起不来。她在课堂上甚至很难集中注意力。当她面对一些稍微繁重的作业，或者要面临考试的时候，她甚至会彻底崩溃。在交作业或考试的前一天晚上，她会寝食难安，有时还会大病一场，以致不得不卧病在床，没法参加考试。刚上小学的时候，她就是个坐不住的孩子，两只手总少不了一些小动作，所以小学低年级的时候她不得不留了一级。也因此，到了上高中时，家人决定让她辍学，可她坚决不肯，因为她所有的朋友都上了高中，所以在她的哭闹和说服下，她还是上了高中。然而，她学得极其吃力，而且需要别人不断地帮助才能勉强跟上学习。

　　父母和医生都认为她的问题在于身体本身。但是，造成这种情况的真正原因是什么？在弗兰四岁之前，她的发育情况很好，精力充沛，活泼好动。可是从四岁开始，她的成长方向完全变了。她是家中独生女，她的母亲与父亲的关系非常糟糕，而且似乎没时间照顾她，一直把她交给保姆照顾。但同时母亲对弗兰抱有很大的期望，女儿在她眼里从来都不够可爱。母亲给她买最漂亮的衣服，把她打扮得像个公主。弗兰非常重视自己的外表，如果她得到的新鞋不太符合她的心意，她就会哭闹一整天。因为她的父亲对她和母亲非常不好，最后还彻底抛弃了她们，所以她的亲戚们都觉得她很可怜，不论她想要什么都给她买。如果她经过一个橱窗看到了自己喜欢的东西，她就会站住不走，一直掉眼泪，直到她把东西拿到手才停止哭泣。

　　不过，总的来说她还是很乖的，从不直接把自己的意志强加给别人。她用自己独特的方式得到她想要得到的。直到她十岁时，还需要保姆为她穿衣、脱衣。她非常顺从，迎合每一个人，成功地使所有人都心甘情愿为她效劳。哪怕到了现在，她依然扮演着"可爱小姑娘"的角色，穿着漂亮的袜子，扎着漂亮的蝴蝶结跑来跑去。没人能狠下心来拒绝她的任何要求。她选择的玩伴，要么比她大很多，要么年龄非常小。而且，哪怕她跟小女孩儿在一起玩儿时，也是对方扮演母亲的角色，而她也会欣然接受。不过，她更喜欢跟成年人一起玩儿。母亲不喜欢她跟同龄女孩儿交往，认为她们会带坏她。因此，她最喜欢的还是一个人玩儿。

从四岁开始，她刻意利用自己的柔弱作为获得服务的手段。她连吃饭都要人哄着，而且体重迅速下降。步行距离稍微长一些，她就感到筋疲力尽。有一次去了乡下，因为她已经长大了，家中亲戚们背不动她，只好雇了一个壮汉把她送回家！她不能做任何家务，一切对她来说都太难了，所以她从不踏进厨房半步。她也不擅长做任何手工，因为做一会儿她就累倒了。她一直想给妈妈做点儿什么，但都没能完成。

弗兰的母亲平常几乎不关注她，除非她生了病。于是，在最近的几年里，弗兰常常生病。正如我们前面已经提到的，哪怕即将举行考试也足以让她卧病不起。从下面这个细节中我们可以看出，她的乖顺只是故意做给别人看的表面功夫：她房间里到处都是书，书桌上和书架上也堆满了课本，以及各种课外读物，但她实际上从不看书。除非有人进了她的房间，然后她就会全神贯注地做功课，或者做她自己布置的学习任务，但实际上她从来没有完成过。

通过这个案例，你可以清楚地看到，一个满心渴望关注的孩子，很难通过实际成就赢得认可。弗兰实际上野心勃勃，可是，因为她从未在学校或其他方面通过努力获得任何真正的成就，而是一直千方百计地逃避，所以她周围的人都没有注意到这一点。她表面上的"体弱多病"成了她最有效的借口。而且更重要的是，这也是她让别人一直无微不至照顾的最佳借口。

许多孩子都像弗兰一样，躲在"柔弱"的保护盾后面，不但可以借此逃避各种责任，而且能让父母沦为自己的"奴隶"。可是，如果想要强迫这样的孩子服从你的要求，你很快就能发现这个"柔弱"的孩子比你的力量更加强大。任何压力甚至暴力，都无法迫使孩子与你合作。想要帮他做出改善，他的渴望、努力的方向都必须被转移到全新的方向上才行。以前对他的纵容，必须被系统性的共同合作所取代。虽然过去孩子一直是吸引你关心的焦点，而且他也充分地利用了这一事实，但是从现在起，他必须变成与你共同工作的合作伙伴。

过于自我放纵

十五岁的乔治是一个任性的、不守规矩的男孩儿，他只顾眼前的自在。他是独生子，在他一岁时，因为父母没有时间照顾他，就把他交给了姑姑抚养。姑姑有一个比乔治大三岁的女儿，但姑姑格外偏爱这个男孩儿，希望他忘记离家之苦。姑姑在分食布丁或者糖果的时候，乔治总会得到更多一些。后来他有更多的零用钱，姑姑也允许他更晚起床。孩子们带午餐去上学，姑姑只给自家女儿面包和黄油，而乔治的午餐总是加肉的三明治。还有，姑姑也只辅导乔治写家庭作业。直到乔治八岁时，姑姑还帮他洗澡，可她的女儿却从两岁左右就已经自己洗澡了。

尽管存在这种不同待遇，两个孩子之间并没有明显的冲突。女孩儿自己适应了这样的情况，并因此获得了独立性和生活能力，从而弥补了她体验到的忽视。她自己也变得格外喜欢照顾乔治，因为乔治已经发展出一种独特的能力，他非常可爱，懂得如何讨人喜欢（消极—建设性的寻求关注机制）。没有人能忍心拒绝他。他把身边所有的熟人和亲戚都支使得团团转，并且很善于用他的魅力"剥削"亲戚朋友的零钱，然后立即用这笔钱去买糖果。在学校里，他也越来越讨老师的喜爱，成为课堂上的宠儿。他当然会有很多的不当行为，但是没人能一直生他的气，总会原谅他犯下的各种错误。等他进入中学时，他遭遇到了人生第一次真正的逆境。他惯用的方法不再起作用了。现在需要的是他踏踏实实地学习，可他并没能提前做好准备。在小学时，他的成绩一直是全优，可上了中学之后，他第一年的考试成绩只能算勉强及格。就是从这时开始，他的行为模式从消极—建设性转向了消极—破坏性的方向。

显然，乔治的整个人格都由他童年时期的境遇和他的应对方式所决定。如果单挑出他的不用功和贪婪作为改造他的核心内容，这毫无价值。他很渴望被人认可，但他努力的方向是尽可能多地从别人那里寻求对他的付出，唯有当他成功地得到了别人的付出，他才会感觉到自己的存在价值。学习对他来说是一种负担。他不想让自己受到控制，因为那意味着他必须放弃自己对他人、对生活的不断要求。他从未体验过因付出努力而获得成就的喜悦感。通过做出成果来获得别人的认可，这需要长时间的努力，这也是乔治从未尝试过的事情。他对未来没有任何规划，他只想要立即就得到一切。因此，他忍受不了紧张或者等待。可是，他又善于利用别人的紧张和等待为他获取眼前最大的利益。但凡有任何事情让他感到不快，他就会离家出走。当家人拒绝给他钱时，他就会直接向朋友们借钱，故扮可怜，然后让别人为他惹下的麻烦事收拾残局。他缺乏自制力和自律，只管向人强求他想要的一切东西。

阻止乔治改变行为方向的最大障碍，是他的家人们。他能否做出恰当的调整，取决于他的家人能否学会以更恰当的态度来对待他。为了帮助他，家人曾经送他去寄养家庭，但他逃跑了，然后他的家人很快就把他接回家。回家之后，他让全家人的生活痛苦不堪；他肆无忌惮地藐视家中的秩序与规则，却没有人让他为他的不当行为承担后果。然而，这是唯一能让乔治成长的正确方法。家人对待他的这种纵容态度，很自然会让乔治认定，他的做法不但有效而且正确。另一方面，如果他的家人不再屈服于他的意愿，只是跟他开始无望的斗争，那么双方必然会相互威胁、羞辱、谩骂和胁迫，这反过来又只能加剧他的反叛和对秩序的抗拒。最终，他寻求的不再仅仅是关注和付出，而变成了寻求权力，甚至可能是报复。

　　家人的坚定不移，以及对乔治持续不断地鼓励——这些方法才有可能促使他潜意识中的人生计划发生改变。

　　贪心，是对未来没有信心，所以只看重眼前唾手可得的利益。无论他们眼下无法得到什么，对他们来说似乎都足以令他们心慌意乱。这种对未来缺乏信心的表现，是贪心孩子的典型特征。他们做不到节约，为什么要把手上的东西存下来呢？先保留了今天的快乐再说，反正明天是很难说的。正因为如此，只在意今天的享受而不在意明天的不适，对他来说是理所当然的事情。这样的孩子，或者是感受到了比自己更出色的兄弟姐妹的威胁，或者是被管教方式不一致的父母给宠坏了。很自然地，他们反抗所有的规则并试图得到"特殊待遇"，而且是不合规矩的无理索要。当得不到时，他会偷钱买糖果、从餐厅里偷果酱、一次性吃完一星期的巧克力棒——它们不仅吃起来很美味，而且代表了他可以不需要付出辛劳和努力，就能轻易战胜成年人而达到目的。贪心和气馁总是如影随形的。因此，孩子贪心说明他的心理平衡已经被打乱了，他需要你的帮助。但是，我要再次强调：帮助，并不是放纵的同义词。

🧒 焦虑和恐惧

　　在上文关于过度尽责的讨论中，我们提到了神经官能症的问题。所有神经官能症的核心都是恐惧。但是，成年人的深度恐惧被看作是病态的，而孩子的恐惧则被认为是自然的。因为每个孩子都会偶尔表现出恐惧，只有孩子表现得十分严重时，才会被看作是不正常的现象。

恐惧是无助的表现。每个觉得自己软弱的人，不仅会因为真实的、眼前的危险而感到害怕，而且会因为内心的焦虑而寻找模糊的、未知的威胁。对于我们而言，或许是对于所有生物而言，恐惧反应都是与生俱来的，是从原始社会一直流传到今天的。原始人类的生活环境处处充满威胁，其中一部分是未知的，另一部分是他们的大脑无法理解的。生活在现代社会的文明人，在正常情况下，都会生活在各自的社区当中，但是，孩子仍然会感到无助，而这种感觉源自于他对恐惧的敏感。当我们对孩子的无助表达同情时，我们就回应了他的恐惧。

这就是问题的关键所在。孩子学会使用他与生俱来的恐惧反应来实现他的个人目标。父母对孩子的焦虑反应越是强烈（无论是因为他们对孩子的过度疼爱或同情，还是出于他们的恐惧心理），他们就越是容易屈服于孩子潜意识中的行动计划。通过利用恐惧，孩子可以使自己成为一个不受任何秩序与规则约束的"小霸王"。

胆小的孩子会害怕孤独和黑暗。这样的恐惧感，暴露了他特有的弱点及原因。只有被宠坏的孩子才会有这样的恐惧反应。他认为独自一人是最糟糕的命运，因为他觉得若没有成年人的帮助，他就无法生存下去。没有什么事情比孤独更让他害怕了，因为那时他只能完全依靠自己。同样，在黑暗中，他也必须完全依靠自己的力量。有时候，父母所做的一些事情，会成为孩子用来对抗他们的手段。比如，他们把让孩子独处当作一种惩罚，或者用"妖怪"或不合时宜的童话来描述黑暗和夜晚的恐怖。典型的童年恐惧往往是从孩子拒绝上床睡觉而逐渐开始的。许多孩子都不愿上床睡觉，要么是不愿离开父母的温暖和关怀，哪怕是暂时离开，要么是对"不公平"的怨恨，因为长辈们或者哥哥姐姐都不用那么早上床睡觉。因此，上床睡觉，以及独自留在黑暗中，都会让孩子心生不满。在这样的情形中，恐惧成了孩子用来对抗父母的有力武器。

这一策略导致孩子对父母的依赖程度达到了荒谬的程度。孩子不愿意一个人去睡觉，他卧室的门必须开着，或者至少也要留一条缝隙让光线能照进来。这样的要求还可能逐步增加：与隔壁房间相连的门必须一直打开；他屋里必须始终点亮一盏灯；有人必须始终待在他房间，直到他睡着才能离开；妈妈必须坐在他床边，还要握住他的手，如果妈妈放开手，孩子就会立即高声号哭；即使在他入睡之后，他也能感觉到母亲想要离开了，因此又会醒来，他用哭泣让妈妈陪在床边，直到深夜。哪怕已经接受必须独自睡觉的孩子，仍然会发现他可以借助做噩梦和夜间惊吓，爬到父母的床上，逃离独自入睡的孤独。

即使在白天，恐惧策略同样行之有效。

十二岁的保罗用他的恐惧控制着整个家庭。他出生比较晚，上面有两个已经成年的哥哥姐姐。家里的每个人都很宠爱他，纵容他。可他偏偏活在了焦虑之中。夜里他的房门必须始终开着，傍晚他必须有人陪伴待在他房间。他竭力逃避一切可能需要他独自面对的情况。他害怕去上学，害怕与其他男孩儿打架，害怕学游泳，也害怕上体育课。每当母亲想要离开他时，他都会进入"狂躁"状态。所以，他的家人总是千方百计地安慰他，帮助他，为他铺平前面的路。

他母亲前来找我咨询，但不是因为担心孩子的焦虑症，而是让我出具一份证明，可以让他有理由不去上游泳课。这个可怜的男孩儿总会因为第二天要上游泳课而整晚发愁，甚至睡不着觉！这位母亲从未考虑过让孩子学会自立，也从未想过教他相信自己的力量，靠自己面对眼前的困难。保罗也绝不会主动尝试，因为他很喜欢生活在被保护的环境中，尽管他为此付出了很高的代价。

然而，保罗这样的做法是相当保守的。

十四岁的欧内斯特"训练父母"的本领更加高超。父母必须告诉儿子什么时候回家，因为他实在忍受不了等待他们。他对父母如此强烈的爱的背后，隐藏着他控制父母的专横霸道。他一直活在害怕他们可能发生不测的恐惧之中，这就是为何他坚持要求父母准时回家。如果父母在外面停留的时间比预计的要长，他们必须每隔一段时间就打电话给他，向他保证他们安然无恙。没有人意识到欧内斯特想要的是父母对他的关注。

你可以采取哪些措施来应对孩子的过度恐惧呢？强迫显然不会有任何作用。最好的办法是，忽略他的焦虑。孩子当然会千方百计地对抗这一策略，会让自己陷入各种各样的"状态"中。在孩子很小的时候，你可以任他发狂，直到他最终安静下来。你当然必须给予孩子渴望的且需要的感情、爱和关心，但是，不是他的恐惧所带来的压力。如果孩子的状况实在糟糕，你也许需要去看儿科医生或精神科医生。通过激发孩子的好强心和自豪感，有时候也能成功地消除他的焦虑，比如，你将恐惧描述为小孩子才有的情形，而孩子长大了还胆小则有损他的尊严。最重要的是，你不要将关注点集中在他的恐惧症状上，而要寻找导致他现状的深层原因。

孩子的无助感通常来自于他对成年人的依赖。因此，你必须给他机会学习并发展更多的自立能力。细心的父母定会看到，当孩子面临困难时，焦虑情况会更加明显。因此，他必须学会自己面对困难。在这里，父母自身的焦虑，比孩子的焦虑更加危险。此外，你还必须纠正他以自己为中心、不惜一切代价达到自身目的的心理倾向。我在前文已经一再强调，减少你对孩子的放纵，才是你能实现这一目标的最佳手段。孩子的焦虑是基于家人的过度放纵，这一事实已经显而易见，因为，他在没人娇纵的陌生环境中可以完全不受恐惧感的控制。当然，若你对孩子的要求过于严格，只会加深孩子的无助感。你对他恐惧情绪的强行压制，有可能导致他出现更深层次的心理问题，通常是神经机能的障碍。

饮食困难

如果父母不试图强迫孩子吃饭，就不会出现孩子吃饭困难的情况。可是，一旦母亲或父亲过分重视孩子的饮食，吃饭难的问题也就开始了。比如，母亲过度担心孩子的体重，或者孩子因为刚生过一场病（或生病时）而体重下降，就会出现这样的问题。这有可能会在孩子很小的时候发生。因为母亲的过分焦虑，孩子会感受到一定的压力。这种压力起初可能只是轻微的，但最终可能会演变成对他的强迫，乃至变成暴力的强迫。被强迫着进食，会扰乱一个人接受食物的能力和意愿。它扰乱了肠胃的正常运转，使人厌恶进食。此外，当孩子感到有压力时，通常会产生一定的抗拒反应。如果这种抗拒是针对进食的，那么已经过度关注孩子饮食的父母，自然会增大施加给孩子的压力，进而强化孩子的抗拒。父母的绝望感很可能因此增加，但永远达不到改善孩子进食的目的。相反，这可能让孩子产生一种错误印象，觉得吃饭不是出于自己的需要，而是为了父母的利益。于是，吃饭就成为孩子对抗父母的有力武器，尤其是当孩子产生被忽视或轻视的感觉时，这种情况更容易出现。比如，家里新添了一个小宝宝，或者孩子刚刚从疾病中痊愈，父母不再给予特殊关注的时候。

一个两岁的小女孩儿，什么东西都不肯吃，这不仅让她的母亲焦虑不已，而且让家庭医生感到担心。孩子每次吃饭都会发脾气，如果由着她的性子来，她会一连几天都不吃东西。她对食物的这种抗拒，其实是有迹可循的。小时候，医生建议母亲给女儿按时哺乳（这是一个好建议），可是，妈妈是怎么做到的呢？如果到了哺乳时间，孩子正在睡觉，她会叫醒孩子。如果这时孩子拒绝吃奶，正确的做法应该是不喂这一顿，等到下次哺乳时间再喂奶。可是，她并没有这么做，而是把奶瓶强行塞进孩子的嘴里。她第一次用勺子给孩子喂果汁时，孩子不肯吃，她采取了更加严厉的措施：捏住孩子的鼻子，等到孩子张开嘴喘气时，立即把勺子塞进孩子的嘴里。这个孩子如今对食物产生了强烈的反抗情绪，这难道奇怪吗？

如果父母允许孩子自然的本能发挥作用，那么所有的饮食困难都会在几天或几周内消失。每个孩子都具有这样的生理本能。让孩子去体会饥饿感，过上一段时间他自然会吃饭。如果你能定时提供食物，孩子自然会调整自己加以适应。

可是，面对"吃饭难"的孩子，许多父母并没有遵循上述简单的做法，而是做了不该做的事，让哪怕是饮食正常的孩子都会难以接受。首先，他们会努力劝说孩子吃东西。吃饭变成了一场悲剧性的闹剧。如果孩子不想吃，母亲会用各种可怕的后果来警告他。母亲会喂他、哄他；她会讲故事、说大道理；她会以奖励相诱惑、以惩罚相威胁；最后，她生气了，开始大声责骂、大吼大叫，甚至用暴力把食物强行塞进孩子的嘴里。这样的母亲，可能是出于对孩子的真爱而大发雷霆，完全看不到孩子在挣扎着，直到孩子最终将她费力强行塞进他嘴里的食物吐出来。现在她屈服了，要么随他不吃东西，要么根据他的喜好为他准备特殊食物。有些母亲每天都会花费大量时间来计划孩子喜欢和接受的菜单。还有些母亲则相反，相信"只要孩子习惯了就好"，她们下定决心给孩子提供同样的食物，而孩子也同样顿顿抗拒，结果仍是不吃饭。然而，这样的过程与结局并不是必然的，父母也好，孩子也好，其实都可以轻易地避免这些痛苦。

首先，孩子的饮食既不是讨论的话题，也不是和孩子产生冲突的理由。父母应该相信孩子的健康直觉。如果你克制住自己不干预，孩子肯定不会让自己挨饿，而你的干预只会破坏他的本能直觉。你对他的焦虑关注所给予他的心理满足感，会远远大于他在生理上的满足感。你想想，孩子会从你那里获得多少关注！他甚至可以只凭"不吃饭"就战胜你，让你完全拿他无可奈何。对他来说，从与你的对抗中获得的好处远比身体舒适更加值得。实际上，只要孩子面前有充足的食物，他还能自己决定要不要吃、要吃多少，那就绝不会有任何一个孩子可能会出现营养不良的症状，或者饮食不足的问题。但是，只要父母因为他的饮食和发育焦虑不已，并强迫他吃饭，那就常常会有孩子出现这类问题。所以，若要纠正孩子的饮食习惯，第一步就是不要干涉。父母不要说任何话，不要催促他，或进行评论。但是，仅仅保持沉默是不够的，一个焦虑的母亲哪怕不用开口，她的焦虑就会明显流露出来。如果你坐在餐桌旁，紧盯着孩子，流露出你的担忧、焦虑、绝望、愤怒，那么你就给予了孩子过度关注，并且能激起他的反抗。

其次，你必须给孩子机会让他体验到拒绝吃饭的自然后果。如果他不想吃摆在面前的食物，你必须把决定权交到他手里，而不是由你替他做决定。但是，你同样不可事后"弥补"孩子，不可因你克制不住自己对他的怜悯或担忧而给他吃任何东西。相反，只要他在该吃饭时没吃饭，他就必须等到下顿饭才能吃东西，中途不要给他零食、糖果、面包和黄油，甚至不要给他超出日常饮食之外的一杯牛奶。到了吃下顿饭的时候，他也只能得到与其他家人相同的食物。

被宠溺的孩子可能会"勉为其难"地吃"好吃"的菜。如果你用这样的办法"补偿"孩子不吃饭的"欠缺"，那么，你要么还没有了解秩序的重要性，要么没有能力克制自己想要过度纵容孩子的想法。我们已经解释了孩子饮食均衡的重要性。引导孩子饮食均衡，甚至吃他不喜欢的食物并不难，除非他对某种食物过敏则另当别论。如果全家人都吃完饭，只有他还没有吃完，你应该直接端走他的碗碟，而且不再给他吃任何东西。如果你想训练他接受某种食物，你可以安排他吃完那种食物之后再吃他最喜欢的甜点。你当然可以让他知道你会有这样的安排，但是，请务必小心你跟他解释的方式，不要让他认为这是奖励或惩罚。比如，"如果你不吃菠菜，就没有冰淇淋了哦"之类的威胁，是完全不合适的。你轻松随意的态度固然是很必要的，但你也必须坚守自己的立场，不要因为孩子的各种求告、许诺，或其他招数而心软。你当然应该向孩子表达你的理解，但绝不能屈从。即使孩子努力吃他不想吃的食物，又实在无法下咽，你也不能心软。如果他一边呕吐，一边挣扎着吃饭，你可以直接收走他的碗碟，说你觉得他并不饿，他不必强迫自己。然后，让孩子承受自然后果。

　　小弗雷德被邀请去参加一个派对。他显然是一个胃口不好的孩子。其他的孩子都吃完了，但弗雷德的一整杯可可几乎还没动过，而且他手上的三明治似乎也没吃多少。旁边的祖母解释说，他经常需要一个小时才能喝完一杯奶。然后她试图劝说小弗雷德："弗雷德，你不觉得羞愧吗？其他人都快吃完了，你快点。"聚会的女主人走了过来，请祖母离开餐厅，然后对小弗雷德说道："在我们家，如果你不想吃东西就不用吃。把你的杯子和三明治给我吧。"说完，她做了一个要拿走东西的手势。小弗雷德立刻用双手抓住这些东西，咬了一大口三明治。一转眼，他的嘴里满满都是食物，可他实在吞咽不下去，他不愿意被这样训练。女主人坚持地说："不行，弗雷德，那样吃不行。我看得出来你不饿，所以，如果你不想吃，我只能把食物都拿走了。"然后，她没再多说什么。五分钟之后，小弗雷德喝完了一整杯可可，也吃完了一整块三明治。这让祖母吃惊极了，完全弄不明白这一"壮举"是如何完成的。

　　另一个是小约翰的案例，也是我经手的最糟糕的例子。当时，他的母亲带他来参加我的夏令营，七岁的他刚刚从百日咳中痊愈。他不仅在吃东西时会咳嗽并呕吐，而且每当他兴奋或消耗体力时，也会咳嗽并呕吐。他的体重下降了很多，只剩下皮包骨头了。慌张的父母专门雇了一名护士，每天喂他吃饭好几次，每次喂食都需要花费数小时。护士不得不将每一口食物都硬塞进他的嘴里。但结果是，的确有少量食物被小约翰塞进了肚子，但大部分食物都被吐了出来。

我答应接受这个男孩儿进我的夏令营，但条件是在两个星期之内，父母不能来看他，也不能问孩子体重的增减情况。这对父母已经用尽了所有方法，如今实在别无选择，只能答应。这个男孩儿确实连续几天没吃东西。当食物摆在他面前时，他只是看着。没有人因此跟他说过一句话，只是过上一段时间碗碟被收走了，而且按照规定也不会提供其他食物给他。他只是在为所有孩子提供牛奶和饮料时，喝了一些。眼睁睁地看着这个孩子挨饿，却什么都不做，的确非常难。但是，这也是能治愈他的唯一方法。

第一个星期快要结束时，约翰开始把食物放进嘴里。这是什么意思呢？请看下面这段小故事，你就能明白：我们到附近的山里游玩。在一座山顶上，我遇到了约翰，向他问候，但他没有回答。这令人不解，因为他通常非常友善和顺从。我连续发问，想明白他的困扰，可他始终没有回应。最后，我请他张开嘴。他顺从地张开嘴，嘴里是一小时前在早餐时吃的面包。他就一直含着，既没有咀嚼，也没有吞咽。在我们耐心等待他两个星期之后，他终于开始正常进食了。之后他所有的进食困难都彻底消失，他的体重也在迅速增加。

我还在夏令营中接触到另一个典型的案例。那是一个十四岁的男孩儿，他患有腹部肿瘤，在过去几年中接受了几次手术。来夏令营时，他的肿瘤已经治愈了，但是不能进食，只要一吃东西他就会呕吐。他的体重偏低，而且面临绝食的危险。

进入夏令营的第一天，晚餐时间，他不喜欢夏令营准备的汤。我们向他解释，他可以选择不吃，只是接下来我们不会再为他提供任何食物了。他仍然拒绝了这份汤。后来，等肉食端上来时，他表示"饿了"，但没有得到属于他的那一份。他惊讶极了："可是我想吃啊！"很显然，这是他第一次在他表示愿意吃东西时遭到拒绝。我们以友好而坚定的态度告诉他，我们很同情他，但不能破坏规矩。这时，其他一些孩子介入了。他们也看到他营养不良，等他开始哭起来时，他们都帮他求情，劝我们给他一份肉食。我们每个人都对此感到很难受，但是，如果屈服就意味着我们从此输掉了这场"战斗"。这顿晚餐他什么都没吃，但是，几天后他什么都吃，呕吐也停止了。这证实了他的医生给出的诊断，即他的进食困难和呕吐是心理问题，很可能是他的父母对他的饮食过分关注并且哄骗的结果，虽然我们都很理解他们的担忧和恐惧。

🙂 语言障碍

在孩子的发育过程中，偶尔会出现轻微的语言障碍，这是正常现象，不应被视为病态。然而，如果孩子有所谓的"天生"口吃，父母则以警告、训诫和责骂予以干涉，想要让他"改正"时，反而会导致孩子的语言障碍变得更严重。因此，孩子学说话也能成为亲子冲突的核心，在这种冲突中，父母所有的努力都注定会失败。口吃，会阻碍孩子与人相处，直接损害孩子与他人的人际关系。孩子跟他人进行交流时，首先需要有一定的自信，所以孩子在自己害怕的人面前常常会出现口吃。不过，孩子自己的野心太大也会是他口吃的根源。因为与其说他害怕别人，不如说他害怕自己丢脸，口吃是他在感到焦虑且害怕失败时才会出现的症状。但同时，口吃也意味着孩子与父母的抗争，它能让孩子博得父母的担忧和特别关注。

口吃可能需要专业治疗，但问题的关键，与其说在于语言练习，不如说在于整体上的心态调整。父母能够提供给孩子的帮助，一是不要在意他说话时的毛病，二是要尽量减少与孩子之间的冲突，也尽量减少他的不自信。

有一种特殊的语言障碍，是由家人极度的溺爱和纵容造成的，那就是假性聋哑。孩子的行为就像一个聋哑人，可他实际上根本不是。我们有时很难判断一个孩子是否真的是聋哑人。他从不说话，也从不倾听。其实，那只是因为他觉得没有必要，反正他的家人已经满足了他的所有愿望，他只需露出面部表情，做些手势，家人就明白了他的意思。父母若是能在对待孩子的方式上做出恰当的调整，就可以消除孩子"聋哑"的可能性，从而有助于最终的准确诊断。

类似的机制也会给年幼的孩子带来语言方面的学习障碍。这样的孩子说话含糊，除了家人之外，没有人能听得懂。他也不参与和他人的交流，主要就是因为他惯常的"懒"。这样的孩子在任何方面都不愿意付出应有的努力。他总会成功地要求别人替他做一切必要的事情。他走路时很慢，总拖着脚步；他不肯自己穿衣服，连吃饭也要让别人喂，而这些其实都是他为了获取更多关注而采用的"策略"，也就是消极—破坏性的行为模式。他看起来可能显得迟钝而木讷，但实际上他相当聪明，足以知道如何让别人把事情都替他做了，他只管坐享其成就好。既然什么都不做就能得到这么多的关注和照料，他为什么还要费力气自己做事呢？其实，只要有人能约束保护心强烈的母亲——或者是那位一心以"照顾"家中"小宝宝"来巩固自己地位的姐姐，不要再这么对待孩子，那么，这个"小宝宝"很快就会成长起来，以前怎么逼迫他都不肯做的事情，他都能担当起来。

口齿不清只是孩子故作"娇憨"的把戏之一。如果你希望孩子的发音更加清晰，那么，请你在他说话口齿不清的时候不要理会他的要求。同时，也请你不要纠正他的发音，不要让他重复正确的说法。这些都是孩子求之不得的过度关注，只会刺激他更要"坚守"而不是改进他的那些毛病。唯有当他发现口齿更加清晰能给自己带来好处时，他才有动力提高自己的语言表达能力。如果他用其他办法不能得到旁人的正确理解，他就会发现用语言正确地表达自己能给他带来的好处。

B. 权力之争

每当孩子通过寻求父母的关注来争取家庭地位的努力失败之后，他与父母之间的亲子关系就会进入另一个新阶段。在大多数情况下，这是"权力之争"。孩子会故意做他不该做的事情，也拒绝做他该做的事情，以达到挑战父母权威的目的，让自己在家庭这个小群体中成为强大的力量。权力的概念当然不是孩子的新发现，孩子是通过对父母、亲戚和熟人的观察，意识到权力能赋予一个人社会地位，也能解决问题。谁能在权力之争中压倒别人获得胜利，谁就能被认为是聪明能干且位高权重的人。在当代家庭中，因为受到整个社会的竞争氛围的影响，家人之间也往往会相互争夺权力和主导地位。当孩子无法以其他方式融入家庭这个社会群体时，若想要获得社会认可，他就会加入到权力之争中。

不听话

"不听话"是孩子在权力之争中最常用的工具。这样的较量会扰乱家庭合作和必要的秩序。每当权力成为问题的核心时，孩子就变得不肯顺从。因此，不听话是孩子身上最常见也最普遍的反抗行为，常常与许多其他"错误行为"同时出现。当然，我们也必须记住，每个健康的孩子都会偶尔出现抗拒行为。总是服从命令的孩子，并不是因为他教养好，而是他没有胆量。这样的孩子只是不公开表达他的抗拒而已，因此，他的问题属于另一种不同的性质。一个孩子不听话，并不仅是因为他不想做他本应该做的事情。当你需要孩子必须遵守秩序与规则时，孩子就会显露出他多么不愿意遵守。有些孩子甚至与你的要求背道而驰，作为他的基本行事原则。

六岁的杰克是一个令他母亲极其头疼的孩子。让他穿衣服时，他会赤裸着身子满地乱跑；让他吃饭时，他不肯放下手中的玩具。如果妈妈要他做什么事，他会不理不睬；如果妈妈要他进这间屋子，他必然会反身朝那间屋子走。母亲完全拿他无计可施。

杰克是独生子。他父亲是一个"脆弱"的人，总抱怨他的神经有问题，让母亲痛苦不堪。母亲是一个勤奋且能干的女人，但即使她很难忍受丈夫的神经衰弱，最后却也总是屈从于他。她完全是靠着自己的强力支撑，才勉强把这个家的秩序维持下来。她想要帮杰克培养出有条不紊的习惯，但遭到了丈夫的强烈反对。丈夫非常疼爱杰克，不想让他受一点儿委屈。他也总是把孩子束缚在他的阵营里，与他共同对抗母亲。如果小家伙有什么愿望，不论母亲如何反对，父亲都会立刻答应，而杰克则已经学会了利用这种局势。他想要做什么就做什么，因为他有父亲做保护。每当母亲想要坚持立场时，他总会立即向父亲寻求庇护。母亲觉得父亲对孩子太纵容了，因此必须要更加严厉，从而平衡父亲对孩子的纵容，但这无疑更加重了孩子对她的抗拒。

　　杰克被夹在两方对抗的力量中间，通过这样的位置关系，他的人生计划不难理解。他以同一方结盟共同对战另一方，艰难地赢得了他在这个家庭中的一席之地。他能理解的唯一的胜利，除了战胜母亲的权威之外，再无其他。他所追求的，不是提升他的个人能力和个人价值，而是反抗母亲并取得胜利。但凡有机会，他就常常刻意以这种强烈的对抗挑衅母亲，哪怕是他明明很想做的事情，只要那是由母亲提出让他做的，他就一定会反其道而行之。他的根本错误，在于他相信唯有通过抗拒母亲这条道路，他才能获得权力和尊严。他在个人能力和成就方面远远落后。他只能勉强地给自己穿上衣服，生活中毫无条理，杂乱无序，没有什么自理能力，而且，他还经常口吃。

　　最严重的教养问题，无疑是父亲对孩子的极度放纵；其次，母亲的过于能干，也可能在一定程度上削弱了丈夫和儿子生活的能力。不听话的孩子往往与父母的溺爱密切相关，因为孩子的抗拒行为必然以父母的百般顺从为前提。母亲同样在宠溺和过度保护杰克方面占有相当大的分量——也许是出于对神经衰弱又容易激动的父亲的体谅，也许是自己心甘情愿承担更多的责任。总之，孩子还从没有体验过被母亲强制实施自己意愿的能力。母亲从没真正强迫他执行她的命令，而是不停地提出新要求："杰克，做这个，去那里，别动那个东西！"当杰克根本没有表现出要服从这些命令的意愿时，她会重复一遍这些命令。再不管用时，她就会对着孩子大吼大叫，甚至给他一巴掌。最终，她不再白费力气了，任由杰克随心所欲。

孩子越是不听话，母亲越容易这样对待孩子，这样的情况十分典型。我们可以在下一个相似的案例中再次看到同样的特点。

八岁的弗雷德是一个任性的男孩儿。在他很小的时候，母亲就去世了，此后一直和祖母一起生活。祖母家里住着几位叔父和婶婶，还有一个比他大了将近十岁的堂姐。弗雷德总是喜欢搞恶作剧，是一个典型的"调皮鬼"，不折不扣的"小坏蛋"。不论在什么场合，他都没有"好孩子"样子。他不肯有片刻的安静，总是折腾不停，从来不会安安静静地坐好。他手里总要玩儿一些东西，而且通常都是些容易弄坏的东西，结果往往是一声响亮的撞击声掉到了地板上。全家人不断地告诫他："弗雷德，把你的腿伸直，不要用你的手指敲桌子，别再去碰那只碗，坐在你的椅子上别动！"全家人都在不停地说教着。但是，弗雷德对他们的话都充耳不闻。唯有当对方的吼声足以震破他的耳膜，甚至直接挨打时，他才会暂时停下恼人的行为——可转眼又开始了另一个烦人的举动。所有人都对他束手无策。在学校里，他的行为也是如此。他坐立不安，不断讲话，扰乱课堂秩序。他的字迹不但潦草，而且错误百出。然而，他是一个聪明伶俐的男孩儿，经常说几句话就能让对方放松下来、忍俊不禁——然后放任他继续调皮捣蛋。

弗雷德的人生计划是什么，它又是怎么形成的呢？他是一个成年人世界中年龄最小的孩子。唯一跟他同辈分的姐姐，也已经长大成人了，不论哪方面的能力都一直远远胜于他，尤其因为她很快就承担了已故母亲的职责，更让弗雷德觉得望尘莫及。自从他母亲去世后，弗雷德一直自伤自怜，而他所有的亲戚，因为对他的怜悯，也因为他的可爱，全都宠溺着他，在任何事情上都对他百依百顺。他一定很早就得出结论，认为唯有让所有人都关心他，他才能在这个家庭中稳占一席之地。他看不出还能通过其他方式来证明他的价值。所以，他学得格外依赖家人，在学业上也毫无建树。他的一切所作所为不过都是为了让自己能更加引人注目，迫使所有人不断地关注他。当他们越来越对他感到不耐烦并试图让他乖乖听话时，弗雷德的"寻求过度关注"行为升级为与家人的"权力之争"。

现在，我们可以清楚地看到，想要纠正弗雷德的坏习惯，我们必须首先想办法帮他改变自我认知，否则无论我们如何努力，都注定失败。他看不到自己存在的价值，看不到有其他的途径确保自己的家庭地位，所以努力让自己成为一个奇观，一味地任性妄为，吸引所有人的关注。如果我们想帮助这个男孩儿，就必须让他看到，他也可以通过有价值的贡献来赢得大家的认可和尊重。让一个极度不自信的孩子去追求真正的成就能带给他的真正价值，这绝非易事。但是，我们一定要尽力去鼓励孩子。最重要的是，我们必须在他没有恶作剧并且确实有所贡献的时候，表达对他的欣赏。尽管这样的场合非常难遇到，但我们一定要努力去捕捉。帮助孩子改变他潜意识中的人生计划，这是帮助他改善行为的最重要的前提。如果我们不了解也不理解孩子内心矛盾的整个背景，我们是很难理解孩子的抗拒行为的。

　　除了宠溺的破坏作用之外，在日常教养中的某些技巧方面的错误，也会导致孩子的不听话日益加剧。前面我们已经讲过，这里只简要概括：对孩子的要求前后不一致；语气不够肯定和坚定；以羞辱和暴力的方式提出要求；发出指令后没有耐心等待孩子做出反应；以及最为糟糕的错误，一再重复已经发出的指令。孩子不愿遵守的每一个命令，都等于强化他的总体抗拒意识。我们必须尽量少对孩子发号施令，不到绝对必要的时候就不要"发布特别指示"。一旦某件事情已经说了一遍，就不要再重复了。既然用语言发令已经无济于事，那就必须采取行动。当然，这里的行动绝不包括使用武力。每当孩子不肯听从指令时，你可以而且必须让他行为的自然后果充分发挥作用。

　　你可以在平和的氛围之下完成。越是非常任性的孩子，你越是不可急于发令，而要有足够的耐心等待，等到一个合适的机会到来，即孩子如果不肯回应则定有一个合乎逻辑的自然后果等着他去体验，才最终发布你的指令。这样的机会，只要你肯动脑筋去思考，一定会有很多。总之，你一定不能让自己一遍又一遍地重复指令和劝告。孩子首先需要明白必须听从你的。如果他连续两三次都发现，你确实能坚定地执行自己的指令，他就会更容易听从你的要求。

　　一个两三岁的小男孩儿站在橱窗前，一步也不肯挪动。他的父母已经走到前面去了，此时转身对他大声喊叫着，哄劝着。但是，小男孩儿不为所动，一步不动。父母无计可施，走了回来。父亲大声而严厉地斥责他，他假装没有听见。终于，父亲的耐心耗尽。他抓住小男孩儿，拖着他往前走。现在，真正的好戏开场了。孩子激烈地反抗，号啕大哭，在人行道上打滚撒泼。父母二人神色激动，拉拽着他。一群看热闹的人聚拢过来，或支持或反对父母的行为。最后，父亲把小男孩儿从地上抱了起来，带着他一起撤离了战场，赢得毫不光彩。

　　然而，要让这样一个孩子通情达理，该是一件多么容易的事！根本不需要高声大叫或者情绪激动。若是明智的父母，他们会在孩子第一次拒绝继续往前走时就告诉他："你想看看展示窗，是吗？可是很抱歉，我们没有时间了，所以你得自己在这里看，我们就先回家了。"如果男孩儿看到他们态度认真，而且确实要走了，他通常都会跟随父母离开。但是，假设他以前的经历中一直被娇纵，因此这一次他仍然没打算把父母的话当真，相信他们现在也会一如既往地屈从于他，那么，父母此刻要继续往前走，转过下一个路口，在孩子看不到的地方仔细观察他。

看到父母消失不见之后，孩子很可能一路小跑地朝他们追过去。

在某些情况下，我们很难发现合适的逻辑后果，所以要另找时间。首先，陪伴时间并不是合适的培训时间（但是另一方面，你也不能因为害怕跟孩子发生冲突，害怕当众丢脸，就让孩子利用你的这个弱点而得逞）。你可以让不安分的孩子自己做选择，是安静地坐在你身边，还是独自留在他的房间里，因为你受不了他在你身边。同样，如果他吃饭时不能安静地坐着，不能在餐桌上举止得体，那么自然后果就是他只能一个人吃饭，要么在他自己的小桌子上，要么躲在厨房里随便吃点儿什么，因为他还没懂事到可以跟成人一起用餐。可见，运用逻辑后果时，你根本没有必要去劝诫他或命令他，毕竟你的话很有可能被他当作耳旁风。但是切记，"后果"不是你拿来威胁孩子的，而是直接拿来实施的！

如果是大孩子不守规矩，我们恐怕很难想象不使用武力怎么能让他听从命令。在这种情况下，就是引入"负面逻辑后果"的时候了。哪怕面对态度最强硬的孩子，你也可以拒绝对他屈服。如果他不按时吃饭，那么，他所有的激烈反应都无法迫使母亲为他单独提供额外服务。母亲可以径自离开餐厅，他是无法阻止的。如果他跟着母亲，母亲可以直接走出家门。当然，如果反过来做，母亲要求他离开餐厅，那是错误的决定，恐怕不使用武力是无法赶他出去的，甚至是使用了武力也不见得奏效。因此，这在很大程度上取决于你如何构建让孩子学习服从的合适场景。

由于孩子不听话表达出反叛和抗拒，因此，要消除他的叛逆行为，必须首先清除亲子之间的敌对气氛。以杰克的故事为例，我们清楚地看到母亲犯下的严重错误，她几乎没有做出过任何努力来赢得孩子的心。当然，与丈夫对孩子的逢迎纵容相比，她要赢得孩子的心自然不是一件容易的事。但是，如果她能不以格外严厉的方式来弥补孩子父亲的格外纵容，她还是可以找到能让孩子对她感兴趣、信任她的机会。因此，当孩子拒绝听从你的要求时，你首先要克制住自己不跟孩子起冲突。相反，你应该寻找机会，在孩子心态良好并有意愿跟你合作的时候，把你更多的时间和注意力花在孩子身上。唯有通过这样的方式，你才有可能从根源上消除孩子对你的抗拒心态。

倔强

倔强是拒不服从的另一种表现形式。因此，上一节中所说的许多内容在这里同样适用。当孩子特别倔强的时候，应该怎样对待他呢？劝说、威胁、许诺，或者是动用武力，通常都会是徒劳无功的。孩子会生闷气，无动于衷。

十二岁的乔，有时会非常倔强。比如，周日本来全家人早就计划好要去一家餐厅吃饭，结果，父母却接到了朋友的邀请，于是一家人临时改为去朋友家做客。乔为此感到很生气。当他们到达朋友家时，他固执地站在院子里不肯进屋，任谁都说服不了他。父母派他哥哥去拉他进屋，朋友家的孩子们也来竭力劝说他。但是，所有的努力都是白费力气。乔后来告诉我，每个人都来恳求他，让他感到心里特别舒服，比错过一顿晚餐要值得多了。但是，当他们最终放弃劝说，各自回到屋里时，乔才真的开始生气。最后他开始为自己倔强的行为而感到后悔。

对于乔来说，生活从来都是不如意的。他完全被他哥哥的光芒所掩盖了。在他看来，他所做的任何有用的、有价值的事情，在哥哥那超凡卓绝的成就面前根本不值一提。唯有当他这般以"倔强"的招数出击，谁都不知道该拿他怎么办才好时，他才能让自己成为家人关注的核心。在这样的时刻，即使是他的哥哥也黯然失色了，而他，乔，才是全家人的中心。

执拗的孩子会用他的挑衅行为，作为故意招惹别人与他对战的手段。大多数父母都会直接掉进这个陷阱里。倔强（"我就不！你强迫不了我！"）就是孩子的"挑衅方法"之一，是一个感到被虐待或被忽视的孩子用来吸引父母关注、展示自己力量的常见手段。因此，父母此时最好的应对方法，是离开执拗的孩子。如果你真能用心去理解孩子内心的痛苦，改善与他的亲子关系，从而缓解他的愤怒情绪，你就有可能逐渐放弃使用这些策略。

🙂 发脾气

强烈的好斗和敌对情绪，有可能会引发几乎病态的症状。然而，在这种表象的背后，只是孩子对权力和地位的渴望。小孩子发脾气恰恰属于这种情形。有些父母可能会认为，发脾气是受到神经紧张、神经衰弱或遗传缺陷的影响。其实，只要处理方法得当，脾气暴躁也是能治愈的，可问题在于，有些父母认为乱发脾气是由神经质引起的，总会在关键时刻向孩子屈服。

如果在你或其他家庭成员脾气暴躁的时候，你可能也很容易抱有这种态度。在这种情况下，把发脾气归咎于遗传似乎是在所难免的。然而，这个人（假设他是父亲）很可能也是一个倍感挫败的人，心中有时会有乱发脾气的冲动。想要通过让人看似控制不住的暴躁，展现他的意志是不可违抗的。如果他事后对自己的行为表示悔过，那也不过是他想借忏悔和自责来哄骗自己和家人而已。于是，全家人都开始关心他的"神经紧张"，都知道在这种情况下，他们自己的所有权利和特权都必须暂时收起来。如果孩子观察到父亲发脾气，他可能也会尝试使用类似的方法来弥补自己在家里的弱势地位。而当家人们果然对他"传承"了父亲的"病态基因"感到恐慌，以对待他父亲的态度来对待他时，他当然会倍受鼓舞，再接再厉了。

有个四岁的小男孩儿的母亲，因为孩子脾气暴躁而吃了很多苦头。她深信孩子是从他父亲那里"传承"了这种"不幸"。

孩子是在父亲过世之后出生的，因此，他不可能是通过模仿而获得这种特质的。在我们对情况进行更深入的了解之后，发现事情是这样的：母亲因为丈夫去世而深感痛苦，便全身心地照顾这个孩子，也是她唯一的孩子。因为她无限的爱，从他还是个小婴儿的时候起，就已经事事屈从于他了。我们能够想象，当出现母亲不能顺从他的情况时，他会感到多么愤怒。于是，他做了所有小孩子在这种情况下都会做的事——尖叫。结果，自从他发现这个招数可以令母亲屈服之后，每当他的要求遭到母亲拒绝时，他都会这样大发脾气，而且变得更加暴力和愤怒。然后他的母亲便惊恐地意识到，他"就像他的父亲一样"。既然她当初对丈夫的所有要求百依百顺，那么现在她也对孩子的任何要求唯唯诺诺。母亲任何的不顺从，在孩子的怒火面前都会土崩瓦解。因此，在不知不觉中，在母亲软弱无奈的放纵之下，她以当年对待她丈夫的顺从模式对待这个孩子。而她丈夫之所以会有坏脾气，很可能也是由她惯出来的。

脾气暴躁的发作形式有时可能相当可怕，正如以下事例所示。

四岁的弗兰克是个独生子，患有"呼吸痉挛"症。在最初的一声号哭之后，他的呼吸会骤然停止。然后，他会倒在地上，脸色发青，浑身抽搐。我们不难想象父母有多么恐惧，他们用湿布擦拭他的身体，把他抱起来四处走动，不断地爱抚他、亲吻他，直到最终让他平静下来。这样的可怕情况，总是出现在亲子之间有争执，孩子不能按自己的意愿行事之后。当然，为了能让他安静下来，父母自然会答应他的任何要求。

尽管孩子大发脾气的情景看上去很吓人，但极少真有什么危险。那只是孩子想要按自己的意愿行事的一种方式，而且通常他都能立即达到目的。如果没人理会孩子发脾气，如果每个人此刻都离开房间（不论满心焦虑与恐慌的父母有多么不情愿，但请你一定这样做），孩子很快就会自己恢复正常。如果孩子大一点儿，他当然可能跟着你一起走，但是，只要接下来没有人关注他的行为，那么他再怎么努力都是徒劳的。大孩子可能会威胁要打破窗户或家具，或者向你扔东西，这是以前的错误训练所导致的特定模式。此时你一定要记住，打破的窗户或家具，若能换来一个健康正常的好孩子，肯定是非常值得的。你必须抓住机会，让孩子独处。必要的时候，你不妨直接走出家门去。只需两三次这样的机会，让他体验到他的策略已经对你失效了，便有可能"治愈"乱打乱砸的孩子。当然，我们切不可忘记修补以前的娇宠对孩子造成的深层伤害，要重新调整孩子总体的人生计划。

坏习惯（吮手指、抠鼻孔、咬指甲）

我们之前多次提到，父母的唠叨和挑衅态度只会助长孩子的不良习惯。这些所谓的坏习惯，都是首先由父母的干预所导致的，或者是被增强和延长的，比如孩子很自然地吮吸拇指。这类的"坏习惯"数不胜数，因为不同的父母对孩子的要求各有不同。但是，父母越是阻止，效果越是适得其反。每当父母总是担心孩子不学好，而专门提醒孩子注意某些特别动作时，比如，"坐直了！走直线！脚尖朝外！不要把餐刀放进嘴里！不要见到什么东西都塞进嘴里！不要做鬼脸！"你不难看出，这样的告诫是列举不完的——全是有害无益的做法，几乎都会变成孩子坏习惯的"培养皿"。实际上，孩子养成坏习惯的过程，展示的就是他反抗父母的过程。

　　不论你有没有做过这样的"培养皿"，一旦孩子的坏习惯已经形成，你当然要考虑该如何应对。下面我们将结合几个最常见、最持久的坏习惯来进行讨论——吮手指、抠鼻孔、咬指甲。

　　吮手指并不是一个坏习惯，而是小婴儿的自然倾向。不过，如果孩子在一岁之后仍然这么做，你就必须小心应对了。强行将孩子的手指从嘴里拉出来，或者打他一下，都是错误行为。还有更恰当的方法，即使是婴儿也能明白。你可以在他的手上戴上手套，如果他还没有因为你之前的干预而变得特别沉迷于吮手指，那么，这样的举动足以让他失去继续吸吮手指的乐趣。如果他开始把床单的一角或任何其他常见物品放进嘴里，请你一定要记住，你越是表现出对孩子的动作满不在乎，就越容易纠正他。如果孩子年龄稍大，你希望能纠正他吸吮手指的习惯，可以用放松的口吻，跟他谈谈他为什么对这种简单的动作上瘾。

你不妨表明你的态度，这只是他的问题，而不是你的问题。不过这个动作可能会导致他的手指或门牙变形，以后他可能会后悔。这样的讨论一定要控制在"偶尔"的频率，否则就又成了你的唠叨。你努力的主要方向，应该是帮孩子找到更好的、更健康的满足方式。如果孩子一直喜欢吮手指，要么是因为他缺乏能让他感到满足的途径，要么是对父母的一种反抗模式。出于这个原因，你最好让孩子随着年龄的增长自动停止吸吮手指，而不是你以不恰当的方式阻止他，否则只会令这个习惯延长更久。

　　抠鼻孔也是所有孩子很自然的动作之一。如果在孩子刚开始的阶段，这个习惯还并不顽固时，通常你以友善的态度指出这个习惯有多么丑陋、多么令人讨厌，就足够了。如果你对孩子有信心，他会相信你，并听从你的建议。但是，如果你错过了最初的纠正良机，而且还以令他恼怒的方式助长这个习惯，那么，你必须耐心等待能真正发挥教育作用的有利时机。比如有一天你和孩子相处得非常融洽，气氛和谐而亲密的时候，可以在交谈中就这个习惯的负面影响点拨他。通常孩子会同意以后不再这样做，可是，事后你发现他仍在继续这种做法。他的反叛意识只是在那一小段的平和的时光中暂时消失，之后仍在日常生活中反复出现。这时你若指责他说话不算数，只会再次引发更多的亲子矛盾，所以，你最好还是继续等待，等到下一次友善交谈的机会。孩子此时也许会表示，他很想摆脱这个习惯，但根本做不到——他要么在想其他事情时无意识地这样做，要么他发现无法控制自己。

　　他的这种说法，说明了他在潜意识与显意识之间的冲突，对此我们在前面已经有过讨论。这时，你可以平静而明确地告诉他，他还没有准备好真正放弃这种习惯。通过这样的对话，有可能触及甚至解决某个坏习惯背后的真正问题，而与纠正坏习惯相比，这对于孩子今后的成长和家庭的和谐要重要得多。当然，这样的交谈方式，对于年龄较大、更成熟的孩子来说更容易，而对于年幼的孩子，你可能需要将自己限制在更简单、更具鼓励性的建议上："我相信你能学会改掉这个习惯，哪怕只是为了礼貌。""那样看起来真的不雅观。"你还可以这么说："你觉得明天你能一整天都不用手指碰你的鼻子吗？"如果孩子第一天没有成功，请多点儿耐心，他可能会在第二天或第三天成功。当然，这需要在孩子不受到其他人的唠叨等负面干扰的前提下才行。

　　如前文所述，在帮助孩子改掉坏习惯时，你可以充分利用自然后果。即使孩子还是个小婴儿，自然后果也能起作用。你要用不让孩子感到羞辱的态度告诉他，只要他抠了鼻孔之后，你就不会再和他牵手了。你还可以让他明白，其他人也一样，若是有谁看到他抠鼻子了，恐怕没人会愿意把手递给他。或者，当他抠鼻孔时，你赶紧站起来离开房间，说你不喜欢看到他这样。也许你还可以发挥你的创造力，想象出其他类似的自然后果，能令他感到不快，但注意一定要符合逻辑。只不过，一旦你开始采用任何一种自然后果之后，就必须每次都始终如一地坚持执行，这样才能产生结果。通常，只要坚持一种自然后果就足够了。

要纠正孩子咬指甲，也应该采取相似的做法。同样，对孩子的指导和自然后果的运用必须相辅相成。这种习惯反映了孩子内心的叛逆和紧张，因此，往往还会与其他问题一同出现。有咬指甲习惯的孩子，常常也是一个郁郁寡欢、不喜欢跟你交谈、不讲究整洁、杂乱无章的孩子。换句话说，他可能在许多方面都不守规矩。咬指甲似乎是为了把压抑的愤怒发泄在手指上。有时候，这样的孩子会在他长大之后变得开朗起来，但他只不过是为了掩盖或者补偿他一直以来的内心叛逆。但是，这份暗藏的叛逆仍会通过其他毛病显露出来，而他一直保持的咬指甲习惯可能就是其中之一。因此，在咬指甲问题上，我们必须特别强调，你一定要纠正对待孩子的总体态度。你需要关注的不是他的这个坏习惯，而是如何让他从各种内外冲突中解脱出来。你必须努力寻找造成他这种内外冲突的根源——是否家人的过度溺爱和极端严厉让他有一种被忽视的感觉，或者暗地里与兄弟姐妹竞争，等等。你还可以利用孩子对自己外表的在意，引导他变成一个更讲究整洁和秩序的人。

然而，仅仅让孩子因为自己难看的手指而感到羞愧是不够的。你必须唤醒他内在的、照顾自己的意愿。但是，仅仅靠外在的施压，达不到这个目的，因为外在的压力只会增加孩子内在的紧张和反抗。只有在孩子发自内心地改进自己时，来自外部的影响才会有价值。所以，你必须密切关注自然后果对他的影响，尤其不能让孩子因此而更加执拗。你必须清楚地表明你的善意和帮助他的愿望。比如，你可以建议孩子在与你一起去散步，或者陪你一起见朋友时戴上手套，否则别人可能不会和他牵手或握手。有时候——尤其是对女孩儿来说——带孩子去做指甲护理也能有所帮助。不过最要紧的一点是，在你帮助孩子克服任何一种不良习惯时，一定要保证你和家人不对孩子有任何的羞辱、嫌弃和责备。

🧑 手淫

这种"坏习惯"之所以要单独讨论，是因为过度焦虑的父母总是对它过度重视，可往往正是他们才应该为这种"坏习惯"的养成负责，因为只要孩子没有被父母以不正确的方式对待过，便极少会有持续的过早的性行为。早在青春期之前就抚弄生殖器的男孩儿，通常都会有两种体验：其一，由于母亲过度的宠爱，特别是爱抚、亲吻和亲密的抚摸，使孩子过早地受到性刺激（这样的行为，甚至可能让三岁的小男孩儿也刺激出性快感）；其二，每当孩子抚弄他的生殖器时，都要遭到家长的干涉，因此，手淫成了抗拒父母权威的一种手段，而获得性满足成了抗拒父母的胜利。

每个小孩在努力熟悉自己身体的过程中，会很自然地对自己的性器官投入很大的关注。只要父母没有注意到孩子这样的行为，那么，这丝毫不会对他造成任何害处。但是，一旦父母注意到了，害处也就来了。由于父母自己的错误理解，以及他们对性的恐惧，会以为孩子原本无害的行为是不应该的，甚至是有害的，因此强加干涉。于是，众所周知的恶性循环便开始了：训诫和打骂会导致孩子手淫的频率增加；然后更增加了父母要纠正孩子的决心；然后更加刺激了孩子对这种习惯的顽固坚持。到了后来，这种行为成了一种偷偷摸摸获得快感的来源，尽管这只是次要的，是在冲突中战胜父母的方式而已。这场亲子对抗的结果，便是生殖器官的快感被过早地刺激，否则，这些感觉应该被保留到孩子成长的更晚阶段。与此同时，父母因为积累的焦虑情绪爆发，他们会用可怕的后果来威胁孩子，而这又可能会严重损害孩子的情绪发展。

针对孩子坏习惯的对抗战，往往会在以后演变为亲子之间的全面战争。我曾见过气急败坏的父母在夜晚把孩子的双手绑在被子的上方——这当然不会成功，因为孩子足够狡猾，能避免父母任何的粗暴措施。我也曾见过父母用绷带和器具把孩子的生殖器缠起来，好让孩子碰不到它！既然如此，假如以后孩子对自己性功能的兴趣反而极其强烈，成了他一切所思所想和情绪情感的焦点，甚至成了他一生的追求，这难道奇怪吗？

如果父母严格遵循不干涉政策，孩子的这种习惯很容易就能避免。但是，一旦生殖器快感被过早激活，那就无法再扭转了。不过，即便如此也没有必要担心。"手淫有害健康"的说法，已被证明是错误的。它既不会使孩子患上神经质病症，又不会阻碍他的成长发育。手淫和以后的神经质病症之间虽然有关系，但并不是因果关系。这两者都体现了孩子对待生活和对待责任的一种不良态度。手淫永远不会引发神经质病症。但是，过早和过度手淫的孩子，确实有不善自我控制、贪图享受、无法承受诱惑等毛病，这些才是需要予以重视的问题，而不是性游戏。父母过分强调手淫习惯，还会让孩子产生负罪感。由负罪感产生的对性兴趣和性活动的自责和悔愧，并不能阻止孩子继续这些行为，反而会导致他内心的紧张和冲突，这些比手淫本身对孩子的伤害要大得多。

👦 撒谎

　　孩子撒谎的问题，和上述问题的性质十分相似：问题在开始时可能微不足道，可正是由于父母的不当处理，才导致原本无害的行为变成了严重的问题，而且还让孩子把这个毛病变成了与父母进行权力之争的工具。

　　我们必须认识到，孩子撒的一些"小谎"并非是犯错误。但是，这种"撒谎"有可能会成为一种持久的习惯，以致孩子变得更喜欢撒谎而不是说实话，其原因对父母而言仍是一个谜。其实，所有的孩子都会有不说真话的时候。（成年人难道不也是如此吗？）有时，小孩子活泼的想象力会让他分不清真假——也就是说，分不清现实和幻想。几乎所有二至四岁的孩子都会有这么一个以假当真的阶段，而一些喜欢做白日梦、想象力更丰富的孩子，这个阶段有可能还会延续更久。孩子说的话之所以不是真话，要么是因为他相信幻想是真实的，要么是因为他好奇，想要看看他把想象中的虚构置于现实中会发生什么。这样的"撒谎"，甚至还能用作他吸引父母过度关注的小把戏。

然而，这只是孩子撒谎的原因之一。毫无疑问，他还会以家庭内部的成年人为榜样，学会有目的地撒谎，比如，为了逃避惩罚或者逃避责任。也因此，越是严厉的父母，越会"招惹"孩子撒谎，毕竟，谎言是孩子反抗父母权力的简便方法。还有，以暴力来威胁孩子，也会导致孩子撒谎。

许多父母在发现孩子撒谎时会非常气恼。他们将孩子撒谎理解为对父母权力的严重威胁。因此，他们越是对自己的权威没有安全感，孩子的撒谎就越会激怒他们。这不是一个道德问题，因为父母在生活中也有不诚实的时候。然而，满心焦虑的父母并不承认他们关注的重点是自己的权威，而是想象着假如他们不惩罚孩子而允许他撒谎，那么孩子就会堕落。因此，只要他们发现孩子有丝毫偏离事实的地方，就会对着孩子举起"重型大炮"。他们往往给孩子贴上"骗子"的标签，从而将他带入一条他原本不可能走上的危险道路。

需要注意的是，你不必因为孩子撒谎而太过悲观，也不必为此义愤填膺。你的权威不会脆弱到一个谎言就能击溃的地步。撒谎不会使孩子成为罪犯。你当然应该教导他诚实。但是，以责骂和威胁为手段是永远不可能实现这一目标的。烦恼和愤怒只会暴露你的软弱无助，许多孩子之所以喜欢撒谎，就是因为这能让父母感到挫败和无奈。当孩子发现撒谎能让他获得力量时，每当他觉得需要让父母陷入无可奈何的境地时，他就会撒谎。他已经不再为了某个特别的原因而撒谎了，因为撒谎本身已经成了他的目标，成了他和父母之间争夺优势地位的一种手段。

对待孩子说脏话也是同样的道理。当孩子使用"脏"字眼时，他会觉得自己既聪明又能干，尤其是当他意识到这些字眼会引起"轰动效应"时，就更是如此。能让孩子撒谎和说脏话的潜在影响消除殆尽的最有效的做法，就是根本不把它当回事，仿佛它完全不值一提，因为它的确就是一件不值得你在意的小事。如此一来，孩子很快就会失去重复说脏话的热情。所以，你必须让孩子意识到，这条路是行不通的。一个会心的微笑，足以让孩子感到自己又可笑又可耻。同时，你也必须让他意识到，你对他本身很感兴趣，看重你和他相互之间的诚信与诚实。你必须让孩子看到诚信远比撒谎在现实中更实用，否则你永远无法把孩子培养成诚信的人。如果他认定撒谎才更吃得开，那么，不论你给他讲多少大道理、对他愤怒与斥责，都只会无济于事。

你可能因为孩子撒谎而陷入不知如何应对的境地。当你因为任何情况而感到不知所措的时候，最好的做法是先停下来，想一想，现在最不该做的是什么（而这往往更容易想出来）。只要你把不该做的事情都排除了，那么，此时无论你做什么都不会有大错。另外一个办法，是想一想孩子此时预期你会做出怎样的回应，然后，反其道而行之。上述两种思路，都能保证你始终把握正确的方向。它们能防止你动怒发火，不让自己的威望受损，也不再感到满心焦虑与抓狂。如果孩子对你偶尔撒谎，你不妨告诉他，如果他需要用这种简单的方法来显示自己的重要性，那么你愿意成全他，也会接受他的欺骗。这比让他看到你因为他的谎言而大动干戈要强多了。

如果上述做法对孩子没什么效果，你也许可以跟孩子一起设计一个游戏，每个人都可以信口开河，无论真假。你当然也可以故意说些假话，比如，明明还没有做好晚饭，你却告诉大家说"开饭啦"，或其他类似的让孩子不高兴的谎话。一段时间后，你就可以跟孩子聊聊，说看来大家更喜欢别人更靠谱、更值得信赖。又或者，你可以套用"狼来了！"的故事，当孩子连续哄骗你几次之后，你只要表现出不再相信他做的任何事。但是，如果孩子不诚实只是为了逃避惩罚或指责，那么，你必须不带情绪地接纳，因为你自己也会因为特别害怕某个人而对他撒谎。如果孩子是为了吹嘘自己的重要性而撒谎，那么，你应该多对孩子表示赞赏和认可，增加他的自信心，这样他就不至于需要动用小聪明来彰显他的存在价值了。

磨蹭

磨蹭本身并没有什么过错。但是，它有很强的影响力。父母常常因为孩子在那里游手好闲，既不好好做事也不好好玩耍，做事情总要拖延很久而感到心烦意乱。磨蹭会使很多父母心烦意乱，引起其他人的强烈反应，自然就成了孩子用来展示自己力量的有力武器。这其实是孩子的一种反抗行为。在这里，我们可以清楚地看到父母跟孩子的不良互动对孩子的作用。每当孩子磨磨蹭蹭时，父母会怎么做呢？他们会斥责、敦促、恼怒——简而言之，父母越是觉得自己无可奈何，就越会病急乱投医地使出各种招数，结果越会刺激孩子顽强地反抗，最终养成了磨蹭的习惯。这就是孩子虚度光阴的根源。它从消极被动的土壤中破土而出，又在错误的"纠正"措施中茁壮成长。

在这里，我们又一次看到，只要父母无法理解孩子的行为动机，他们的所作所为便毫无正面价值。很少能有父母会停下来思考，孩子为什么要这么做？当孩子无所事事并过来缠着父母问他应该做什么时，或者当他貌似想要做什么，但一直拖延不好好做，不断转移注意力沉迷于浪费时间的兴趣时，父母便会以为孩子应该想做他宣称要做的，或他应该做完的事情。于是，他们开始了提醒，并敦促他赶紧去做他该做的事。但是，这并不是他真正想要的。他可能首先是为了吸引父母的关注。但在跟父母斗争的过程中，在他们相互施压和反抗的推进中，孩子的磨蹭逐渐变成了跟父母的权力之争，让父母为他服务，还要抵制他们向他施加的压力和权威。

那到底该怎么办呢？首先，你必须打破恶性循环。不要"火冒三丈"！不要唠叨！不论多么困难，你都必须学会冷静地观察孩子，即使他有意招惹你。有些情况下，你不妨让事情就那么发生。如果你最关注的还是自己的权威，你当然会维持过去的老做法。但是，一旦你真那么做，就不要抱怨和惊讶孩子的行为为何越发恶劣。因此，你要上的第一课是消极的，也就是学会如何避免错误的行动。

你还可以采取一些积极的做法。由于磨蹭是孩子反抗心态的一种体现，所以你最好能想办法缓解紧张局势，分散孩子的注意力，或者打乱他的行动计划。如果你能克制自己不再烦躁或不再唠叨，那么孩子也会退出冲突模式。毕竟，如果他无法惹你生气，那么磨蹭也就没什么乐趣了！你还可以与他聊天，以某种方式引起他的兴趣，这样他磨蹭的时间就会减少。在任何时候，减少孩子对你的敌意是重中之重，不论遇到什么情况，你都必须千方百计帮他从已经陷入的泥沼中摆脱出来。通过这些积极的措施，磨蹭就有可能从一个几乎没有希望解决的困扰，变成一个可以解决的问题。

C. 报复

在与父母的权力之争中，孩子觉得自己是战败方、感到受到不公平对待时，他最终会陷入报复的心态中。于是，他会不自觉地用层出不穷的手段来报复、惩罚父母。他的这些做法的破坏力虽然各不相同，但父母被激起的愤怒程度在大体上是一样的。

👦 偷窃

父母对孩子偷窃行为所产生的恐惧和绝望，我们都非常容易理解，因为偷窃清楚地表明孩子对最明确的、最严肃的道德原则变得不屑一顾。所以，父母现在最害怕的就是孩子可能会继续沿此方向走上犯罪的道路。而父母的做法，在大多数情况下，是用严厉的训斥、威胁和责骂来"纠正"孩子的行为。可他们不知道的是，所有这些措施都是毫无用处的。相反，在许多情况下他们还会看到，孩子会朝着他们最害怕的方向加速发展。

我认识一个男孩儿，他的母亲经常对他断言："你一定会成为一名罪犯，最终被送上绞刑架。"对此，男孩儿的反应异于常人。他本就对自己的父母心存怨恨，因为他总觉得自己在家里所有孩子中是最不受重视的那一个，所以有着很深的反抗情绪。每当他听到母亲又这么说他时，他心里就想："绝对不会！我绝对不会让你得逞的！"他咬紧牙关，一丝不苟地完成一切要求他做的事情，尽管心里藏着咒骂。他遵守所有的行为准则，却由于内心深处的对抗情绪，形成了一种异常严重的强迫性神经症。

然而，孩子对母亲的这种"预言"所做出的这般回应，只能算是例外。一般情况下，最容易把孩子变成罪犯的方式，莫过于从小就把他当成罪犯来对待。如果我们真想帮助孩子，当然不能这么做。首先，我们必须明白孩子为什么无法区分"我的"和"你的"。如果没有深层次的心理冲突，这样的事情永远不该发生。不过，促使孩子有偷窃行为的背景原因多种多样。有一个孩子，他偷东西的原因是，他想要什么就立即要拿到的冲动的天性。他片刻也不愿等待，而且丝毫不在乎后果。他打小就是这般想要什么就能立即得到什么，所以他不明白为什么不能始终坚持这一原则。因此，偶尔偷别人东西的行为，在娇纵过度而不加约束的孩子当中很常见。等孩子长大了，父母只知道对孩子的这种不良行为深感惶恐和无助，却全然不知道是他们在教导孩子时的懈怠所造成的后果。同时这也说明，如此为人父母实在是太缺乏远见了。

每个孩子偷东西的动机都各有不同。父母很少能找到真正的原因。他们的困惑，在于他们缺乏对孩子的理解。孩子也并不指望自己能得到父母的理解，因为他也不明白自己行为的目的，所以只能不情愿地等待接受惩罚。若你问孩子为什么偷窃时，他要么固执地保持沉默，要么困惑地回一句："我也不知道。"这通常是真话，孩子是真的不知道自己为什么要那么做。他实际上知道自己冲动的表层原因，他渴望得到糖果、水果、零花钱或其他想要的东西，因此，他也知道冲动是不应该的，即使他承认了错误也得不到宽恕，所以，他便什么都不说。对于孩子行为背后的深层动机，他丝毫没有概念。但是，如果你想帮助孩子，那就必须深究其背后的原因所在。你必须认识到，孩子偷窃的行为，是为了寻求父母的关注，是为了跟父母争夺权利，还是为了对父母进行报复。

　　海伦八岁，她的母亲满心惶恐和惊惧，带着孩子来到我们的儿童指导诊所。这个她从小悉心培养的乖巧孩子，曾以聪明的办法多次从文具店偷走不同的物品——吸墨纸、小折刀、铅笔等。直到现在她才被发现，可见她已经是技术娴熟的惯犯了。她的行为似乎没有任何理由。母亲给了她想要的一切。人们询问她时，海伦不肯回答她为什么要偷这些东西，又拿这些东西做什么。等我们终于能缓解她的惊恐和紧张之后，才发现她把偷来的物品都分发给了自己的玩伴和同学，而他们并不知道这些物品的来源。

　　然而，小海伦的谜团还远未解开。等我们了解了她的整个生活背景之后，才终于清楚。海伦是家中最小的孩子，在跟她姐姐的竞争中一直处于下风，因此，跟更有能力的姐姐相比，海伦总觉得自己太没有能力了。于是，她以给小伙伴们发礼物的做法，来谋求她的地位。她当然大获成功。由于她总是送给小伙伴们礼物，小伙伴们都愿意跟她一起玩儿、一起上下学。不知道这些因果关系的海伦，如何能解释清楚偷窃的原因呢？仅靠严厉的责备和惩罚，又怎么可能真正改变她的行为呢？

　　十五岁的罗伯特的情况完全不同，人们更难理解这个好孩子的动机是什么。他把一些偷来的贵重物品藏在家里，既没有拿去卖掉，也没有拿来炫耀。他的情况概述如下：他有一个非常严格的父亲，而罗伯特作为三个孩子中的老大，尤其被他父亲盯得紧。他向往轻松的生活，他给予自己的自由度是父亲不可能允许的。他把学习的时间用来闲逛，放学后也不准时回家。

他很早就开始抽烟。总而言之，他明显是在反抗他的父亲。比罗伯特小两岁的二弟是他的竞争对手。我们不难猜测，他的弟弟格外地懂事、勤奋，成了遵循父亲高要求的完美典范。

同样，罗伯特也不知道自己偷东西的原因。他在偷东西以前干的那些坏事都更简单，也没有多大害处，但表明了他渴望战胜秩序、战胜父亲的心态。他所做的一切坏事都是在暗中进行的，对他来说，就像是秘密的补偿："看到了吧？不管怎样，我还是做了我想做的事！"他允许别人发现他的偷窃行为，也不是因为他愚蠢，是因为每被发现一次便又表明了他对父亲期望的违抗。他是在用这些行为来证明自己没有把父亲的要求放在眼里。显然，这就是男孩儿潜意识中的人生计划——证明他父亲无法把社会秩序强加给他。

这种蔑视权威的倾向，是许多犯罪行为的根源，甚至在一些心理健康并受人尊敬的成年人身上也能看到。许多"好市民"会因为乘坐有轨电车时成功逃票而扬扬得意。那些车票钱对他们来说根本不算什么，但他们仍然幼稚地享受自己的"成功"。打败别人——尤其是打败秩序的守护者——并不一定会被看作是不光彩的事情。这种倾向也解释了许多偶发性少儿偷窃事件。在这些孩子看来，从杂货店主的眼皮下偷到一个苹果，跟跑去按响别人的门铃之后迅速逃跑，然后躲在拐角处开心地偷看那个穿着拖鞋的家长在门口发怒，并没有本质上的区别。当然，父母不应该纵容这些恶作剧，但是，也完全没必要站在道德的制高点上强烈地表达愤慨。这么做，不但把幼稚行为定性成犯罪行为，还可能对孩子以后的发展造成负面影响。父母不妨让孩子体验自然后果，而最自然的后果就是让孩子把偷窃的物品还给物主。

当然，情节严重的偷窃，以及情节较轻但反复发生的偷窃，的确值得我们认真思考，决定下一步应该做些什么。但是，只要你还是情绪激动，那就根本无法帮助孩子。因为，这时你不是孩子的朋友，也无法理解他的处境和行为目的。此外，让孩子自己对他的偷窃行为完全负责，也是错误的，毕竟很大一部分责任在于父母、家庭星座，以及所有影响他生活状况的各种因素。如果孩子的问题比较严重，你也许有必要寻求训练有素的专业人士来帮忙，比如心理咨询顾问或者儿童指导专家。父母处理此类事件的通常方式，比如，对孩子表达极度的愤怒或绝望，假装惩罚他，诸如此类的方法往往都具有明显的缺点，要么根本不能改变孩子的真实情况，要么使背景因素更加恶化。

最后，我想要指出，孩子们其实可能偷窃过很多次，只不过很侥幸地从未被他们的家人发现。尽管——或者因为——这些孩子的父母没能及时采取任何措施来纠正他们犯下的错误，但是，他们后来也确实都成功地成长为受人尊敬的成年人。在我们当中，又有谁敢说自己在小时候从未干过坏事？只要孩子幸运地有朋友，朋友们会运用同情和理解来帮助他摆脱混乱的状态，那么，即使他曾犯过一些严重的错误，也不会对他的成长产生不利影响。

　　以下的例子可以让我们看到，孩子偷窃的动机实在各不相同。而且，一个孩子一旦完全灰心，不再相信自己会被人喜欢，也不再指望自己能得到爱，此时，要重新赢得他的信任，该有多么困难。

　　十六岁的丹尼是一家社会服务中心的"捣蛋鬼"，他总会在某个关键时刻干坏事，给服务中心造成不少损失，而且，他还总是知道在什么时候，如何搞破坏能造成最大的伤害。有一次，在一场戏剧表演之前，他把所有的钢琴都毁了，把所有的钢琴砍坏。还有一次，他在演出的头一天晚上把所有的舞台帷幕都剪坏了。他不但会毁坏财物，还会欺负人，没完没了地做坏事。他的家人已经不管他了。他有一大群的兄弟姐妹，所有家人都很排斥他。整个家庭已经因为他尝遍了各种苦头——在家里、在街坊间、在学校里、在警察局，所以他们都不想再跟他有任何瓜葛了。

　　我们决定让团队中最优秀、最善解人意的社工去专门帮助他。这个年轻的社工特别努力地赢得了丹尼的信任，并让他对各种社区活动产生了兴趣。他让丹尼帮忙一起搭建舞台，在演出中安排一些工作让他负责，成功地获得了丹尼的配合与信赖。已经有相当长的一段时间，没有人来告丹尼的状了。

　　有一天，那位年轻的社工情绪激动地找我，讨论一件令他十分困惑的事情。这天，他正和丹尼一起工作，却看到丹尼拿走了他放在桌上的手表，放进了自己的口袋里。社工看到了这个动作，但他不确定丹尼是否知道他已经看到了。总之，他有点儿不知所措。他想了想，觉得当面指责丹尼是一个错误选择。于是，他开始假装到处寻找手表。丹尼自愿帮助他一起寻找。最后，社工决定放弃了，他说："一定是有人把手表拿走了。"丹尼勃然大怒："谁敢对你做这种事！我一定要把他找出来，如果被我找到了拿走手表的人，我一定要狠狠地揍他一顿。"于是，他们走过一间间屋子，询问住在那里的所有男孩儿，有谁看到过那块手表。终于，丹尼实在忍耐不住了，他突然地爆发："你明明知道手表在我这里！你为什么不来找我，从我身上把它搜出来？"然后，他把手表还给了社工。

　　这位社工的做法是正确的。令他困扰的只是他无法理解丹尼的行为。丹尼为什么要作弄这位年轻社工呢？显然，丹尼还是无法真正相信这位社工，不认为他会真的关心他，是一个真正的朋友。毕竟他过去一直被所有人拒绝和厌恶，他显然是想通过这个特殊举动，看看是否会再次引发他一生经历过无数次的对待方式。如果这位社工果然被他的挑衅惹恼了，他就会要求丹尼归还手表，而且也许是以一种尖酸刻薄的方式。男孩儿当然会断然否认，紧接着争执就会升级，如果社工想要过来搜身，他们甚至可能会因此打架。于是，男孩儿就会认定，他对友谊的怀疑果然得到了证实，然后他就会重新回到他以前习惯的人际关系模式。这次偷手表的行为，显然是丹尼对社工的一次严峻考验，而社工则以他优异的成绩通过了考验，并在帮助丹尼康复的道路上赢得了一场决定性的战斗。

暴力与残忍

对秩序的顽强抵抗，往往会以可怕的形式呈现出来。有时它可能仅限于大吼大叫地发怒，这也往往意味着孩子还保持着一定的善意，事后也能对他大发脾气感到歉意。但是，当他的愤怒频繁爆发，他也不再以控制不住情绪为借口时，那就意味着最后一丝善意也消失殆尽，只剩下赤裸裸的对抗。孩子这样的胆大妄为，表明父亲或母亲对他一直以来的软弱和粗暴的压制。于是，聪明的孩子就会想出各种"妙招"来，以最有效的方式攻击父母的软肋，从而变成父母真正的威胁。

十七岁的迈克尔患上了流感。母亲没有足够迅速地回应他的需求，于是他就朝母亲扔东西，一天之内扔了三个杯子和两个盘子。当母亲不搭理他时，还在高烧39℃的他自己穿好衣服，出门到大街上。他完全知道母亲的软肋是什么，而且一击必中。

十二岁的约翰在家里是一个"惹事精"，没有人能管得住他。他做一切事情都是随心所欲：偷钱，逃学，整天躺在床上，晚上又出去直到凌晨一点才回家，他还大声斥骂他的母亲。但是，如果出现一个能让他害怕的陌生人，他又会是举止得体的典范，而且头脑聪明，任何事情都能说得头头是道。

很明显，在这类情形中，事情的责任在于父母，是他们的一再纵容，才让孩子为所欲为。同样很明显的是，他们自己没能以友好的、平和的方式来控制亲子冲突的不断升级。否则，他们本应该能赢得孩子的心，孩子的反抗也不会发展到这种程度。一般来说，孩子所看到的残忍，正是导致他表现出残忍行为的根源。孩子所反射的正是他的经历。有时他可能并没有真正受到虐待，但仍然觉得自己受到了虐待。在有些情况下，残忍只是一种手段，让他能借此体验到完全控制他人的满足感。

过度的严厉，尤其是责打，有可能激起孩子的叛逆之心，激发他的残忍本能。如果父母中的一方试图以娇纵来补偿另一方的严厉，就更有可能出现问题。对孩子的漠视也可能产生同样的效果。在这两种情况下，孩子都会认为自己想要报复的欲望更有合理性。在我们想要改善孩子的行为之前，首先必须先停止亲子间的冲突，至少是父母一方先退出冲突。我们必须让孩子再次感到他被家人接纳、被父母喜爱，而不再是害怕。如果一时很难找到一个合适的自然后果，那么最好什么都不做。如果能让孩子突然意识到他再也无法对父母造成威胁和伤害，有可能让他印象深刻。让孩子体验几次父母温和而坚定的态度，也有可能给他留下深刻的印象，让他意识到自己恶劣的行为不再起作用。这才有可能恢复秩序的权威性。若对孩子又打又骂，那是绝对不可能达到这种效果的。如果孩子的残忍程度已经很严重，以致不可能实施自然后果了，那么，应该让孩子离开父母，把他送到合适的寄养家庭，最好还能和另外几个孩子同住。父母越早接受这个事实，孩子就越容易学会适应有秩序的生存体系。

有时，我们在幼儿身上也会看到极端残忍的行为。这些孩子行为背后的心理机制似乎略有不同。他们的残忍行为并非主要针对父母或者秩序，而是针对比他更加"弱小"的对象，例如小动物、更年幼的孩子，甚至是无生命的物体。促使孩子出现这种行为的因素有两点。其一，是由暴力行为所产生的感官刺激。孩子有可能亲身经历过这种刺激，也有可能是因为目睹其他孩子挨打、关禁闭、被虐待而感受过这种刺激，也有可能来自于看图片或听别人谈论暴力行为而受到这种刺激。感官刺激一旦被触发，往往倾向于以相同的模式继续发展。曾一度引发某种感官刺激的体验，会继续与相同的反应联系起来。孩子会刻意寻求相同的感受，以获得感官上的愉悦。对残忍的感官欲望，有可能是主动的，也可能是被动的（施虐或受虐）。经常遭到暴力虐待的孩子，会对这种刺激印象深刻。他会咬别人或要别人来咬他，打别人或招惹别人来打他，以寻求类似的感觉。他喜欢受苦或让别人受苦，以此作为感觉游戏的一部分。这其中的心理因素，以及正确的纠正方式，与前文关于性游戏章节所讨论的内容相同。

还有一个会导致幼儿残忍和野蛮的动态因素，与他们的整体生活方式一致。孩子可能会试图用自己"令人震惊"的行为（积极—破坏性的寻求关注模式）来吸引别人对他的关注，或者，是为了在与对方的较量中展示自己的力量和强悍。对其他孩子的残忍行为，则常常是为了展现他的"男子汉气概"，要别人"看看我有多强壮"。还有孩子想要惩罚对方，而这种做法又往往是对父母行为的模仿。在玩儿"过家家"时，孩子会展现出他们对父母行为的理解。当家长一脸震惊地看着孩子在游戏中如何残忍地对待玩偶，也就是他的"孩子"或"学生"时，他们完全没有意识到，孩子的行为其实只是反射出了他们自己的行为。父母不知道孩子与他人的关系其实就是亲子关系的真实写照。

🧒 尿床

孩子尿床，人们通常错误地认为是身体上的原因，但实际上并非如此。的确，膀胱、肾脏或脊髓等器官缺陷可能会增加尿床的概率，但是，没有哪种疾病的唯一症状是无法控制排尿。

五岁的弗兰克在父亲把他送进孤儿院后，开始尿床，而他原来在家里时从未发生过夜间尿床的情况。十一岁的艾伦与他非常严厉的父亲发生了冲突。因为学校的事情，父亲对他进行了严厉的说教，之后宣布取消他的自由时间，还把他痛打了一顿。当天晚上孩子就开始尿床。还有七岁的查尔斯，他尿床的原因就更明确了。他被送去姑姑家，需要在那里住上很长一段时间。第一天晚上他就尿床了，这与他以前的睡眠习惯完全相反。姑姑问他为什么要这么做，他回答说，只是想看看姑姑能不能容忍这件事。

当孩子与身边群体的对抗达到一定程度时，他就不再会继续努力避开令他不愉快的事情了。他的报复意识中偶尔会带上自我贬低的自虐特点。这样的孩子往往把自己弄得很脏，他所有的骄傲都集中在不洗澡上。他表现出的是一种"堕落的壮志"（欧文·威克斯贝格语）。为此他不得不承受羞辱感，并获得一种消极的"荣耀"，因为这样他就真的成了整个家庭的沉重负担。没人能知道该拿他怎么办，而他给大家造成的沮丧让他感到一种特殊的满足。由于这种冲突以身体疾病的形式出现，父母很可能会请医生帮忙。但是药物治疗并没有效果。孩子必须重拾荣誉感、自信心，甚至更多的是对他人的信心。在此之前，孩子总是感到自己被拒绝，却不知道常常是自己的行为给他带来了这种感觉。

然而，即使父母想要纠正孩子尿床的毛病，在夜间唤醒孩子也是错误的做法。这么做会增加孩子从尿床行为中获得的满足感，除此之外，训练孩子不尿床的目的，不应该是通过外部帮助来调节孩子的膀胱功能。孩子必须学会自己控制膀胱功能。因此，在任何情况下，我们都不建议在夜间唤醒孩子让他上厕所。当孩子在夜间被叫醒时，哪怕他看起来像是完全清醒了，他也并不能完全清醒。而让他在半睡半醒的状态下排尿，不但不会刺激他的控制能力，反而会有所干扰。正常的控制需要孩子完全地清醒，孩子必须有能力抑制和控制他的尿意，直到他完全清醒自己去上厕所。

如果过去的训练一直不成功，那么现在就必须采取更恰当的方式。你能做的所有事情，就是为孩子提供一盏台灯、一件干净睡衣。如果孩子年龄大了，你还可以给他提供干净的被褥和床单。有了这些东西，他就能在夜间完全照顾好自己。当然，他还需要你的鼓励。尿床的孩子通常已经深陷挫败，他会感到自我厌恶，也看不到改善的希望。所以，你必须告诉孩子，是否尿床取决于他自己，而且他最终一定能学会照顾自己。每个人都能学会照顾自己，只是有些人早、有些人晚而已。最重要的是，父母不仅要向孩子一再传达这种态度，而且他们也要真的这么认为才行。如果父母还为之感到羞耻、厌恶、绝望，就必定会对孩子产生不良影响。当孩子还小的时候，父母也许会因为对他的虚假同情而让他失去对自然后果的体验，比如，当孩子尿床后，便允许他睡在父母的床上。因此，让孩子不再尿床的第一步，就是父母在孩子又尿床时保持冷静与漠视，只有做到这一点，他们才能成功地赢得孩子的心，并给他注入新的希望和照顾好自己的愿望。在孩子尿床的时候惩罚他，就如同在他"乖"的时候表扬他一样有害。这会过于强调父母对此的认可，而这本应该是孩子自己关心的事情。

D. 表现出能力不足

因为太过灰心丧气而完全放弃的孩子，是非常少见的。在大多数情况下，孩子的灰心丧气只是针对部分事情，他只想避免某些活动而已。但是，当孩子不愿参与活动时，我们还是需要先明白这种举动背后的目的是什么：是为了寻求关注？为了挑战权威？为了惩罚和伤害？还是因为完全看不到希望？只有在最后一种情况时，孩子才会寻求借口百般推托，隐藏他真实存在的能力不足。但是更多时候，孩子从周围环境得到的暗示让他以为自己真的能力不足。有时候，孩子也会因为对某些经历的错误解释，而假设自己的能力不足，而且也能让周围的人都相信他真的如此。

🧑 懒惰

懒惰是一种特殊形式的不守规矩，比如，孩子不肯做家务，不肯跟别人合作。每个人都有偶尔懒惰的倾向。孩子有时可能会深深地沉浸在他自己的思想、活动或幻想中，以致完全对外部世界毫无兴趣。不论孩子的懒惰是否真实，或者只是你的猜想，此时训斥和责骂只会加重他的不情愿，激发他的兴趣才是唯一有效的办法。孩子一旦产生了兴趣，懒惰自然就会消失。假如一个孩子在学业上灰心透顶，认为自己再怎么努力都是徒劳的，那么他自然缺乏行动的动力。还有，"左撇子"的孩子，以及出于某些原因觉得自己比别人笨的孩子，也会经常表现出拖延写作业的倾向。在这类情况中，仅仅激发孩子的兴趣是不够的。我们必须鼓励孩子，帮他建立起自信心。

因此，看到孩子懒惰，这便表明孩子需要帮助了。但是，这种帮助不应该是简单的字面意义上的帮助，可以当孩子的拐杖，敦促他、劝告他去做事。更糟糕的是替他完成任务，这样的帮助并不能真正解决他的问题。孩子需要的帮助，是跟他一起讨论问题所在，带他去体验更合适的方式，这样的帮助足以增强他的自信，强化他的内在意愿，他才能愉快地、饶有兴趣地投入到克服困难的进程中，并最终完成任务。

🧒 愚蠢

孩子为了逃避责任，向挫折认输投降，可能会给人留下愚蠢的印象。许多孩子几乎是刻意制造这种印象。当然，我们必须考虑到智力缺陷的可能性。但真正的弱智或者有智力缺陷的孩子，很少会被人称作"愚蠢"。"愚蠢"这个词，是我们因为孩子失败而责骂他时常常使用的词，这反而说明我们其实视他为正常人。孩子的愚蠢并非总是天生的，通常，它掩盖了一种后天的精神上的惰性。

有一次在公园里，我看到了这样一个场景。保姆正陪着几个六七岁的女孩儿玩耍。一个漂亮的女孩儿跑到那位保姆面前，向她要一个苹果。女孩儿哀怨地问保姆，为什么刚才她给了其他人两个苹果，现在又给了两个，可她却只得到了一个苹果。保姆把她抱在腿上，问道："一加一等于多少？"那张开心的小脸瞬间变了形，露出了惊恐的表情。她的嘴唇动了动，却一个字也说不出来。

　　我对这个孩子一无所知，但我们可以感觉到她问题背后的原因。她真的不会数数吗？如果是真的，她又怎么知道其他孩子每次得到的是两个苹果？显然，她无法回答的，只是正式的"老师提问"。这表明她的愚蠢只是一个假象。大概从上学第一天开始，她就遇到了类似困难。被溺爱惯了的孩子，在家里过着无拘无束的轻松生活，他们常常会很难适应学校里的环境。他们不习惯自己面对一切，也跟不上同学的步伐，因此很快就会失去勇气。同样，那些因为"漂亮""可爱"，或其他特点而不必付出任何努力就可以赢得家人极大关注的孩子，一旦进入学校之后，也有可能会认为课堂上布置的学习任务"太难"，然后他们就放弃了，甚至不愿意去尝试。

　　父母通常对孩子在学业上的失败感到震惊，这使得孩子因此更加气馁。如此一来，学习过程对于一个没有学习意愿的孩子来说，自然变成了一种彻头彻尾的折磨。孩子的空余时间被剥夺了，玩耍时也会被打扰，甚至连吃饭也得不到安宁。父母会反复地提醒他做功课，不停地念叨他的学习进度问题。这也难怪孩子会彻底罢工，坚决排斥有关学业上的任何事情。我曾经有一个病人，一位智商正常的女性，可她几乎连小学四年级的知识都不会。她就是按照上面描述的方式成长的，并由此获得了"愚蠢"的名声。然而，她绝不是有智力障碍的人。她唯一的问题，就是长得太漂亮了，从来只知道完全依赖于外貌上的吸引力。因此，这里所谓的愚蠢完全是因为她在学业上无果所致。孩子根本无法学习，因为他已经认定了自己没有能力理解任何事情。

还有些孩子则是躲在了愚蠢的背后，用艾达·洛伊（Ida Loewy）的话来说，是"利用愚蠢作为借口"。当他想逃避某些职责时，就会"装傻"。孩子会因为学校里的某个科目的成绩不好而变得灰心丧气，但这样的灰心可能会产生不同的结果。那些野心勃勃的孩子，除非他能确信自己可以鹤立鸡群，否则他就不愿做出任何努力，因为他心里没有这份把握，当然也就失去了夺冠的兴趣。于是，他只会声称他对这门学科没有天赋，学不下去。

有些孩子甚至在入学之前就会使用这种把戏。我们前面讲过的，想要用餐刀切开他的汤的小男孩儿，就是其中一个例子。父母为他的愚蠢而烦恼。然而，他其实很清楚自己应该做什么，而且，他一直故意做着与之相反的事情。这种孩子装傻的目的，是为了哄骗父母过来伺候他们。在这些情形中，愚蠢既是一种逃避责任的手段，又是一种吸引关注的手段。

家中的独子或者最小的孩子，在进入学校后就有可能采取这种策略，以这样的方式来强迫母亲帮他写作业。只要母亲不陪伴在他身边，他就不会写字了，也不会算术了。对孩子期望过高又喜欢操心的母亲，很容易落入这样的陷阱。母亲从来没有注意到，她越是为孩子的蠢笨感到惊讶和惶恐，孩子的蠢笨程度就越是"成比例"地增加，她就越是要竭尽全力地帮助他、纠正他的错误，最后甚至自己替他解算术题、写作文。有些孩子甚至会终生这般无能，永远也不会自己写信或写文章。只要他一拿起笔来，大脑里就只剩下一片空白。

要打破孩子对母亲的依赖，是不容易的。每当妈妈努力想摆脱对孩子的控制时，孩子都会跟她软硬兼施地反抗。如果妈妈能坚守住自己的立场，坚持让孩子尽最大努力自己做功课，那么，孩子可能每写一个单词或数字都要问妈妈写得对不对。如果妈妈能答应孩子坐在他旁边看着他，孩子最终有可能同意自己写作业。

因此，在很多情况下，孩子都会把愚蠢当作他的工具。类似于"装死反射"（动物用来躲避天敌的常用办法），我们也能在孩子身上看到一种"装傻反射"——有时在成年人身上也能看到。正如"装死反射"的目的是为了逃避一样，"装傻反射"的目的同样也是如此。因为实际上，无论是家长还是老师，通常都不会认真对待孩子真正的或表面上的愚蠢，而是都确认了它作为一种逃避手段的作用。父母在责骂、批评、羞辱孩子的同时，却也在不知不觉中落入了他的圈套，毕竟他们最终还是让孩子逃避了他想逃避的任务，或者如他所愿为他服务。他们的批评和嘲笑都起到了"鼓励"他愚蠢的效果，强化了导致真正愚蠢的主要因素之一，即孩子的依赖性，因为孩子对自己的能力越来越缺乏信心。

那么，到底该怎么对待一个"愚蠢"的孩子呢？这当然需要父母转变自己的态度。他们一定不能再骂孩子愚蠢，不可再拿他的无能来数落他、取笑他，也不要再拿他跟另一个聪明的兄弟姐妹进行比较。同时，他们也要停止对孩子的纵容，不能允许他逃避责任。而这一点是不可能通过催促和威胁来实现的，因为这么做必定令孩子更加厌恶他本就反感的任务。正确的做法，是让孩子去体验不认真完成任务的自然后果。就现在的情形而言，当孩子不能好好完成任务时，往往是父母受到了惩罚，而不是孩子自己。正因为如此，父母才会千方百计地帮助孩子避免令人不愉快的后果出现。这么做的结果，便是让孩子觉得他是为了父母而完成任务，而不是为了他自己。父母对孩子学业进展的密切关注，让他觉得那已经不是他该承担的责任。如果他在学校的成绩不好，他便有理由惩罚他父母。

激发孩子的学习兴趣是学校老师的职责，父母应该尽量少干涉孩子的学习。不过，父母可以从另一方面来帮助孩子，比如，一起阅读有趣的书，带孩子去博物馆和动物园，给孩子讲大自然的故事，根据他的年龄和发育程度讨论合适的话题，以激发孩子的好奇心和学习兴趣。如此一来，孩子就可能会对相应的学科产生更大的兴趣，并在他的功课中找到乐趣。

八岁的萝丝实在是太"愚蠢"了。她不能和其他孩子一起玩儿。她不会自己穿衣服或脱衣服，甚至连正常说话都不会，总是说半截话，另一半吞进了肚子里。她的学习成绩也不好。于是她被当作智障儿童，受到了特殊待遇，尽管她其实并不弱智，甚至智商达到 91。当她可以按自己的意愿行事时，她其实很精明，还能在获取某种优势之后巧妙地继续保持那种优势。她从来都不会有不知所措的时候。萝丝有一个非常聪明的妹妹，比她小一岁半。这个妹妹在各方面都比她强。但是，萝丝却一点儿都不输给她，因为她赢得了所有的关注。她甚至还有自己的专职护士，而且在她开始上学时还有了一位私人教师。看看"愚蠢"能给她带来多么大的好处！而运气不好的孩子，只能被父母抛弃，凡事靠自己。

实际上，有许多智商低的孩子只是假性弱智，这种假性弱智其实是为他潜意识中的目的服务的。这样的孩子通常会有一个年龄相近的兄弟或姐妹，不但非常聪明，而且在学业上往往更胜一筹。那个人在成绩和能力上的出类拔萃，往往令他倍感沮丧，甚至到了只能完全放弃追赶的程度。还有些时候，导致他彻底放弃努力的原因，有可能是他有一位非常勤快且能干的母亲或姐姐，她们承担了所有的责任，以致不需要他做任何事了。

对于智力水平有问题的孩子，只要以恰当的方式对待他，就能起到很大的作用。他可能因此在一夜之间开窍，取得令人难以置信的可喜成绩，甚至是连智商也会得到提升，让那些过去认为这孩子已经无可救药的人倍感不安。不幸的是，孩子到底是真正的弱智还是假性智力迟钝，想要做出明确的判断，往往必须先纠正对待孩子的错误方式，之后才能根据孩子是否发生变化而最终得出结论。因此，面对孩子的低智商，父母和老师不应该立即放弃，而应当先采取一切措施尽可能地帮助孩子。也就是采用更恰当的、更有效的方法，鼓励他、激励他，充分利用孩子现有的能力，努力帮助他成长为一个能对人类社会有贡献的成员。

无能

通常，人们会认为一个明显缺乏某种能力的孩子是"天生"的无能，尤其是一切想要帮助孩子改进的努力似乎都不奏效，而且孩子自己似乎也真的努力过了。那么，这个假定就更容易变成一种"断定"。

一个人要掌握某种技能和能力，是非常复杂的过程，这中间必须要花费大量的精力进行学习和练习。不幸的是，科学研究表明，能对学习和练习过程产生重要影响的核心要素，不论是正面的还是负面的，都集中在孩子成长的最初阶段。孩子的许多"无能"和"能力不足"，都是由于在孩子的早期训练中未能发现的错误和疏忽所造成的。

我们怎样才能激励孩子发展他的潜能呢？要列出所有的可行办法是不可能的。这个问题已经变得很复杂，因为哪怕是相同的刺激，都有可能在不同的孩子身上产生完全相反的效果。比如，一个家庭有两个孩子，父亲和母亲给孩子树立榜样，这么做可能会刺激一个孩子模仿他们，却也可能让另一个孩子觉得自己不可能达到父母的标准，因此感到灰心绝望。父母对孩子的期望过高，有可能会激励一个孩子分外努力，却也可能让另一个孩子放弃。父母反对和禁止孩子做某事，也会出现与有天生生理障碍和器官缺陷相类似的情形，一个孩子会因此付出格外的努力以战胜先天困难，另一个孩子却会放弃，彻底认命。不论父母对孩子做出哪种刺激，孩子会反对还是顺从，会抗拒还是屈服，会充满自信还是气馁，都直接决定了父母的用心对他造成的影响是建设性还是破坏性的。

　　正是由于这种令人困惑的差异，使得我们很难明确什么是培养孩子能力的正确方法，也更容易把某些方面的能力不足看作是遗传的问题。因此，许多家长和老师，以及一些心理学专家，都往往会将某种特有能力的不足视为缺乏天赋。然而，对儿童和成人的研究却表明，导致某种能力不足的主要因素，是不恰当的训练方式与孩子倍感气馁的情绪相互作用。我们总能在孩子的学习过程中找到他决定放弃的某个因素。比如，有些孩子总学不好单词的拼写。他们当中，有些孩子是刚开始上学时因为太受挫折而放弃努力，还有些孩子则是因为不能达到出类拔萃而放弃。还有些孩子，他们习惯了凡事按自己的意愿行事，这次他喜欢这么写，下次喜欢那么写，最后他自己也困惑了，于是不再尝试学习拼写单词的正确方法，也就随心所欲地写了。有许多受过良好教育而且博学的成年人，一写字就错误百出，就是因为他的第一任老师没能帮他克服在拼写方面日益增长的自卑感。哪怕他现在已经成年了，仍然害怕写信。

无法学好数学的原因，可能在于刚开始学习过程中偶然遇到的挫折。一些孩子因为从小受到过度保护，使他学不会自己做决定。而学习数学知识，却需要他根据每一步的呈现做出相应的决定，这对孩子来说尤为困难。这些孩子有可能在以信息为主的科目上成绩优异，然而，凡是需要他独立思考、靠自己做决定的任何事情，都会令他感到无可奈何。

迄今为止，有一个领域始终被看作是依赖天赋异禀的独特领域，那就是一个人的音乐才能，我希望在这一领域中证明上述事实。有些人根本不喜欢音乐，学音乐对他来说甚至是一种折磨。他可能"五音不全"，连一个简单的旋律都唱不好，而人们通常认为这是他完全没有"音乐细胞"的表现。但是，很多实际情况已经证明，假定的"没有音乐天赋"只不过是一种对参与音乐活动的抗拒，是因为对学音乐感到灰心所导致的。有时候，可能是因为家里有一个姐姐，或另外家庭成员之间的竞争。通常，家中老大与老二之间的鲜明对比，往往会导致其中一个孩子成为有这种"缺陷"的人。

艾瑞克十岁的时候，似乎完全不喜欢音乐。他不愿意跟家人一起去听音乐会，甚至连最简单的儿歌都不会唱。在他很小的时候，曾经表现出对音乐的兴趣，但后来他的态度发生了变化。父亲经常在家中举办小型音乐会。艾瑞克作为家中独子，深受母亲溺爱，在音乐会的过程中自然是坐不住的，无奈之下只好被赶出那间屋子。从那以后，他就变得讨厌音乐了。等他上学之后，他也拒绝与其他人一起唱歌，这当然会遭到老师的批评和同学的嘲笑。他的祖母想要辅导他学唱歌，他为此生气地跑开了。在他十岁的时候，心理辅导师把他对待音乐的态度的前因后果详细地解释给他，改变了他的看法，帮助他克服了对音乐的敌意。在一位颇为理解孩子的音乐老师的耐心帮助下，他培养出对音乐的"敏锐的耳朵"，也学会了好好唱歌。

　　从未在家里学过唱歌的孩子，进入学校后，可能会因为不会跟着同学一起唱歌，而被贴上"没有音乐天赋"的标签。他会被同学们高超的能力深深震撼，并为之感到自卑，而老师的嘲笑更让他无比灰心，最终，大家都认定他的确是个没有音乐天赋的人，而且他所有的虚假的努力和练习都无济于事。许多年之后——也许他已经年老了——他才可能终于有机会发现，所谓的毫无音乐天赋根本就不是真的，他其实跟其他人一样，也有对音乐的鉴赏力和感受力。然后，他的"先天无能"就会突然奇迹般地消失。

　　孩子对音乐的自然兴趣，常常因为父母逼迫他练习而被扼杀。期望过高的父母可能会坚持让孩子多加练习，却意识不到他们的态度反而阻碍了孩子在音乐之路上的发展。他们将本应该给人带来乐趣和灵感的艺术，变成了一项沉重而乏味的任务。

我们当然知道，不好好练习就不会取得好成绩。但是，练习需要兴趣和激励，机械的练习是不会有好效果的。父母通常使用的哄骗、提醒、威胁和惩罚等方式，当然既不能激发兴趣，又不能激发灵感。提高孩子的兴趣是老师的责任，父母应该多给孩子一些激励，而不是压力。他们可以在家里播放音乐唱片，带孩子去听音乐会；他们可以陪孩子一起欣赏优美的音乐，还可以对孩子的进步表示认可和赞赏。当然，他们也可以强迫孩子坐在钢琴前，但在大多数情况下，这么做只会扼杀孩子的音乐热情。而当孩子因此而失败时，父母——有时甚至包括老师——又将他的失败归咎于他缺乏音乐天赋。实际上，父母与孩子之间的冲突，以及孩子在练琴时的不良习惯，都妨碍了正常训练的进行，从而导致他表现不出应有的能力。

我觉得很有必要，对音乐天赋进行细致的讨论，因为它如此清晰地显示出人们对"遗传"和"喜好"所下的定论是多么的草率和不严谨。轻易做出这种负面结论的父母，只会增加孩子的困难，而不是帮助他克服困难。不仅是音乐天赋，所有特殊的天赋其实都非常相似。如果我们认为一个孩子似乎缺乏绘画、作文、数学、语言或其他学科的学习天赋，我们首先应该做的事情，是确定他是否受到了挫败，如果是，还要确定他是如何受到挫败的，或者确定他是否以及为什么抵制练习。父母的说教和敦促，并不比责骂和挑剔更管用。更糟糕的是，它夸大了孩子所谓的无能。而所有这些错误做法，都只会让孩子沿着通往失败的道路越走越远。提升孩子的自信心，赢得他的信任，进而帮助他克服抗拒之心，让他意识到自己的进步，增强他的自律与自制力，激发他的兴趣和热情，以及最重要的，在必要的练习过程中保持耐心——这些才是真正有效的办法，父母若能坚持这么做，一定能帮助孩子弥补他看似无可救药的缺陷。

另一方面，刻意培养孩子的特殊能力是行不通的。一种特殊的能力必须在高度密集与艰苦训练的土壤中才能得以发展，而这样的练习强度单靠外部施压是很难做到的。孩子有野心，有时的确会促使他取得非凡的成就。但更多的时候，如果他的勇气和自信不能与雄心相匹配，则很可能反而导致他产生逃避的心态。所以，父母要密切关注孩子在学习时的态度，尽量以鼓励的方式推动孩子的进步。许多过度热心的父母在孩子很小的时候就劝孩子参加某种艰苦训练的活动，因为那项活动有可能使孩子将来取得非凡的成就。在活动刚开始的那段时间里，孩子可能表现得非常出色，看上去就像是个神童，满足了父母所有的期望。但是，在绝大多数的案例中，结果却是以前功尽弃乃至一事无成而告终。年轻一代的父母有可能摒弃这些引起孩子敌对情绪、造成孩子气馁的不良方法，从而更成功地激发孩子的潜能。

👦 "极端"的消极

完全消极的孩子是非常少见的。即使是非常迟钝、没有身体能力和心智能力的孩子，也可能表现出一些积极参与的心态。最为消极的孩子，一般是那些故意利用消极作为抵抗手段的孩子。他的确灰心丧气，绝望地放弃了。然而，他的消极心态是如此强烈，以致可以被称为"极端"的消极。这些孩子会表现出渴望权力，特别是渴望报复的迹象，只不过，他会以完全消极的方式来实现他的目的。他们令父母甚至是老师陷入彻底的绝望。似乎没有人有任何办法来推动他。如果有谁想要影响或者指导他，那无异于以卵击石。

　　九岁的约翰被带到我们的指导中心，因为不论他在家里还是在学校都拒绝合作。他实际上并没做坏事，尽管偶尔会有撒谎、逃学之类的违规行为。更主要的问题在于他什么都不肯做。他太懒了，邋遢、不整洁，上学时衣衫不整，而且总是迟到。他几乎所有科目都不及格，从来不肯做家庭作业，也从来不认真准备考试。他甚至都不跟他的弟弟妹妹或者其他孩子一起玩儿。他在家里不断地被催促、告诫、哄劝、威胁，乃至严厉地惩罚，可是都没有任何效果。在过去的两年里，他的行为变得更加糟糕，而导致情况恶化的决定性因素，是比他小一岁的弟弟。弟弟无论在家里，还是在学校里的表现都比约翰好，虽然弟弟也不算是一个好学生，但至少每门功课都考及格了。就在这两年里，弟弟先是跟他进入了同一年级，后来更比他高了一级，约翰的消极问题便越发严重了。

　　来到我们中心的第一天，约翰拒绝进入咨询室。第二次他和母亲一起进来了，但仍然只肯站在门口。无论我们怎么邀请他、给他善意的建议或劝诱，他都无动于衷。我们任由他站在那里，在会谈的过程中，我们注意到他的脸上流露出一丝感兴趣的表情。到了第三次会见时，他同意坐到医生的身边，虽然仍然是一句话也不说，但是他显然能理解，并通过偶尔的微笑和一些轻微的身体语言做出回应。当我们要求他离开房间，以便能与他母亲进行交谈时，他又不理会我们了。他就坐在椅子上，不肯站起来。最后，他被连人带椅子一起抬了出去，而他毫无反抗地接受了这一切。

我们采用了类似于纠正孩子以权力之争为目的的做法，最终改变了约翰的"极端"消极。他的母亲是一个高度完美主义的人，她很紧张而且刻板，在约翰上学迟到的时候，给了他很多的惩罚，甚至还狠狠地打过他。现在她学会了克制自己，也学会了让孩子去感受自然后果的影响力。约翰第一次积极参与群体活动是加入我们中心的一支乐队。这是他第一次愉快地与他人合作。后来他还参加了舞蹈班。与此同时，他在指导中心变得越来越合作和友好，表达自己时也越来越坦率和轻松，并终于开始在课堂上用心学习了。当然，就在此时，他弟弟却开始陷入了困境。

以消极为手段与父母或老师相抗衡，那效果就更加可观了。

七岁的杰克除了与他母亲交谈之外，不愿意跟任何人说话。

母亲从小非常宠爱他，而且对他有求必应。结果，杰克现在唯一能接受的就只有他的母亲。在学校里，他一句话也不肯说。他学会了写字，也愿意用写字的方式回答老师的问题；他可以通过肢体语言和手势让别人理解他，但就是不跟对方说话。当有人跟他说话时，他表面上是顺从的，要他做什么他都会做，但绝对不以说话作为回应。在我们指导中心，他一直在发呆，仿佛完全没有听到别人在跟他说什么。他完全关闭了沟通渠道。

如前文所述，以"极端"消极的态度来抵抗他人的孩子，是否应该划分为第4类行为目标，是值得怀疑的。孩子的消极似乎有时不仅仅是放弃。我们应该认识到，在孩子什么都不肯做的背后，其实隐藏着一股力量。任何来自外界的压力、哄劝或惩罚，都只会让孩子更加坚定地封闭自己。对于孩子这样的行为，最合适的做法应是不再去理会他，这样一来，他就会体验到他的消极与封闭所产生的不良影响。只要他还能用这样的办法迫使父母做出回应，为他担心、替他服务，他就会依然认定这种办法是有效的而满意。

E. 病态反应

孩子的抗拒可能发展到让他看上去"异常"的程度。然而，我们切不可轻易判定孩子属于病态或者异常，我们必须谨慎。通常来说，即使孩子看起来的确极端且不寻常，他们的反应仍不应属于异常的表现，因为这往往是孩子针对自己所看到的情形而做出的合理且充分的回应。然而，这对孩子来说，仍是"正常"的反应，可若这种反应一直延续到他成年后的生活，那么，同样的回应就不可能仍与环境相呼应了，也就可能变成"病态"的反应。而作为孩子，即使他的回应与一般孩子完全不同，我们也不应该将他视为病态。做出这种判断的人，通常表明了他对孩子与父母、老师乃至整个社会的关系都缺乏洞察力。

"病态反应"这个术语，仅用于描述某些特定的反应模式，如果孩子在成年后的生活中仍然持续下去，这种反应模式将成为典型的精神病理的问题。我们可以从孩子身上看到这些问题的最初特征，而且成年患者的病史表明，最初的症状通常出现在童年时期。然而，当孩子身上出现这些症状时，父母却不应为之感到焦虑、恐惧和悲观。虽然某些症状的确需要父母特别予以关心和体谅，以防止问题继续朝病态状况恶化，但是，若父母已经受到焦虑、悲观等负面情绪的影响，必定会对孩子造成负面影响。

神经官能症

我们在前面讨论"焦虑和恐惧""过度的责任心""大发脾气"和"不能专心致志"等这些问题时，已经讲述过在孩子身上常见的典型神经质机制。无论是孩子还是成年人，其每一种神经症障碍的表现，都带有想要维系的表面上的善意，将自己的对抗情绪隐藏在这些"症状"之后，而这些症状是他们用来自我辩护的借口。孩子最初可能只是利用这些症状来求得父母的宽恕，但是，一旦他相信自己的借口，这种"神经官能症"也就形成了。

许多神经官能症的症状都有可能出现在童年时期，其目的往往是为了抗拒父母、抗拒规则与秩序。孩子试图以这种方式来逃避某种责任，并获得父母的宽恕与额外帮助，有时候只是为了获得父母的额外关注。因此，他的症状表现会因他的目的不同而不同。这些症状经常是在孩子看到某个样例之后学会的，也有可能是因为受了某个偶然经历的刺激而学会的。某种症状的发展，取决于孩子的家人对他首次表现出这种症状之后的反应方式。家人对此的反应越是强烈，症状进一步发展的可能性就越大。相反，家人若是忽视症状，症状自动消失的速度也就越快，至少在刚开始时，这种神经官能症还没有牢固地建立之前会是如此。

神经紧张的孩子有一个特点，那就是他生活在充满压力的环境之中。这种压力来自于他必须应对的困境，比如他与父母、与兄弟姐妹以及与老师的冲突，也来自于他感受到的威胁，以及超出他自身能力的过度的雄心。他的整个生理机体都处于这种压力之下，因此，他所有的想法和情绪，他所关注的任何身体器官的功能，都有可能发展出神经官能症。孩子经过百日咳之后，咳嗽持续的时间可能比正常病程所需的时间更久；由不健康的食物引起的胃病可能会持续很久或反复出现；母亲表现出来的心脏不适，可能会导致孩子也关注自己的心跳，进而患上神经性心脏病。尤其值得注意的是，孩子很容易模仿别人的神经官能障碍。还有，这里再次强调，人们通常认为的孩子的一些"坏习惯"，反而会因为家人们的过度焦虑和不断干预，真正变成孩子长期改不掉的坏毛病。

我们要全部列出孩子身上的神经官能症是不可能的，在此，我只就其中一部分症状做些简单介绍。

处于紧张状态的直接表现是所谓的痉挛。痉挛可能出现在任何肌肉群，也许是全身痉挛（常常会被误以为是癫痫症或心脏病发作），包括眼睑（眼睑痉挛）、下颌的肌肉组织（牙关紧闭）、面部肌肉（导致怪相的面部抽搐）、喉咙肌肉和颈部肌肉，以及肩膀、手臂和腿部的肌肉组织。其表现形式有打哈欠、打喷嚏、大笑不止和大哭大闹，或者是咳嗽。有时候这些症状伴随着真实的身体不适，因此我们建议出现上述症状时要带孩子去做全面的身体检查。

紧张很容易导致肠胃神经紊乱。孩子在神经高度亢奋时无法进食，比如，出门旅行之前、去剧院之前，以及任何不愉快的事情即将发生时。上学也属于这种情况，于是，吃早饭就会很困难。或许孩子讨厌上学，或许他野心勃勃因此害怕失败。不论到底为什么如此紧张，他似乎都无法正常吃早餐并摄取营养，尤其是在考试之前，以及有其他不同寻常的任务之前。哄劝孩子吃饭，可能会导致孩子胃痉挛或神经性呕吐。幽门痉挛通常与不愿意进食有关，肠胃紧张还可能导致腹泻或便秘。

极度的紧张还会干扰孩子的睡眠。他会不停地翻来覆去、高声尖叫，睡着后还会说梦话。他的大脑仍然在处理白天纠缠他、让他情绪剧烈波动的问题。又或者，他根本无法入睡，因为他心里塞满了各种苦恼和烦躁。心血管系统很容易对压力做出反应，因为焦虑和心脏活动在生理恐惧机制中是相互关联的，其结果可能是心悸、脉搏加快、脸红或者面色苍白，伴随着汗液分泌的增加和心中的恐惧感。承受太多道德压力的孩子有可能出现强迫性症状。

在治疗时，首先要让孩子平静下来，而要做到这一步，最重要的是父母能平静下来。在高度亢奋的情况下，药物会起到一定的作用，但那只能暂时缓解某些特定症状而已。我们前文提到的，在孩子犯错误时对待他的正确方式，同样适用于治疗孩子的神经失调。若只处理表面症状，是治标不治本的徒劳之举。孩子必须改变自己的个性，改变他与父母的关系。他的整个生活环境都需要彻底改变。否则，即使对孩子的症状视而不见，也只能是抑制某一种特殊表现形式的发展，而他感受到的整体环境中的压力并没有得到改善。当问题严重时，特别是年龄较大的孩子，让他接受心理治疗是必不可少的。同时，仅仅帮助孩子摆脱眼前的困境是不够的，整个治疗过程必须把他的父母包括在内，促使他们对孩子采取更明智的态度。

🧒 精神病

如今，越来越多的孩子被划归为精神失常。这可能是因为在此之前，人们从未将这些孩子与严重智障儿童区别对待。实际上，有迹象表明，这些孩子虽然表现得像智力迟钝，但实际上他不但智力正常，而且往往优于常人。由于这些孩子的行为似乎毫不合理，也无法用理性来控制，因此他们被称为精神病患者，而且往往是精神分裂症患者。然而，他们的精神状况与成年人精神分裂症完全不同，尽管他们似乎也生活在自己的世界中，而且几乎不受周围环境的影响。他们封闭自己，不愿与人接触，经常表现出既不愿意听别人说话，又无法跟人说话。其中，许多这样的孩子完全不会说话，还有不少孩子似乎失聪，但实际上，他完全没有听力障碍。由于很少有人理解他的"精神失常"的本质，也由于这个词似乎带有侮辱性，因此他们通常不被称为精神病患者，而是"情感迟钝"。

关于这一问题的起因，目前尚未形成公认的解释。一些专家将其归因于大脑的缺陷，尤其是在发育上的缺陷；另一些专家则认为父母的性格（尤其是母亲的性格），是造成这种异常问题的原因。在我们的观察中，一方面，有这种所谓精神病的孩子的父母，与正常孩子的父母并没有多大区别，而且这些父母有完全正常的孩子；另一方面，我们也看到有些孩子能完全恢复正常，并彻底调整好自己（虽然目前仍只有极少数案例）。因此，大脑本身有缺陷的假设似乎不太可信。也许这些孩子的大脑存在所谓的劣势，这使他们更容易受到某些行为模式的不良影响。

这些孩子都有一个突出的特点，那就是坚持我行我素，完全不顾外界的任何压力和要求。正是因为这种对外界压力的抵抗，使一些专家认为，在治疗时应该避免对孩子施加任何压力。但是，我们的观察却得出了完全相反的结论。一味地纵容往往只会强化孩子的抵抗，而一以贯之的坚定则会减少孩子常有的暴力状态。正是孩子的抵抗权威力量的决心（无论权威是来自家长或老师，还是来自社会的规则与约束），为我们理解孩子的这种状态提供了线索。

这似乎可以与青少年叛逆的另一种极端形式相提并论，那就是青少年犯罪。随着父母的权威在民主环境中不断减弱，之前一向顺从的孩子敢于公开表达自己的反抗，此时以上两种情况都会发展到一个新阶段。换句话说，童年时期的精神失常似乎体现了孩子的极度叛逆，他不再惧怕报复与惩罚，至少会满不在乎地将此当作他为了追求独立而应该付出的代价。这种公开的叛逆，只有在父母对孩子过度放纵时才有可能出现，因为父母已经不再有能力而且也不再愿意"控制"孩子。但是，要对抗到这种程度，孩子很可能需要一些生理方面的倾向，才能让意向支配自己，而不受任何内在的控制。

至于该如何预防这种精神病态的出现，家长除了必须坚持维护家庭内部必要的秩序和规矩外，几乎没有其他方法了。而要做到这一点，父母直接施压是行不通的，这就需要借助本书中所讲的各种切实有效的教导方法才行。在教导体弱多病、有生理缺陷或者残疾的孩子时，家长不需要任何特殊的训练方式，只需要严谨地遵守本书中提出的基本原则。当然，孩子的各种残障与缺陷，都会令父母更加难以坚持以正确的态度和做法来对待孩子，因此，这无疑要求父母一定要具备超乎寻常的决心和毅力，才能坚定地走在教育的正道上。

孩子一旦出现精神失常的症状，家长首先需要带孩子去接受心理治疗。最新研发的药物，可以通过影响孩子，来促使接下来的训练更加有效。这些药物并不能治愈孩子，但会使他更易于接受指令。此时再进行恰当的行为训练，就有可能发挥真正的治疗作用，使孩子能完全或部分重新调整自己。根据我们的经验，当其他治疗方案都宣布失败时，音乐疗法或许可以触及孩子的心灵。用语言开导的方式，对患有精神病的孩子通常无效，但是，利用音乐这种非语言的手段，却可以吸引孩子乐意接触乃至参与有益的活动。音乐节奏还能强化音乐治疗的效果，这也意味着给孩子建立了一种他更容易和更愿意接受的秩序感。

与所有激烈的权力之争一样，患病孩子的父母一定要让自己从孩子的过分要求中解脱出来。病态孩子在权力之争中对父母的攻击往往格外严重，这更需要父母拿出很大的毅力，平静且坚定地抵挡住，不为所动。父母还需要有足够的勇气，为了维护自己的独立和尊严，不能屈服于患病的孩子的强制力，要坚定自己的立场。相反，若是父母以"可怜的孩子病了"为由，给予孩子不恰当的体贴和宽容，只会诱使孩子"病"得更严重，而且，孩子还会以自己的"病情"当作手中的武器，向父母施压。

精神病态人格

　　一个行为不当而且叛逆的孩子，有可能看上去像是精神病态人格，但事实上并非如此。[1]他不认同自己所属群体的价值观和道德观。他可能会目中无人，或者自我放纵；他可能会一味地按自己的意愿行事，完全不愿意与他人合作。然而，这当中有很多孩子，甚至可以说是绝大多数，后来都能调整好自己，不再表现出任何的精神病倾向。虽然他们在家里、在学校里的自我调整中可能有很大的缺陷，但是，进入了青春期之后，一旦他们能够摆脱干扰自我调整的家庭关系，最终就能够成功地适应整个社会。然而，另一方面，如果家庭和学校对孩子进行不当的干预，或者忽视了必要的帮助和监督，那么，过去没有表现出任何明显问题的孩子，在进入青春期时也可能会表现出

1　按照我们的理解，精神病态人格可以定义为一个人没有形成足够的道德意识，而且不肯接受他所处社会群体的是非观和价值观。因此，他的行为对社会造成了干扰。他毫无顾忌地把自己的利益看作是真正重要的行为目的。我们可以把精神病态人格划分成三种类型：（1）放纵型人格——酗酒和药物成瘾者、赌徒、说谎者、性变态、诈骗者、行为怪癖者、假装生病者；（2）反抗型人格——罪犯和不法之徒、毫无道德心之人、主动的性犯罪者和卖淫者、行为冲动和好争斗的人；（3）心智不健全型人格——不懂得辨别是非，对善与恶的认知十分有限。他们既可能自我放纵、目空一切，也可能只是不肯服从、不受拘束，以及容易冲动。

公然的叛逆。青少年犯罪的出现，在很大程度上就是由于孩子在进入青春期之前没做好准备，也是家庭和学校等教育机构没能通过正确的渠道理解、欣赏和激励青少年的不良后果。

我们必须要从小认真观察和辨识孩子身上的任何不肯合作、不愿参与的倾向。这些倾向，既不能通过武力去强行压制，也不能以为多加纵容就能化解。如今，人们在对待行为不当的孩子时，基本上都会使用压制或者纵容这两种方法，而这两种方法正是造成许多孩子形成放纵型人格和反抗型人格的根源所在。只要学校不能赢得孩子们的心，没法让他们以和谐的方式融入群体，帮助他们调整好自己以适应秩序，那么，我们就没法弥补家庭教育的不当所造成的问题，带有病态人格的孩子就会越来越多，在他们的青春转折期尤为如此。我们这个时代不断变化的价值观，使孩子更容易抵制父母和社会提出的道德观念。孩子越是认为自己有理由抗拒父母的价值观，他们在拒绝接受任何道德观、价值观时就越坚定。这里我必须再次强调，青春期的这种反叛行为，虽然可能导致青少年犯罪，但不一定意味着青春期的病态特征会永远持续下去。然而，不论是权威式的惩罚，还是溺爱式的纵容或忽视，都可能使青少年更深地陷入与社会的对抗，直到他最终重返社会的可能性永远受到阻碍。

有些孩子会在青春期呈现出极度反抗或极度放纵等严重的病态特征，有些孩子则比这还要早些。性冲动可能会同时激发孩子的反抗与放纵。这样的孩子可能会完全失控，不论是父母还是任何权威的力量，都不足以阻止孩子的反抗行为。酗酒、故意破坏公共财物，然后是肆无忌惮地自我放纵与寻欢作乐，最后发展成为纵火犯和强奸犯，便成为孩子在社会秩序和成人社会之外寻求他个人价值的发展历程。

将青少年犯罪增加的责任全部归咎于父母，这是不公平的。毕竟，如今是谁在帮助父母完成抚养孩子这一超乎寻常的重任？学校、老师、街道、警察，还有法院，同样都必须学习了解每一个少年犯，以及他面对的问题。更好地理解那些已经触犯法律的孩子，这对制定预防青少年犯罪的公共规划大有帮助。大多数具有精神病态特征的青少年都雄心勃勃，但是没找到正确的途径来施展自己的抱负。他们希望自己聪明又能干，而以不当行为来达此目的，要比适应社会规范更加容易。模仿成年人的恶习，与努力完成自己的任务相比，前者会让他们更容易感到自己是成熟的、有价值的，而后者却往往很少能让他们在成人世界中感到自己被认可。

一旦孩子站在成年人的对立面，我们就很难直接影响他。他通常会得到与他有同样想法和感受的同龄人的支持，因为他只愿意选择那些态度与他相契合的人为伴。因此，针对某个单独的家庭和孩子的修复工作往往不会太有效，而通过新的活动方式，特别是以小组讨论为主的团体活动，会更加有效。如此一来，这种方式有可能影响和改善整个团队的社会价值观和道德观。影响一个群体要比影响一个人更容易，因为群体中的每个人可以互相帮助和互相影响，而这正是组成一个团队的坚实基础。

　　由于精神病态人格的特征是否认他人的社会价值观，而且只考虑自己的利益，因此，这一问题必然与智力低下有一定的关联。确实，有些孩子因为心智能力的欠缺，无法充分理解复杂的道德观和价值观的概念。虽然人们通常会阻止严重智力缺陷的孩子与别人交往，以免对别人、对自己造成伤害，但是，智力缺陷不太严重的孩子却可能带来真正的危险，反而成了最容易受到伤害的人。许多有智力缺陷的孩子，如果能得到静心的培训、激励和督导，是能够很好地掌握生活能力的，甚至可以成功地投入到生活中。然而，以目前的教育条件而言，对这些孩子的施教方法不能令人满意，而对家长和老师来说，智力缺陷造成的额外问题又让他们不堪重负。因此，这些孩子不但得不到更好的照顾，相反，他们能受到的训练更是少之又少，有时甚至根本没有。早在他们进入学校之前，家人的过度溺爱、过度保护或者过度忽视已经消磨掉他们有限的能力。诚然，要训练好这样的孩子无疑难度更大，而且不见得有多少成效，与普通的孩子或者优秀的孩子无法相提并论。但是，如果不能处理好、教导好这些有智力缺陷的孩子，那么整个社会都将会为之付出沉重的代价，他们当中的很多人可能会走上犯罪的道路。

　　在结束这一章关于最受困扰儿童的讨论之前，我们必须呼吁大家，更多地关注孩子们的成长环境。可以说，一个孩子需要的帮助和支持越多，他实际上得到的就越少。父母、老师和其他人往往会把更多的精力和心血放在需求最少的孩子身上，而这些孩子实际上有能力调整自己、照顾自己。他们得到了每个孩子都有权得到的关心、关注和关爱。然而，那些最受困扰的孩子，却反而得不到应有的待遇，对他们的理解、帮助和鼓励，更是少得可怜，甚至完全没有。他们被人嫌弃、欺负、虐待、羞辱，被迫形成了更严重的叛逆心态和沮丧挫败。唯有通过推广更有效的训练方式，帮助更多的人更好地理解每个孩子的个性，我们才能纠正这种普遍存在的错误。

指导与
再调整

只有当父母和老师都不知道该如何
处理孩子呈现出来的问题时，
他才会成为一个"问题"。

　　通过本书前面各章节的叙述，希望能帮助父母认识到自己的一些错误，更好地理解孩子，甚至改善你与孩子之间的亲子关系。也许你觉得还需要进一步的指导，尤其是当你的情绪容易失控，或者孩子的行为令你气愤的时候。你也许想要了解一些具体的技巧，能指导父母和孩子建立对彼此更好的、更具建设性的关系。下面我会列举一些我们指导中心处理的实际案例，请你看看如何通过技术拯救亲子关系，也能更好地理解我在本书中讲述的方法是如何运用的。其中的一些方法，你也许可以直接使用，还有一些则可能会带给你启发，让你能通过进一步的思考而找到更合适的解决方案。如果你觉得需要类似的专业咨询帮助，可以向所在社区的咨询中心寻求指导。

　　大多数父母对应该如何管教孩子知之甚少，在很多情况下，他们其实需要来自外界的帮助。教师通常也不具备足够的知识能力，不能充分理解一个扰乱课堂秩序和行为不当的孩子。因此，大多数孩子需要的帮助都是超出课堂之外的。一个孩子若需要特殊帮助，这不能表明他就是一个"病态"的孩子。只有当父母和老师都不知道该如何处理这个孩子呈现出来的问题时，他才会成为一个"问题"。不仅孩子需要帮助，父母也需要专业顾问的客观意见。父母常常不知该怎么处理孩子的问题，可这并不是他们的错，也不一定表明他们就是不称职的父母。但是，正因为父母和教师都缺乏充分的知识和培训，我们就更应该认识到，建立有能力提供这类咨询的机构十分有必要。这些能为父母、孩子和教师提供服务的机构，通常被称为儿童指导诊所。他们的工作人员通常由一名精神科医生、一名心理学家和一名社会工作者组成。

也许，"儿童指导诊所"这个名称，值得重新考虑。"诊所"这个词，通常是指治疗疾病的医疗机构。由于儿童指导诊所的功能越来越倾向于帮助正常孩子重新调整和健康成长，用"指导中心"这个词更为合适。[1] 在未来，我们可能需要设立两种不同类型的指导中心：一种应该叫"指导诊所"，主要帮助问题比较极端的、困扰非常严重的，可能被称为"病态"的孩子，在这里对孩子进行一系列特殊的治疗和管理；另一种应该叫"指导中心"，为普通的孩子、父母和教师提供帮助。这样的指导中心可以由公共服务机构或私人赞助设立，设置在每个社区、每所学校，或社区活动中心、教堂和类似的机构中。

目前使用的临床指导技术有许多种。阿尔弗雷德·阿德勒（Alfred Adler）和一些心理学家研发了一种运用于儿童指导中心的独特技术。其主要原则有以下几点：

1. 咨询指导的关注点放在父母身上，因为问题通常是由父母造成的，而不在于孩子本身。孩子只是对他所承受的对待方

---

[1] 在奥地利，这种机构叫作 Erziehungsberatungsstellen，字面意思是"育儿指导中心"。

式做出回应而已。尤其是年幼的孩子，只要父母对待孩子的态度不改变，孩子身上的问题就无法得到改善。

2. 在指导中心，所有父母都一起参加"团体治疗"的系列活动。在这些团队会谈中，每个家庭的案例都会呈现，供所有参会父母公开讨论。新加入的父母在刚开始时可能会对这种做法表示反对，但是只要经历了首次与咨询师的面谈，过后他们就能够接受这种做法，因为他们意识到了在团队中应该相互帮助，并且深入地理解育儿方法。当然，隐秘的、令人尴尬的内容从不会出现在小组讨论会上，而只有在必要的时候，由社会工作者或精神科医生在私下里与有关人员单独会谈。任何新成员都会很快认识到团体讨论的优势，毕竟对大多数父母而言，听取其他父母对问题的讨论，有助于他们更深刻地理解自身的情况，因为他们总是更容易以客观的心态评估和理解别人身上的问题。

3. 同一个指导工作者（可能是心理医生、社会工作者或者心理学家），会与父母和孩子双方沟通。孩子的所有问题，都是因为父母与孩子的亲子关系出了问题。在处理每个案例时，指导工作者都会针对这家人之间特定的关系，同时从父母和孩子这两方面入手处理问题。由于我们从来都是与双方进行沟通的，因此从来没有感受到来自父母或孩子的任何抗拒。获得双方的信任并不比获得一方的信任更难。实际上，我们的经验表明，单独与一方合作注定非常困难。治疗的速度和方向，取决于在治疗期间父母和孩子的心态和他们的接受能力。指导工作者越是能与双方保持密切接触，越是容易准确地把握他们此刻的心态和接受能力。

4. 不论孩子的年龄大小，指导工作者都会就他的问题与他坦诚讨论。只要孩子能听懂对方说的话，他就能理解其中的心理学含义。与人们的普遍看法相反，幼儿在领会和接受心理学解释方面是非常敏锐的。通常，父母需要更长的时间才能理解问题背后的心理机制，而孩子却立即就能辨识。这并不是说孩子更容易接受暗示，因此更容易"吸收"暗示性的建议。他的"识别反射"只有当指导工作者对他的行为目的做出正确理解时才会出现。

孩子被叫进辅导室时，他的父母并不陪同。这时，孩子的举止、行为和反应，都会揭示出他面对生活的独特心态和方式。谈话往往很简短，直接切入正题，分析孩子的基本问题。若讨论切中要害，通常会给孩子留下深刻而持久的印象。孩子很少会因为有成人在场而感到尴尬。即使是他感到尴尬，也会在这些复杂的测试情境中透露出比平时更多的基本态度和反应模式，让人更容易看到问题的实质，而在家里或教室里的"正常"情况下，他真正的行为动机往往被补偿性的、惯性的行为模式所掩盖。[1] 如果在这样的会谈中还不能做出明确的诊断，或者还需要一些特殊信息，我们会对孩子进行更多的心理测试，只不过

---

1 参见下文，"孩子们之间的对抗"的案例。

通常很少有案例需要进行到这一步。

5. 如果孩子不是家中的独生子女，我们不会单独跟他沟通。家中的每个孩子都发挥着重要的作用，因为任何一个孩子的问题都与其他家庭成员的问题密切相关。我们必须了解整个家庭中现有的相互关系，以及联盟、竞争和对抗的阵营，这样才能真正了解每个成员的观念和行为。因此，我们总是要求父母带家中所有的孩子来指导中心。

孩子们一同进入辅导室后，按照要求，他们要一起坐在一条长凳上。他们是怎么进入房间、怎么坐下的、分配座位的方式和后来就座的位置，以及每个人参与讨论的方式、在讨论过程中的面部表情和其他反应，等等，这些都是了解孩子之间相互关系的线索。我们要跟所有孩子进行沟通，这个做法非常有必要，因为一个孩子身上出现改变时必然会影响整个群体。通常，如果这个"问题孩子"有所进步，之前在与他的竞争中获胜的另一个"好孩子"就会陷入困境。我们可以清楚地看到，在很多情况下，最让父母感到困惑的孩子往往并不是适应不良的孩子。无论孩子们之前的表现如何，我们都必须帮助他们建立更好的平衡，否则就无法帮助任何一个孩子获得真正的改善。在这个过程中，我们必须密切关注孩子之间关系的变化，并采取必要的措施来改善每个孩子对整个群体的态度。

6. 我们的主要工作目标是改变孩子与父母之间、与兄弟姐妹之间的关系。唯有这样，我们才能改变孩子的行为方式、生活方式、交往方式，以及他对自己的看法、对他人之间关系的看法。针对每个孩子的心理指导，都是根据他对自己在家庭中的位置、他对自己的行为目标的认知而展开的。孩子之所以陷入困境，可能是因为他试图寻求关注（目标1）、证明自己的权力（目标2）、惩罚或报复（目标3）或展示自己的无能（目标4）。

在指导中心的首次面谈时（在社工介绍了个案简史之后），我们通常致力于解释孩子的行为问题背后的心理因素。一般来说，我们会尽力让父母和孩子都明白，为什么孩子会有那样的行为，以及父母做了什么导致孩子陷入（或加重）了困境。

在某些情况下，我们还会在首次面谈时针对父母如何改变对待孩子的方式提出建议。我们会尽量每次解决一个问题，而且从最重要或者是最容易解决的问题开始。我们提出的所有建议总是尽可能简单清晰，尽管我们也知道，要切实执行建议，从来不是一件容易的事情，因为新的做法会涉及现存所有关系的改变。

我们提出的第一个建议是请父母与孩子休战，这也是作为读者的你，在尝试其他解决方案之前应该考虑的建议。父母需要迈出的第一步至关重要，值得我们再次详细讲述和反复强调。

在此之前，孩子和父母都处于战争状态。现在必须平息这场战争。我们必须说服父母，让他们能暂时"放任"孩子按现状行事，继续做一个"坏孩子"，继续"犯错误"。这不会给孩子造成多大的危害，因为他很可能行为不当已经有一段时间了。与此同时，父母必须学会观察孩子和自己——以一种更有觉察力的视角，更好地理解在孩子和父母之间发生的事情。首先，父母必须学会克制自己。他们必须意识到自己喋喋不休的倾向，并学会闭嘴。他们必须开始努力改变自己。许多父母表示，他们已经"尝试了所有办法"，但怎么做都没用。他们通常都没有做一件事：那就是尝试改变自己。休战就是从这里开始的。如果父母不与孩子休战，就不可能出现家庭和平。与孩子和解，不但是父母的责任，而且是他们的真诚愿望，否则孩子是不可能有所改进的。父母只有在学会克制自己后，才能逐渐与孩子建立崭新的亲子关系。

我们知道，第一步的确是最困难的。很少有父母能够做到立刻改变自己的行为，并克制自己的过度行为。如果他们真的做到了，那么我们立即就能看到好的效果。若是这种情况，只要经过一两次面谈之后，孩子身上的问题就可能完全消失。当然，即便开始的时候改变慢一些，也并不影响最终的改变。

在接下来的会谈中，我们会针对同一个问题的另一个侧面，与对方进行讨论。每次都只强调一个特定方面，但是我们每次都会反复重申相同的解释和建议。毕竟，这就是训练所需要的过程，训练必须有系统性的不断重复。如果仅仅被告知如何做，没有哪个孩子立即就能学会阅读和写作，也没有人能够掌握某种技能。指导工作者必须对父母有足够的耐心，而父母也必须对自己有足够的耐心。如果父母过分急躁，渴望得到立竿见影的效果，那么焦躁心态反而会妨碍孩子重新调整。

根据我们的经验，在寻求建议的父母当中，只有少数父母受到很深的困扰，以致需要心理治疗来帮助他们调整好自己的情绪。绝大多数父母只需要我们提供信息和指导，然后他们就可以圆满地解决好他们与孩子之间的问题。他们之前的困扰、烦恼、激动、易怒，往往是因为他们不知道该做什么，对孩子的行为茫然不解，所以倍感沮丧与挫败。当他们开始理解问题的症结所在，看到解决问题的全新方向时，他们心中的紧张、焦虑和痛苦就会随之消散。孩子身上出现的问题，此时已经不再是一件令人苦恼的事，而变成了一个有意义的任务，吸引他们去尝试和验证，并发挥他们的创造力。父母以这样的心态对待问题是非常有必要的，因为孩子们总是会给父母制造出一些问题，而且只要是人们生活在一起，就一定会有问题出现，因为所有的人际关系都会涉及相互间的利益冲突、意见分歧、欲望，以及性情的对立。

我们接下来要介绍的一些案例，均来自于芝加哥儿童指导中心、芝加哥医学院附属精神病诊所，以及我的私人诊所的档案。虽然这些案例与前文引用的一些案例相似，但这些案例能让你看到更详细的步骤与过程。每一个案例的成败，完全取决于父母的反应。我们主要是与母亲一起开展治疗工作；母亲是孩子生命中最重要的人，对孩子的影响比任何人都大。如果母亲不能做出改变，不接受和采纳我们的建议，那么母子之间最重要的关系仍只能建立在旧的错误的平衡上。孩子需要取得的"改善"，绝不仅限于不再出现父母抱怨的行为模式。有些时候，通过我们直接与孩子的单独交谈，就可以让孩子停止不当行为。但是，除非改变孩子的整个家庭内部的基本平衡，否则他在行为上的暂时改善是无法持久的。

😊 哭泣

K 太太遇到一个让她特别苦恼的难题，于是她来到指导中心。她的女儿才刚刚六个月大，每次被放进婴儿围栏时都会哭个不停。母亲曾试过不理睬宝宝的哭声，但女儿会一直哭泣，有时整整一个小时都不肯停下来。母亲最终实在无法忍受，只好过去把女儿抱起来。K 太太问，她该怎么办呢？

经过简短的谈话，我们很快发现，父母双方都非常担心孩子的健康、成长和发育。孩子很容易哭，母亲每每听到孩子的哭声就倍感心烦意乱。婴儿的进食、睡眠、体重、轻微的感冒或不适等，都是重要的问题，会引起父母特别的关注。

我们告诉这位母亲，孩子成长的环境，比任何人的任何举动更重要。孩子其实可以感觉到母亲的焦虑和担忧，并且已经懂得利用母亲的这份焦虑来获得额外关注。她喜欢待在母亲的怀里，让母亲抱着她、爱抚她，这样远比被独自留在婴儿围栏里要舒服。尽管母亲已经对自己的行为很谨慎，可是她却疏忽了控制好自己的情绪。虽然她并没有说什么，可是她的焦虑和同情，让孩子都感觉到了，并以自哀自怜和哭泣不止作为回应。

因此，我们建议 K 太太，她应该将孩子单独留在婴儿围栏中，而且她不必担心哭泣会对孩子造成伤害。如果她和孩子待在同一间屋子里，那么她必须完全保持冷静；如果她做不到，就最好离开那间屋子。

一周后，K太太回来复诊，告诉我们她多么惊讶于后来发生的事情。在她离开我们中心的当天，回到家后，她像往常一样把婴儿放回围栏里，什么也没说。但是这一次，孩子竟然没有哭，这是孩子第一次接受了自己被单独留在围栏中的现实。而且从那以后，每次母亲将孩子放进围栏中，她都再没有哭闹过。

K太太意识到，实际上是自己的态度和情绪导致了孩子的焦躁不安。经过与我们的一番讨论，她减轻了焦虑，而孩子立刻就觉察到了。从此，她总是小心翼翼地觉察自己对待孩子的态度，从而改变了她与孩子之间的亲子关系。

恐惧

吉尔伯特九岁，他在母亲的陪同下前来寻求帮助。他是个好孩子，听话又善良。可是，在过去大约一年里，他却一直饱受恐惧的折磨。他先是亲眼看见了外祖父的去世，心中难以承受。从那以后，他一直生活在恐惧中，总是担心父母可能出事。他会在夜里尖叫着醒来，跑到父母的房间里，看看他们是否安好。他尤其惦记母亲，每当母亲外出办事时，他总是惶惶不安，特别害怕母亲会出事。母亲必须每小时给家里打一次电话，如果她晚打来五至十分钟，吉尔伯特就会急得抓狂。父母都非常同情他，从来不打骂他，可也对他束手无策。他们采用过药物治疗，但是起不了什么作用。有一次他们把他送到了祖父母的农场。最初几天还好，吉尔伯特平安无事。后来，有一天夜里他做了噩梦，随即叫醒了祖父母，说他确信母亲快要死了。他们不得不在半夜给他父母打电话，让他相信母亲安然无恙。可从那天起，他再也无法安心在祖父母家住下去，只好被送回家了。

我们简略地了解了吉尔伯特小时候的成长经历。他一直与母亲的关系非常亲近，而且，在他外祖父去世之前，他在家里和学校表现得非常好，也没遇到过重大的难题。他很重感情，十分顺从，几乎是一个模范孩子。甚至在三年前他妹妹出生时，他也很好地做出调整，对妹妹非常喜爱，相处和睦。可是，自从外祖父去世后，一切都发生了变化。

在我们的首次会谈中，没有得出明确的结论。不过，外祖父的去世似乎是一个很重要的转折点。首先，此时此刻父母对吉尔伯特经历的打击表现出过度的同情与关心。其次，这件事又与吉尔伯特人生中的另一件大事相重合，那正是他最没有安全感的时候：就在此前不久，他已经感受到小妹妹与他的竞争所带来的威胁。因为妹妹非常可爱，吸引了父母的很多关注。吉尔伯特从小没有体验过公然的反抗和对战，于是他利用了外祖父去世的机会来赢得父母的关注，让母亲比以前更亲近自己，这种亲密程度已经超出了他的年龄和发育程度的需要。当然，他并不知道自己的这种心理机制，正如父母和祖父母都不知道一样。我们给出的建议是，母亲不可再对吉尔伯特的恐惧感表示担忧，因为她的同情只会加重吉尔伯特的病情。同时我们也提醒母亲，吉尔伯特可能需要相当长一段时间来培养独立感，从而不再靠恐惧感而依赖母亲。

在与我们进行会谈的过程中，吉尔伯特显得非常坦率、聪明、真诚和友善。我们简短地交谈后，直接问他，知不知道他为什么如此害怕母亲可能会去世，他摇了摇头。我们又问："你愿意听我们给你解释吗？"他满眼渴望。我们告诉他，是因为他想利用自己的恐惧来抓住母亲的心，让母亲关心他、靠近他。而这是因为他害怕小妹妹会抢走母亲的爱。对不对呢？他不自觉地咧嘴一笑，那就是特有的"识别反射"，证明我们说对了。他以前从来没这样想过，但他承认事情可能的确如此。我们又问，是否需要我们帮助他克服这种不安全感。毕竟，他是个好孩子，不再那么需要母亲了。他欣然同意。

这对母子的复诊预约，原本定在两周之后，不过就在见面的前几天，母亲打来电话，取消了复诊预约，因为吉尔伯特的恐惧已经完全消失了。

孩子们之间的对抗

在下面的案例中，尽管没有取得令人满意的结果，不过也有值得一读的地方。

　　D夫人与她四岁的儿子汤姆，相处起来有些困难。她说，在汤姆出生后不久，她就又怀孕了，所以主要是她的丈夫照顾汤姆。父亲送汤姆去睡觉时会握着他的手，只要汤姆和谁发生争执，他都站在汤姆这一边。汤姆的行为变得越来越任性。如果事情没能按他的意愿来，他就会大声尖叫。他尖叫时，母亲会威胁说要把他关进壁橱里，这时他就会安静下来。有一次，当汤姆捉弄比他小一岁的弟弟弗雷德时，母亲说如果他不停止，就会给他灌肠。每当这两个孩子行为不当时，D夫人会拿棍子来教育他们。

　　弟弟弗雷德和汤姆完全处于同一战线。弗雷德经常做些很可爱的事情，家里的每个人都很喜欢他。在托儿所里，弗雷德总是站出来保护哥哥，在哥哥哭的时候还会试着去安慰他。

　　当孩子们进入咨询室时，我们惊讶地发现，汤姆微笑着向前走来，而弗雷德则相当害羞和怯懦地跟在后面。汤姆回答了所有问题，也替弗雷德回答了所有问题。他带着一种典型的大哥哥的气概，友善又和蔼，而弗雷德则抓住椅子，扭着身体，看上去很调皮，而且没有参与谈话。

　　很明显，在指导中心不寻常的氛围中，孩子们的行为与他们在熟悉的家庭和学校环境中的表现完全不同。在咨询室尴尬的气氛里，汤姆展现出他面对陌生人时勇敢而友善的一面。显然弗雷德才是真正的问题孩子，这与他母亲和老师的印象完全相反。其原因在于，弗雷德被母亲拉进她的阵营里，跟她一起对抗汤姆和父亲的联盟，而且还把弟弟弗雷德的地位置于哥哥汤姆之上。当没有了依靠时，汤姆能靠自己应对一切，只不过在此之前他一直没有机会展现自己的能力，因为弟弟弗雷德总是在母亲和老师的认可下，打击和压制哥哥。

我们建议 D 夫人，不要再让一个孩子与另一个孩子对抗，也不要再选边站队。如果两个孩子发生争吵或出现不当行为，她可以要求他们都离开房间，这样她就不需要威胁或打骂哪个孩子了。

两个星期后，D 夫人告诉我们，当兄弟俩吵架时，她的确让两个孩子同时离开餐桌，而且后来他们在吃饭时也不再吵架了。她还说，在上次会谈之前，汤姆很难在早上自己穿衣服，弟弟弗雷德会帮他穿衣服。可是，自从上次会谈后，情况却大不一样了，汤姆可以自己穿衣服，而弗雷德却变成了不会穿衣服的那个，似乎什么都不会了，要人帮他穿。两个孩子的角色完全颠倒了。弗雷德不再帮助他的哥哥，在托儿所经常大发脾气，变得消极，他开始在穿衣时表现得无助。

再一次进入咨询室，进行第二次面谈时，两个孩子进门时的表现与上一次如出一辙。弗雷德犹犹豫豫地走进房间，一边走一边摆弄他外套上的扣子，一会儿扣上，一会儿解开。汤姆进来后，说道："你好，弗雷德。"然后径直走到椅子旁坐下。然后弗雷德也跟着坐下来。弗雷德仍不回答任何问题，完全无视别人，只顾玩儿自己的鞋子。只有到了咨询师让他展示，他如何解开外套的扣子时，才激起弗雷德的兴趣。他的眼睛闪闪发亮，解开外套扣子，脱下外套，摘下帽子。而在此之前一直反应相当灵敏的汤姆，在弗雷德表演解扣子时，却瘫倒在椅子里，吃着手指。当他们准备离开的时候，汤姆再次带头响应，站起来邀请弗雷德和他一起去。弗雷德犹豫了一下，被汤姆哄劝着，慢慢地跟了上去。

我们向 D 夫人解释，孩子们为何会交替扮演无能小宝宝的角色，这取决于当时他们谁能占据上风。母亲表现出的任何偏袒，都会加剧两个孩子之间的竞争。如果她想要让两个孩子都能健康成长，她就必须让孩子们重新建立不同于现在的关系，而且她自己也需要和两个孩子重新建立不同的关系。我们建议她多让两个孩子独处，享受彼此陪伴的乐趣。

尽管 D 夫人后来又来了两次指导中心，但取得的成效却微乎其微。她很难改变对待孩子的态度和方法，后来也没有再来指导中心。

在这个案例中，有几个要点需要说明。首先，看上去有问题的孩子，可能并不是真正有问题的那一个；其次，在咨询室独特而紧张的环境中，与"正常"的家庭或学校氛围相比，往往更有利于我们准确地评估两个孩子之间的关系；第三，一个孩子的进步，往往导致他的竞争对手出现行为倒退。

尽管母亲没能充分配合我们来帮助两个孩子做出调整，但是经过我们简短治疗，两个孩子的行为至少已经发生了一些动态变化，因此他们之间有望形成一种新的、更为健康的平衡关系，特别是他们的老师已经认识到问题的本质，并且能做出相应的处理。

🧒 欺凌

P夫人是一位非常焦虑的母亲。她详细地描述了她与罗伯特之间的问题。虽然她看起来很无助，但在管教孩子的态度上却相当固执己见。

罗伯特今年六岁，他还有一个三岁半的妹妹。在与这位母亲的首次会谈中，她一直在数落罗伯特，说他很难交到朋友，总是独自一人，而且不知道如何利用自己的时间。偶尔他会画画，或者听唱片。他喜欢"管"别的孩子，有时会采用贿赂的方式，有时又会大打出手。他很固执。母亲说："很难让他改变主意。"他无法与任何人相处，总是按自己的意愿行事，而且总是有办法达到目的。母亲"不得不偶尔狠揍他一顿"。他小时候其实表现很好，可现在却变了。早上必须连叫他两三次之后才肯起床，而且也不会穿衣服了，需要帮忙。他胃口还算不错，但在座位上不老实，晃来晃去，上蹿下跳，母亲不得不再三提醒他安静下来。晚上睡觉也很麻烦，总是需要别人不停地哄劝才去睡觉。他也不肯把衣服收拾整齐。

在我们与罗伯特的会谈中，发现他是一个坦诚而直率的小男孩儿。他认为母亲喜欢小妹妹远甚于喜欢他。妹妹拿走了他的书，让他很生气。他承认他想成为管天管地的"大老板"。他以后想成为一名医生。他喜欢上学，在课堂上跟同学相处得不错，但到了课间休息时，其他孩子会打他、踢他，他也不知道为什么。

我们先向罗伯特解释了他的行为，然后又向他母亲进行了解释。我们的解读是这样的：罗伯特相信没有人真正爱他，因此试图通过展示他的力量来找到自己存在的价值，而最主要的目标就是跟母亲的较量。母亲被激怒，并试图强行按她的规则来行事，可她当然只会是战败方。罗伯特于是更加坚信他需要的是力量，而不是被喜欢，被喜欢是小宝宝才有的特权。

罗伯特理解并接受了我们的解读，因为他的"识别反射"验证了这一点。不过，他母亲却是半信半疑。

我们建议 P 夫人，立即停止与孩子战斗，也停止现在的"管教措施"，包括一再提醒、哄劝和惩罚。她必须赢得孩子的心，给予他认可，也必须把他的责任交还给他。她不能继续在早上帮助孩子，那是他自己的事情，孩子必须学会照顾自己。在餐桌上，如果孩子不守规矩，那可以把孩子送离餐桌，但是不可以用尖锐的言辞和批评。她的主要任务是改善自己与罗伯特之间的关系。罗伯特不相信人际关系，父亲明显的"男子气概"很可能对罗伯特向往成为"大老板"有一定的影响，但是罗伯特的心态和行为发展到如今的地步，母亲仍然是最重要的因素。母亲因为制服不了他而使用了暴力，尽管她还是没能制服罗伯特，但她显然刺激了罗伯特对她步步紧逼。

在第二次的指导会谈中，P夫人讲述了罗伯特的进步。他承担起更多的责任。为了能准时到校，他早上会自己关注时间。从餐桌上被送走了一次之后，他的餐桌礼仪有了很大的改善。但是，他仍然不能和别人一起玩儿，也不能独自玩耍。

这个男孩儿跟我们的会谈，仍然像上次一样坦诚而直率。他承认说，他的确想欺负所有人，包括他的母亲和学校的朋友们。他还说，他现在不想再"管"别的孩子了，而他们对他也更加友好了。

这一次，我们建议P夫人，要多花时间陪罗伯特一起玩儿，而这是她以前从未做过的事情。我们还建议她，每周邀请别的孩子来家里玩耍，并准备好各种游戏供孩子们玩。

在第三次会谈中，母亲说罗伯特有了很大的进步。他表现更好了，也不反感她的要求了，只是偶尔还有些烦人的举动，有时还是想要证明他的为所欲为。有一次，母亲让罗伯特穿上雨鞋，他回答说："这是我的脚，我不在乎弄湿。"母亲试图说服他这么做的后果是生病，但自然没有任何效果。我们向她解释说，问题的关键不在于要不要穿雨鞋，而在于权力之争的又一次试探。罗伯特穿不穿雨鞋是次要的，重要的是不能再被孩子拉进新一轮的权力之争。母亲之所以又一次失败，是因为她又一次想用大道理来说服儿子。而男孩儿坦率地告诉她："我自己说了算。"母亲想要击破他的顽抗，他却展示了自己的抵抗，并向母亲证明了她的无能。如果两人继续僵持下去，罗伯特甚至可能会采取进一步的报复行为。好在母亲陪他一起玩耍，抵消了他的这种倾向。母亲说，她自己也观察到了，在陪他玩耍时，他变得更愿意与她合作了。

P夫人说，罗伯特现在不但可以和其他孩子一起玩儿，甚至还可以和他妹妹一起玩儿了，而且他也不再试图去"管"别人了。母亲开始邀请朋友来家里玩儿了。她感觉轻松了许多。她还说，现在保姆也答应留下来帮忙，而之前保姆因为受不了罗伯特而拒绝留下来。

在接下来的谈话中，我们谈到了罗伯特上床睡觉的问题。为了让他按时睡觉，家人总是需要费尽口舌。等他终于答应睡觉了，他又会找借口起身多次，有时候他还会在夜间打扰父母休息。P夫人自己设想出来的自然后果是，既然罗伯特毫不体贴地打扰父母休息，那么他们也可以把他从睡梦中叫醒！这表明她的观念仍然陷在相互报复中，要对孩子"以眼还眼，以牙还牙"。在我们的建议下，母亲找到了更好的、更合乎逻辑的自然后果：她可以与罗伯特商量，和他约定睡眠时间，罗伯特因此知道自己应该什么时候去睡觉，而母亲则应该一言不发地在一旁观察。如果他头一天晚上没有按时上床睡觉，那么他就必须在第二天提前去睡觉，补足前一天晚上缺失的睡眠时间（我们建议，让大孩子利用周六晚上来补足缺失的睡眠时间，也就是说，根据孩子这一周内耽误了多少睡眠时间，他也许周六晚上就不能吃晚饭、不能看电影了）。

　　在最后的一次会谈中，我们看到了明显的改善，不仅体现在罗伯特的行为上，也体现在他与母亲的关系上。两个人都更加开心了。罗伯特上床睡觉不再是问题，也能照顾好自己。他有一次发脾气时，母亲走出了家门，从那以后他便不再乱发脾气了。因为母亲不再控制他、逼迫他，所以他也不再试图控制母亲了。他和母亲一起玩耍，很享受彼此的陪伴。他与其他孩子的关系也更好了，喜欢跟他们一起玩儿。他现在相信小伙伴们都是喜欢他的，父母也是爱他的。

　　罗伯特想要掌控权力的渴望，来自于母亲的态度。首先，母亲过度保护、过度焦虑，随着孩子长大变得难以管教了，特别是因为第二个孩子的出生让罗伯特感到被冷落了，她变得过度严厉，而且以惩罚为主。我们向她提出的每一项建议，目的都是在改善亲子关系。随着罗伯特对母亲的态度，以及母亲对罗伯特的态度的转变，罗伯特在家庭之外的行为也发生了变化。罗伯特能立即回应我们的解读，母亲也能意识到她的错误并立即采取新方法，因此这对母子的调整都格外迅速。

小霸王

　　九岁的乔，是转诊来我们精神病诊所的，在此之前他已经转诊过很多专科诊所了。他的病症是体重超重，可是所有针对他的饮食和腺体的治疗都不见效果。而且，他母亲 W 夫人显然无法控制孩子的食物摄入量。

母亲说，乔在饮食上毫无节制。他放学一回到家就会喊饿，要吃东西。母亲提醒他不要在两餐之间吃东西，但他会去食品储藏室拿想吃的食物。如果母亲想要阻拦他，他就会发脾气，所以母亲只能投降，"毕竟，他是真的很饿。"每天母亲都要长篇大论地说教，告诉乔控制饮食的必要性，可是乔饿得忍不住，根本没办法忍住不吃。

然而，他让人头疼的地方还不仅仅是在饮食方面。他还会尿床，而且他总是黏在母亲的身边。如果母亲出去，乔会担心她不能按时回家。如果母亲需要离开家，那就必须告诉儿子，她要去哪里、预计什么时候回来。所以母亲总是要计划好购物时间，以便能在儿子放学回来之前赶回家。如果她迟到了几分钟，乔就会站在门口当众大吵大闹。

另一个亲子关系的冲突点是收音机。只要是乔喜欢的，他就要一直听，不肯按时去睡觉，一直等父母睡觉了他才去睡觉。他有时候还需要有人帮他脱衣服和洗澡。他早上能自己穿好衣服，但却不系鞋带，用他母亲的话说就是，"也许他太胖了，够不到。"

他在学校里表现很好，但与邻居的孩子们相处不来。他说，孩子们很粗鲁，在社区里面搞破坏，联合起来对付他。母亲于是告诉他，不要跟他们一起玩儿。他只有一个朋友，是一个比他大一点儿的小男孩儿，乔让他做什么他就做什么。有其他孩子来找乔玩儿时，他不让别人碰他的玩具，因为"他们可能会弄坏玩具"。他上学时要从另一边绕道，以免碰到邻居的其他孩子。

乔还有一个比他大十二岁的哥哥。他总要跟哥哥打架，很反感哥哥总想指挥他。如果乔不听话或者行为不当，哥哥就会对他发火。每当他哥哥得到的东西比他多，或者可以做他还不能做的事情时，乔都会产生嫉妒心。

我们来简单汇总一下：乔是一个被过度保护的孩子。作为家里年龄最小、个头最矮的孩子，他总想要控制母亲，以及凡事要按照他的意愿行事作为补偿。他对食物的过度渴望，是他打击母亲的武器，还有他至今还尿床、不会自己穿衣服、听收音机很晚不去睡觉，以及他要控制母亲的外出活动时间等行为，也都是为了这个目的。他无法与其他孩子和睦相处的原因，是他总想要控制别人，而且不愿意与别人平等相待。母亲一方面和他过度亲近，另一方面又不知道该如何管理他，一边要跟他斗争一边又要投降。母亲和哥哥想要战胜乔，而乔也想要压制住他们的愿望，双方相持不下。

我们把上述情况分别解释给母亲和乔，他们看起来也都理解了。乔以"识别反射"承认了我们关于他想要掌控一切的分析。我们建议母亲，不要再跟孩子发生争执，而是应该采取行动。她不必就吃饭问题向孩子说教，只要确保乔在两餐之间拿不到任何食物就行；她不必再继续帮他系鞋带；她应该在晚上九点直接关掉收音机。只要她能放下对乔的担忧和不放心，孩子就能学会照顾好自己。只要母亲不再屈服于乔的控制，乔也就无法再继续控制她。她完全不必向乔报告她要去哪里、何时能回来，不必要求自己在他放学回家时总是在家里等着他。乔可以自己承担起相应的责任。母亲答应，她会按照我们的建议逐条执行。

　　两周后，W 夫人反馈说，哥哥教会了乔怎么系鞋带，乔从那以后就自己系鞋带了。W 夫人还给了乔一把公寓的钥匙，母亲不在家的时候，乔可以自己进屋，照顾好自己的一切。到了晚上，他九点钟就会去睡觉，每周只有一个晚上例外，家人允许他可以收听一个广播剧。关于饮食的争论也没有了。他在放学后偶尔会得到一些食物，然后就会出去玩儿。他还和另一个男孩儿交了朋友。还剩下一个问题没解决，那就是尿床了。他和哥哥同床睡觉，兄弟俩总是因为乔尿床而吵架。

　　在会谈的过程中，乔几乎不说话，叫到他名字时他会立即转移视线，但是通过他的面部表情和"反射"反应，让我们知道他听得懂，而且认同我们的说法。我们跟他聊了很久，虽然他基本上一言不发，不过我们会根据他面部表情的反应继续往下聊。其间我们问他，是不是想通过尿床来惩罚哥哥，因为他觉得哥哥总是对他指手画脚，要控制他，这时他的"识别反射"给出了肯定的答案。

　　这一次，我们给 W 夫人的建议是她只要继续监管乔的饮食，而不必提尿床的事情。我们想看看，仅凭我们与男孩儿就这个话题的一番讨论，能否对他产生影响。

　　两周后，乔的表现相当好。他仍然自己系鞋带。如果母亲没有准时回家，或不告诉他要去哪里，他也不再为此与母亲争吵。在与其他孩子的关系中，他仍然更喜欢那个愿意乖乖听他指挥的老朋友。现在他每周只尿床两三次，而以前他每晚都尿床。

我们对 W 夫人解释说，乔在尿床方面的进步表明，我们上次就此问题的见解应该是正确的，她应该远远避开两兄弟之间的冲突。而且，她应该尽量不要再把乔当个小宝宝来娇惯，也应该把这点告诉乔的哥哥。乔在这次会谈中比上次更愿意多说一些。

又过了两周，乔自己穿好衣服，准时上学，这些已经完全不需要有人哄劝了；放学后他自己用钥匙开门回家；他没有再与母亲就回家时间、晚上听广播、吃多少食物等事情发生争执。他在两周内总共只尿过两次床。

又两周后，乔的尿床问题完全消失了。乔表现得很好，一般晚上八点半就上床睡觉，自己穿衣服和脱衣服，自己离家和回家，对食物也不再有强烈的欲望。

这次出现一个新问题——乔不肯写作业。我们建议他的母亲，简单地告诉他，如果不完成作业，就不可以听收音机。母亲不必再就此事提醒、催促或者恳求他。乔已经不再跟那个听话的老朋友一起玩儿了，而是结交了一个新的、更能平等相处的朋友。

又过了两周，乔尿了一次床。不过，他每天都能完成家庭作业。在过去的两周里，他体重减轻了三磅。他不仅与母亲相处得更好了，与其他孩子也是如此。他现在也和其他的孩子一起在操场上玩耍了，不再说对方的坏话了。

又过了两周，乔一次也没有尿床。他不但分数提高了，而且各科考试都及格了。他与其他孩子相处得很好，还有了很多新朋友。家里平静有序，听收音机的问题也不存在了。母亲和乔对他们关系的改善都感到很满意。这个案例就此结束。

乔的案例与前面罗伯特的案例颇为相似。在这个案例中，孩子和母亲都很快理解了他们彼此犯下的错误，也都在第一次会谈后立即开始了重新调整。就这个案例而言，你可能会觉得男孩儿目前的问题已经全部解决了，亲子关系也得到改善。不过，由于这个孩子在家里地位的特殊性，以及母亲和孩子都有固执的性格，如果遇到新的情况出现，而他们不能及时做好应变的准备，还是有可能引发新的问题。一旦出现这种情况，母子双方都可能再次走回老路上。

可怕的孩子

L 夫人在没有预约的情况下，带着她八岁的儿子迈克来到指导中心。她想要立即得到帮助，对我们提出的预约要求不满。这个所谓的预约，是指她需要首先与负责了解背景情况的社工人员沟通，把孩子的成长历史、环境背景、现有问题等先进行备案。她坚持留在咨询室里，不断地打扰我们的正常工作，一会儿跑去社工那里询问有关预约的更多信息，一会儿又打断正在忙于另一个案例谈话的精神科医生，大声问他何时轮到跟她谈。迈克前一天因为抖动和抽搐而被学校要求提前回家。老师以为他患有一种叫圣维斯特舞蹈病（St. Vitus's dance）的病症。

在与孩子的母亲和祖母进行约谈时，我们得知迈克已经抽搐了大约两个月了，他不停地晃头、吸鼻涕、清嗓子，最近整个身体都会剧烈地抖动。

父母很少在家，迈克由外祖父母照顾。家里还有一个六个半月大的小妹妹。一家人常常互相吵架，而且还当着他面吵。迈克可以自己穿衣服，但是他不愿意，母亲因为懒得跟他争执，直接替他穿衣服。在餐桌上，他不用刀叉，而是直接用手抓食物吃，还把食物弄得满地都是。除了肉之外，他什么都不吃，所以经常在吃饭的时候被家人唠叨不停。他不仅不帮忙做家务，而且还经常破坏捣乱。孩子们不愿跟他一起玩儿，因为他会打他们。他还随意拿走别人的东西。他假装遇到了大麻烦，大声叫他母亲，等母亲惊慌失措地跑过来，他又会哈哈大笑，问母亲是不是为他着急了。最糟糕的事情是让他上床睡觉。还有，直到去年他在排便后还要母亲替他擦屁股，而母亲"治愈"他的办法是把粪便涂到他的脸上。母亲经常打他，也没完没了地唠叨他。迈克的父亲洛先生很严厉，会直接喝令他出去，还会吓唬迈克。父亲认为男孩儿在举止行为上的毛病都是母亲惯出来的，夫妻俩因为孩子的这些问题打算离婚了。外祖父母非常心疼孩子，总是过度放纵他，也总是站在他这边。

迈克喜欢上学，成绩很好，但在自制力和礼貌方面的评价很差。他总在不该说话的时候说话，不专心听讲，还扰乱课堂秩序。有一天，作为对他抽搐动作的"惩罚"，他被学校要求回家。

母亲和外祖父母对他目前的"神经系统问题"感到非常震惊，并希望能得到立竿见影的帮助。迈克已经服用了两个月的溴化物和巴比妥类的镇静剂，但情况越来越糟糕。在会谈中，他们没耐心等我们提出建议就反复追问道："我们能做什么？我们该怎么做？"当我们提出建议时，他们又立即表示反对，并拒绝接受任何建议，有时还会互相争执起来。整个谈话过程让我们清晰地看见了这个家庭的氛围——焦虑、易躁、冲突和无序。

轮到我们与这个男孩儿谈话时，他表现得非常坦率、直言不讳。他的身体会剧烈地抖动，但并不像是在跳舞（这是圣维斯特舞蹈病的典型症状）。我们问他为什么要抖动身体时，他回答说："我应该告诉你原因吗？（他晃了晃头）其实，是我脑子里有个声音在告诉我：'做吧，做吧'。"在回答我们的另一个问题时，他说："如果你认为我是在嫉妒妹妹，那我告诉你，我才不是呢。他们（家人）就是这么认为的。我才不在乎他们是不是忙着照顾妹妹，我只管回到我的房间，看我的漫画书。"我们向他解释，可能是他的骄傲不允许他承认自己的嫉妒心，但正因为他的嫉妒心，他才会尝试新的、更有效果的把戏，让家人更关心他。他其实是既想当家里的"大老板",又想当全家人的"小宝贝"。在观察他的抽搐时,我们觉得他的动作极具突然性和生动性(或者戏剧性?)。于是,我们大胆猜测,会不会是他故意用这种举动来吓唬他母亲和祖父母,觉得这种方式比其他行为更能打动他们?此时,他的"识别反射"告诉了我们答案。然后,我们在跟他说话的过程中,学着他的动作,演示给他看这种突然的抽搐有多么吓人。他也被吓了一跳,接着他就笑了。我们的谈话就此结束了。

我们向母亲和外祖母解释说,如果要帮助迈克,他们的整个家庭氛围必须做出改变,否则是帮不了孩子的。在我们提出建议之前,他们必须不再继续无休止的争吵与争论,也必须不再给予迈克过度的关注。我们向她们保证,迈克真的没有患上圣维斯特舞蹈病,他的症状只是表现出来的,目的是要吓唬她们,同时得到更多的关注。母亲和外祖母立即表示,她们非常渴望与我们一起解决问题,并答应下周再来。

我们再也没有见过她们。母亲打电话来取消了下一次的预约,在电话里表达了感激之情。她说,迈克在跟我们谈话后的第二天就停止了抽搐,而且从那以后再也没有犯过抽搐症。但是,他却开始说脏话。其后,母亲再次以其他理由取消了接下来的两次预约,她仍然感谢我们让迈克不再犯抽搐症。显然,她只是对这一点关心而已。

🧑 强迫性神经症

儿童罹患严重神经官能症是十分罕见的事情。接下来的案例会向我们表明，出现在孩子身上的严重症状，不可与成年人类似程度的症状相提并论，后者的治疗往往会非常困难，耗时也更长。

根据第一次会谈记录，这个案例的历史背景是这样的。八岁的莎朗，直到一个月之前，一直都是个正常而健康的孩子。原本她是一个惹人喜爱、听话善良的小女孩儿，不论在学校里还是在家里，都表现良好。突然间，她开始害怕会失明、小儿麻痹、白喉等病症。她无法呼吸，害怕死亡。她反复询问母亲，她是不是生病了，会不会死掉，百般索要母亲的安慰和同情。在过去的四天里，她又担心自己的食物里会不会有毒，要求母亲必须先尝遍所有的食物，然后她才吃下去。她任口水流淌，因为她害怕唾液里面有细菌而不肯咽下去。她一直担心可怕的灾难不知何时会降临。她忽然出现许多强迫症状，走在大街上还会一边走，一边数步数或其他物体，而且每天都会出现新的症状。当她暂时不担心自己的症状时，她会十分粗鲁；如果母亲责骂她，她会反唇相讥；她不断要求父母向她保证他们都爱她。有一天，她用刀指着母亲。但是，在学校里，莎朗的表现却很好，甚至大大超出她这个年龄应有的表现。孩子们都很喜欢她，都愿意跟她一起玩耍。

以前的病史：在三年前，莎朗在刚入学时曾有过一段惶惶不安的经历。她不愿离开母亲，害怕放学回家时见不到她。母亲必须每天再三向她保证，自己会在家里等着她，同样的话要重复很多次，才能让她安心。后来孩子被带到一位精神科医生那里，开始每周一次的游戏治疗。在坚持了九个月之后，她终于痊愈了。

莎朗的父母在她只有两岁半时就离婚了。从那时起直到最近，莎朗一直单独与母亲生活在一起。母亲其实三年前已经再婚，但她的第二任丈夫一直在服兵役，所以只有母女两人朝夕相伴。就在这对母女来找我们问诊的两个半月之前，那位服兵役的丈夫回来了。

在我们与莎朗的会谈中，她坚持说自己很开心，根本没有生病，她否认自己有任何恐惧。她说，她不需要也不愿意我们帮忙。她否认以前看过精神科的医生，但谈到了她在一家医院的游戏室里画画、吃糖果。当我们进一步坚持时，她说她不想说话，她也不喜欢医生，然后大步离开了房间。

根据我们与她母亲第一次会谈时获得的信息，得出了一个判断：莎朗已经养成了对母亲的完全依赖，而且想要独占她。三年前的那一次困扰，虽然主要是对上学的抗拒，其起因却是反对母亲再婚。显然，游戏疗法对她的帮助，使她接受了与母亲的短暂分离，也为她上学做好了准备。而现在的新问题，起因是她继父回来了，她害怕因此失去对母亲的独占。她现在的症状是叛逆的表现，也是她继续独占母亲的手段，这不仅能迫使家人给予她不断地关注，而且让她获得了额外的担心与关心。她通常不会公开地叛逆，而是希望取悦母亲，一心要做个好女孩儿。现在，既然她不愿意承认自己的反叛和抗拒，那么除了借口生病之外也就再无他法。此外，我们看到她表现出来的症状，怀疑她内心还感受到很多微妙的压力。在这对母女无比亲近和相爱的背后，还有两个执拗的女性之间的权力之争。

母亲对这样的解释深感困惑。她说，其实她丈夫已经表达了类似的想法，认为莎朗是利用自己的病症来胁迫她，但她当时不肯相信他的说法。不过，现在她开始相信我们的感觉是正确的。

我们建议她，忽视女儿的行为，尽管这么做很可能会令莎朗的症状更加严重，甚至出现暴力行为。可是，不论她怎么做，母亲都不应该被孩子吓住、被孩子控制。当然，她也不能对孩子表现出生气或者不耐烦，更不能表现出厌烦。相反，她应该继续表现出关爱，还要多陪伴孩子一起玩儿。而作为实现这一系列措施的第一步，她必须首先克服自己的焦虑和心疼，与孩子建立起新的关系。

三天后，母亲反馈了最新进展。她一直保持着中立平和的态度。女孩儿先是恳求，然后是大骂，甚至用剪刀和刀子攻击她。她在墙上写下了"妈妈是个臭坏蛋"。她满屋子搞破坏，剪破了母亲的尼龙袜，到处乱扔东西。她恳求母亲在她躺进被窝里后亲吻她，以免她做噩梦，因为她很害怕做噩梦。母亲告诉她说，她当然愿意亲吻她，因为她爱她，但不是在她已经道过晚安之后。就在这次会谈的头一天晚上，莎朗因为被警车的鸣叫声吓到，想睡在母亲的床上，但被母亲拒绝了，于是她直接睡在地板上。母亲没有理会，半小时后她自己爬了起来，只要了苯巴比妥钠镇静剂，没要任何哄劝，默默地回到了自己的床上。

莎朗向我们表达了她对我们改变了她母亲性格的愤怒，她也问母亲，为什么看见她四处搞破坏却不生气。莎朗说："我也不知道自己为什么变得这么坏。我原来不是这样子的。我怎么做才能变好呢？"母亲建议她和我们谈谈。莎朗又不想去上学了。

我们大大赞扬了这位母亲，她在面对孩子的挑衅行为时，保持镇静的态度和能力都非常棒。我们建议她，继续以同样的方式保持下去。

一周后，母亲单独来了，她说莎朗患了轻度麻疹，正在康复中。在她这次生病之前，她的攻击性已经大大减弱。可是现在，在她的康复期中，却再次变得公然敌对，拿脚踢她和其他人。她的强迫症也更严重了。她走路要数步数，不肯咽口水乱吐在地板上。一次，母亲正坐着，她拿过一个烟灰缸放在母亲头上。在母亲与继父回屋睡着后，她故意走进去，打开屋里的灯。不论母亲在屋里走到哪儿，她都要紧紧跟随，还总想牵住母亲的手。现在莎朗又说害怕自己会患上小儿麻痹症了，如果母亲不赶回来陪她一起吃晚饭，她又说害怕自己会在母亲不在家时就去世了。她不敢听广播，因为她怕自己听了之后再产生新的恐惧。她的饮食习惯也再次发生了变化。就在我们第一次咨询会谈后，莎朗便坚决不跟父母吃一样的食物，只吃跟他们不同的食物。而现在，她则是除了牛奶之外什么都不肯吃了。不过，她让母亲转告我，让我往她家里打电话，因为她需要我帮助她克服内心的担忧。

下一次咨询会谈时，莎朗出现了，也愿意谈论她的问题。实际上，她是一个安静、友好、合作、专注而且细心的女孩儿。我们对她在潜意识中的行为目的做了分析解释——她习惯于独享母亲，不愿意让继父分享她的母亲，所以她很反感继父的回归；她利用自己的恐惧来获取母亲的关心，好让母亲更多地关注她；她生母亲的气，惹他们心烦，都是为了惩罚他们，也是为了吸引他们的关注。莎朗很认真地听着，我们看到了好几次"识别反射"的回应。

再下一次的会谈，继父陪着莎朗来到我们的咨询室，因为她母亲生病了。她的继父说，莎朗有了很大的进步。她现在一天只发一次脾气。不过，她还是会咒骂母亲与继父，并且在家里到处乱吐口水。她和一个朋友骑车出去玩儿，这是她第一次在没有父母的陪同下独自外出。不过，让她出门去跟其他孩子一起玩儿，仍然很困难，因为她总是和母亲寸步不离。她吃饭也有了胃口，也不再要求别人帮她尝食物了。她还第一次丝毫没有折腾，一个人去上床睡觉。

几天后，在和莎朗母亲进行的会谈中，母亲说莎朗取得了更多的进步。她已经学会了让莎朗体验自己的行为后果。如果莎朗又发了脾气，母亲会直接离开房间。当她回来时，女孩儿已经恢复了平静，遵守了必要的规矩。以前，站在衣橱前挑选衣服，一直是个争执的问题。现在，她们只需要稍微讨论一下就好，母亲在表达了她的意见后，就把决定权交给莎朗。莎朗有时候会毫不反感地接纳母亲的建议，也有时候母亲忍不住想多劝她几句，不过莎朗会直接打断她，对她说："这不是你决定的事。"母亲并不觉得受伤，而是在心里很开心，因为她现在已经意识到，她之前不知不觉中给莎朗施加了多少压力。虽然她现在仍然有时难以克制自己的旧习惯，但她正越来越接受自己的新角色，以及和孩子的新关系。她也不再为孩子的强迫行为感到恼怒，因为她认识到这反射出她以前对待孩子时的胁迫。当莎朗要求母亲安抚她对自身症状的恐惧时，母亲建议她找医生，鼓励她直接请教医生的建议（就在这次会谈的前一天晚上，莎朗的确给我们打来电话，询问她能做些什么来消除自己的恐惧。我们在回答中再次提到她的行为目的，也就是她想通过寻求同情、安抚和宽慰，来吸引母亲更多的关注。我们夸奖她能想出聪明的好办法，显然达到了她的目的，还说她应该继续这么做。[1] 女孩儿似乎对我们给出的答案很满意——确实如此！——并在结束通话时友善地表达了感谢）。

下一次会谈中，我们要解决的主要问题是莎朗"无法"咽下唾液。在我们与莎朗谈论这个问题时，她主动说出心中的想

1　这种"反建议"往往非常有效。孩子很少会把这样的说法当作是反讽，因为他们知道其中的意思是什么。

法，觉得自己是个坏孩子，不配享有快乐的生活。我们便向她解释说，她不肯吞咽唾液的原因之一就在于此，她认为自己的一切都变坏了，包括她的唾液也是坏东西，因为那里充满了她幻想的细菌。她也对自己目前的处境感到愤怒，而乱吐口水就是她在宣泄对秩序与规则的不满和蔑视，尤其是她现在已经不愿再通过发脾气来公开表达自己的愤怒了。

在与她母亲的会谈中，针对莎朗乱吐口水的问题，我们一起制定了具体做法，即由母亲告诉她，如果她想把口水吐到地板上，而不愿意吐到给她准备的容器里，那么她就应该回到自己的房间里。

两周后，母亲说她已经不再乱吐口水了。母女俩一起玩耍的时间更多了，家里也更安宁了。在此期间，莎朗只发了一次脾气，那是在莎朗去看望了她的亲生父亲后，她一回来就斥责了母亲，还打了母亲好几下（这表明莎朗还是无法原谅母亲会再婚，而不是把余生都陪伴她！）。莎朗不喜欢母亲帮她梳头，并因此生气（这表明她很反感自己被母亲操纵的感觉）。

在接下来的几周里，莎朗偶尔会喜怒无常，借此吸引母亲的特别关注。偶尔她也会动手打母亲，而母亲则始终能平静地漠视女儿的暴力行为。

经过三个月的治疗，莎朗终于"康复"了。她又变回"那个从前的自己"，但是，她与母亲的相处却进入了一个全新的平衡状态。几个月后，我有一次偶然遇到了莎朗的母亲，她说莎朗一直表现很好，也很快乐，没有再出现任何问题。

智力迟钝

　　杰拉尔丁七岁了，她仍然像个小宝宝。她既不会穿衣服，也不会脱衣服。偶尔她想试着自己脱衣服，很快就会因为脱不下来而大发脾气，直接乱撕乱扯。至于自己穿衣服，她从来都不肯尝试。她经常乱发脾气，如果父母不肯屈从于她，她就用脚踢他们。她不肯自己睡觉，一定要母亲陪着她才行，否则她就睡不着。她在晚上常常吵醒父母，而他们总是会过来安抚她，帮她安静下来。她五岁才开始说话，至今说话口齿不清，难以辨识。她从来不跟陌生人说话。父母让她重复每个字以帮助她纠正发音。在餐桌上，必须有人喂饭，她才吃东西，而且母亲还必须一边喂饭，一边给她讲故事，否则她就不好好吃饭。她五岁时进入一所教区学校，最近被转到一所公立学校，被安排在一个不按年级分的混龄班。在那里，她拒绝和老师说话，也不和孩子们玩耍。

　　母亲带着孩子来到指导中心前不久，校方给这位母亲发来通知，说他们认为杰拉尔丁是个弱智孩子，不能留在普通公立学校学习，建议父母将孩子送到一所专门为智力障碍儿童设立的国家机构中。父母因这样的判断大为震惊。他们请求校方推迟决定，允许他们先寻求精神病专科医生的帮助。尽管校方并不认为找精神专科医生能给孩子的状况带来任何改善，但还是答应了父母的恳求，答应暂缓让孩子转学。

　　杰拉尔丁是家中独生女，她在童年时期曾患过许多严重的

疾病。父母承认他们对女儿过于宠溺，过度保护。在第一次的
咨询会谈中，杰拉尔丁完全处于被动状态，对我们的谈话丝毫
没有反应。

　　我们告诉这对父母，在第一次会谈的时候，我们不可能做
出明确的诊断。孩子有可能是智力落后，但是只要父母不给她
发展自身能力的机会，我们就无法判断她的智力缺陷是什么程
度。父母首先必须改变对她的态度，不可以完全地服侍杰拉尔
丁。他们必须鼓励她自己承担责任。毕竟，如果父母替杰拉尔
丁完成了所有事，她当然就没有任何努力的必要了。她虽然无
所作为，但得到了父母非常周详的安排。她的父母善良且诚恳，
尽管他们也承认偶尔会打孩子，因为他们有时对孩子束手无策，
尤其在她乱发脾气的时候。

　　父母完全明白我们的解释，也是第一次开始理解孩子的行
为。他们表示非常愿意听从我们的要求，愿意配合我们。一般
来说，在第一次会谈时，我们只会提出最基础的要求。不过，
由于这对父母已经准备好接受更具体的帮助，所以我们也提出
了更多建议，在早期阶段，我们一般不会提供那么多建议。我
们建议他们：（1）让孩子自己睡在单独的房间里，不管她夜间
可能做什么，都一定不予以理会；（2）只要孩子一发脾气，就
不要再理会她；（3）一方面，不要在她口齿不清时纠正发音；
另一方面，当她用口齿不清的方式提出要求时，不予理会；
（4）陪她玩耍，表达对她的爱，用这种表达爱的方式代替以

前对她的周到服侍；（5）停止任何的训斥、唠叨、哄劝和责打，同时，无论孩子做了什么，都要保持平静。

两周后，父母和孩子再次来到指导中心，反馈了孩子非常明显的进步，父母显然大受鼓舞，十分振奋。杰拉尔丁的口齿清晰了许多；她晚上就寝的时间更早了；不再为一点儿小事大发脾气；她能自己脱衣服了，尽管穿衣服仍有困难；她和父母一起玩游戏，凡事都是全家人一起事先讨论并共同达成一致的。杰拉尔丁有一次曾问父母，为什么不再骂她也不再打她了，她对父母对自己的转变很惊讶。

我们这一次建议父母，让孩子自己吃饭。如果她乱扔食物，那就直接让她离开餐桌。

又过了两个星期，母亲说，杰拉尔丁会独立做更多事情了。她现在不但能自己吃饭，而且吃得很好；她的睡眠习惯也非常好，早睡早起，早上她一醒来就会起床，无须父母再三提醒或哄劝；她说话也多了，不再含混不清，口齿已经相当清晰了；她几乎只靠自己就能穿好衣服；她会玩儿积木、玩儿球和弹木琴，也喜欢跟父亲一起玩儿；她还表达了想去表妹家玩儿的愿望；她不再介意妈妈把她一个人留在房间里，不再乱发脾气、拿脚踢人，因为父母会完全漠视这些行为。而她的父母也不再打骂她，甚至不提高声音和她说话。不论是孩子还是父母都比以前快乐多了。最后还剩下一个难题，就是杰拉尔丁不愿意梳理她的头发，但母亲相信，她也一定能克服这个困难。

她在学校的情况也发生了变化。杰拉尔丁与同学们的相处变得更加友好，也喜欢跟他们一起玩儿。她还能自如地跟他们交谈。就在几个星期以前，老师还认为她是一个弱智的"聋哑"孩子，不适合在他们学校里就读，因此敦促将她转学。而就在上周，老师已经认可了杰拉尔丁取得的巨大进步，重新接纳了她，现在更是主动配合父母帮助她继续成长，再也没有提及让她转学的事情。

　　这个案例经过短短的三轮面谈后就结束了。对孩子智力水平的最终判断被推迟以后，她得到了更多时间发展自己。

🧒 假迟钝

　　四岁的瑞克，被父母带到了我们的指导中心。他们想要知道我们能否为他的发育滞后做些什么。瑞克安静地坐在父母中间，手紧抓着父亲，依靠在他的身上，脸上带着甜美的笑容。他没有回应任何问题，面部表情毫无变化，并慢慢转移自己的视线。他还嘟囔着什么，父母替他做了翻译："回家吧。"

　　根据父母的诉说，孩子以前经历过好几次大手术。他们一直担心这个小小的生命能否继续下去，小心翼翼地呵护着他们唯一的孩子。瑞克长到十八个月时才开始学走路，之前一直在生病。他从来没学过说话，也不听别人说话。他什么都不会做，甚至会小便失禁，彻底地依赖于父母的照料。在此之前，父母曾带他进行精神专科和心理专科的检查。根据测试结果，孩子被诊断为智力迟钝和聋哑人。但是，父母却观察发现孩子会有反应，认为他应该有听觉，至少能听到一些声音。

　　很明显，瑞克一直受到父母的过度保护，因此我们现在还不能针对他的真实智力水平，以及是否发育迟缓做出明确的判断。所以，我们建议父母，不要再继续为孩子过度焦虑和关心，不要整天围着他转，让他独自待着就好。只有当他充分体验到不说话，以及不听人说话不能带来预期的结果后，我们才能真正确定他是否能听见别人说话、是否能自己说话。除此之外，我们没有再讨论瑞克的其他问题。

　　在第二次的咨询会谈中，母亲说，瑞克已经不再夜里尿床了，这令他们非常惊讶。现在，她想知道如何才能让他好好吃饭，他仍然是抓起桌上的食物便塞进嘴里。我们建议母亲，给孩子一把勺子吃饭，如果他不肯使用勺子吃，就直接拿走他的碗碟。母亲赶紧告诉我们，如果瑞克得不到他想要的东西，他就会大发脾气、情绪激动，因此一直以来父母都尽可能地不惹他生气。我们告诉她，瑞克必须认识到，发脾气并不能给他带来想要的结果。而要教他认识这一点的唯一办法，就是在他发脾气的时候离开他的房间。不过有一点，母亲此时的态度必须保持平静，不恼怒也不焦躁。

　　在这次的会谈中，瑞克拒绝跟其他孩子一起进入游戏室玩，而是坚持守在母亲的身边。他有点儿坐立不安，不过仍表现得相当不错。这一次他没有表现出要回家的意愿。

　　三周后，瑞克表现出进一步的改善。他只尿过一次床，而且是在他醒来之后（这应该是为了表示他需要父母更多的照顾和关注）。他已经学会说一些话。如果他只是伸出手指指向物品却不说话，母亲就当不明白他的意思，所以他开始说出他想要的东西。不过，母亲开始在他说话不清楚时纠正他的发音，所以我们告诫她不要继续这么做，因为那是过度关注。瑞克不肯用勺子吃饭时，母亲不忍心把食物拿走，因此父母没有应用逻辑后果来训练孩子，而仍然试图"教他用勺子吃饭"，当然这件事失败了。显然，他们依然很难克制住自己不去过度关心和同情孩子。我们再次告诫他们，瑞克需要的是鼓励，而不是服务。

在下一次会谈中，我们发现了瑞克吸引母亲关注的新花招。这次他没有尿床，而是在夜间数次要求父母带他去上厕所。他的词汇量增加了，但他也发展出一种新方式来表明自己没有在听：他会把头转向另一边去。他的父亲经常不在家，瑞克对他表现出极大的顺从，但对母亲却不会那么容易屈服。所以，他会更听从父亲的要求。他现在通过拖延入睡时间的方式来吸引更多的关注。我们向母亲解释了瑞克的寻求关注的新机制，并告诫她不要被这些新花招所蒙骗。他若是不肯睡，那就任由他不睡，而不必在一旁着急或者劝说，等他累了自然就会入睡。让瑞克在睡觉前上一趟厕所，但夜里不再带他去上厕所，他必须学会控制自己的膀胱。到目前为止，瑞克还没有学会有意识地付出任何努力。

再接下来的一周，根据这位母亲的叙述，生活是平静而快乐的。瑞克没有尿过床，也没有在半夜要求上厕所。他说话更多了，也开始和其他孩子一起玩儿。他不再发脾气了。到了晚上，他准时上床去睡觉，而且不久就能睡着。母亲倍受鼓舞。

瑞克仍然给人一种发育滞后的印象。作为一个四岁的孩子，他的行为却像个只有两岁的小孩。不过，在这一次的咨询过程中，他第一次来到指导中心的游戏室，开始玩儿游戏，他把积木一个个地搭起来，造了一列火车。后来，他走进咨询室，笨拙地想爬上长椅，四处寻找能帮助他的人。当没有人过来帮他的时候，他便自己努力往上爬。但是，他很快就摆出一副马上就要摔倒的模样，显然是为了吸引我们的关注和帮助。就在他几乎真的要摔倒之前，看到仍然没有人来帮助，他立即恢复对身体的控制，稳稳地站住了。他似乎发现了"肌肉协调不良"是可以用作获取关注和服务的一种手段，不过，即使没有人给予他关注和服务，他也完全可以照顾好自己。他在玩耍的时候很有条理，对一些小细节表现出极大的兴趣，比如仔细观察一根头发、一片树叶、一张蜘蛛网等，还能画出一串排列整齐的小人儿。这些细节表明，他的智力发育相当正常。

这一次我们建议母亲，要多陪孩子一起玩儿。

两周后，瑞克的说话能力有了不小的进步。他现在不仅会使用名词，还会使用代词。有一次他过来告诉母亲："我的手套丢了。"还有一次，母亲给他吃沙拉时，他表示："这个很好吃。"我们认为他的听力毫无疑问。他会唱几句从收音机里听来的歌曲。他也开始自己穿衣服了。

这一次他被带到咨询室时，哭了起来，他不肯好好坐下，也不肯听我们对他说话。显然，他已经意识到，在这里他所有寻求帮助的方式都不起作用。他现在又发明了一个新技巧，就是让母亲在大街上等他，而他故意慢慢地跟在后面。所以，我们再次提醒母亲，这时候既不要哄他也不要催促他。她可以让孩子自己做选择，是想要跟她一起走还是她自己先走。也许母亲可以尝试教孩子认识回家的路？有迹象表面，这些小把戏无非都说明瑞克仍然像往常一样，试图通过一些方式来达到控制母亲的目的。

这一次，瑞克没有去游戏室里和孩子们一起玩耍，而是远远地看着他们。

下一周，母亲告诉我们，瑞克开始自己洗手洗脸，也开始在晚上自己收拾玩具了。他开始学着自己穿鞋、穿袜子。不过，他也偶尔会故意做出小宝宝才会做的动作，发出小宝宝的声音。只要有可能，他就会往母亲怀里靠。他还总是磨磨蹭蹭的，母亲还是忍不住提醒他。不过，大多数时候她只是看着他磨蹭，而瑞克也注意到了她的注视，而且很享受这种感觉。他的餐桌礼仪也有了进步，因为只要他不好好吃饭，他的食物就会被拿走。在大街上，有一次瑞克不理会母亲，只顾自己跟另一个小男孩儿玩儿，这时母亲躲在街角后面，瑞克果然赶紧追了过来。从那以后，瑞克总是能快步跟着母亲一起回家。

这一次瑞克又去了游戏室，他在里面玩儿得很开心。我们再次提醒母亲，平常既不要帮助瑞克做事，也不要指导他做事。不要提醒孩子，如果这样做会有什么行为后果，而是必须给他机会自己去体验行为后果，而且在这种时刻母亲必须要闭嘴，不要做任何评判。

　　下一次的复诊，是在一个月之后。这一次会谈中，母亲说，瑞克的身体状况非常好。他很少尿床。他已经开始上幼儿园了，而且非常喜欢那里。老师对他很满意，虽然他不怎么和其他孩子一起玩儿。[1]他不哭闹，喜欢独自玩儿积木或搭建长长的火车。他并不会总是听别人说话，或者说他很少留意别人说话。在午睡时间，他翻来覆去地睡不着，躺在那里自言自语。吃饭时，他先是不张口要他的那份甜点，但最后终于说："蛋糕。"

　　这一次，瑞克高兴地走进咨询室。虽然他讲话不是很清楚，但同好几个人打了招呼，他开朗、愉快、毫不胆怯。他自己爬上了板凳，静静地坐着。然而，到了正式谈话时，他却没了回应，还假装做出没有听到的样子。我们在他面前打了个响指，他依然面无表情地看着我们，仿佛既听不见也看不见，但是过了一会儿，他却试着用自己的手指模仿刚才打响指的动作。在整个谈话过程中，他的态度一直很傲慢，对周围发生的事情视而不见。

　　瑞克的幼儿园老师也参加了这次会谈。我们建议她，在瑞克搭建火车时让其他孩子与他一起合作，多鼓励他参加简单的、组织有序的群体游戏。如果他在午休时间打扰到其他孩子，那

1　我们没有为他再次安排心理测试，因为担心如果测试结果的分数很低，可能会打
　　击孩子的信心。

就把他的床单独挪到一间空屋子里，除此之外不要哄他、劝他、骂他。等他表示愿意保持安静时，可以允许他回到集体中。

一周后，母亲说，瑞克发现了颜色的不同，并非常感兴趣。比如，他走遍家中每间屋子，找出所有蓝色的物品，嘴里还念叨着"蓝色"，然后他又开始逐一寻找其他颜色的物品。他的说话能力稳步提升，已经可以完整地复述"三只小猪"的故事。他喜欢玩儿小士兵玩具，还会把小士兵排成行军队形。

在与瑞克的会谈中，他能说出屋中所有物品的颜色，而且显然很喜欢这个游戏。他还数了数自己的手指。但是不肯复述"三只小猪"的故事。

又过了两周，母亲简短地说事情进展得很顺利，她没有什么特别的问题。她现在已经开始上班了，一家人似乎都适应得很好。

又过了一周，瑞克刚刚从感冒中痊愈。生病期间瑞克显得很娇气，经常又哭又闹，又恢复了他的"宝宝状态"。他喜欢玩儿积木，并精心搭建出很多"小房子"，最后他会把积木都收拾好。他很喜欢听故事。他的说话能力越来越好。一年前，他一个字都不会说，几个月前，他会说几个单词，而现在他已经会说完整的句子了。他会自己穿鞋。咨询会谈时，他表现得很友好，一边玩儿着一支铅笔，一边跟我们讲述他在做什么。

在接下来的几周里，他感冒了几次，这让他的行为或多或少又有些倒退。不过，他现在学东西很快，他喜欢颜色、数字和字母，而且已经认识了所有字母。他在社交方面的进步也很快。因为他特别喜欢颜色，所以还将其融入社交游戏来逗客人开心。他用颜色来表示他认识的所有人。母亲是"红妈妈"，父亲是"黄爸爸"，自己是"蓝瑞克"，还有几个亲戚分别是"粉格蕾丝""紫格特鲁德"和"绿贝茜"。比他年幼的孩子通常是"白色的"，比他年长的孩子通常是"橙色的"。他的祖父母就是"橙色的"。这种颜色的命名并不是随意的，他总是用相同的颜色来形容同一个人。显然瑞克将他的情绪与颜色联系了起来。在这次会谈中，他非常自豪地给在场的每个人都"标记"了不同的颜色。这似乎是他发明的又一种新的把戏，用来给人们留下深刻印象，并因此获得特别的关注。

在幼儿园，虽然他不像其他孩子那样善于合作，但仍然能参与到集体活动中。有一次，他因为笨手笨脚而扰乱了游戏，其他孩子都不愿意继续跟他一起玩儿，这让他大为恼怒，他把所有的玩具都打翻在地。这是他第一次表现出激进的行为，而对他而言，这可以被视为一个进步。他和家中的一个小表弟玩儿得很好，而他的合作意愿和交往意愿正在一点点提高。不过，自从在幼儿园跟孩子们吵架之后，他显得有些不太愿意去幼儿园。他会唱在幼儿园里学会的歌曲，但是他仍然有时候有点儿口齿不清。

幼儿园放学的时候，他会自己穿上外套，不过如果此时母亲在场，他则坚持要求母亲帮忙。瑞克通常脾气温和，只是偶尔有点儿吵闹。他是个专注的人，当他对某件事感兴趣时，他会始终专注于那件事，若是有谁来打扰他，他就会装出一副茫然、迟钝的表情，仿佛他根本看不见、听不见有人在跟他提建议，只管专注于自己的想法。瑞克去动物园时，他更感兴趣的似乎是人而不是动物，他仿佛一眼都不看动物。然而，等他回到家后，他却能指着画册中的动物，说出它们的名字和身体的各个部位："这是一头狮子，这是它的尾巴。"

在这次会谈中，瑞克拒绝坐在长椅上，而是围着桌子来回走，还靠在社工的身上，举起手臂，希望自己能被抱起来。他一直不回答问题，直到被问到颜色时，才开始回答。他数到十二，数了数自己的手指，说出印在字母表中的每个字母。但是，当我们再问其他问题时，他却再也不肯做出任何回应，只是一脸茫然。

我们建议这位母亲，如果瑞克不想穿衣服去上学，就当他又生病了，让他上床去躺着休息，不给他玩具，而且只给他吃流食。当然，此时她的态度应该是温和的，但也必须是坚定的。我们还告诉她，她在这么做时，一定要保持从容自信的样子，不要流露出紧张或者担忧的情绪。如果她做不到，那就不要这么做。

在下一次会谈中，瑞克的幼儿园老师说，瑞克重新开始参与小组集体活动，从孤立状态中解脱出来。他又跟别人打架了。他在穿夹克衫和厚裤子时仍然有些吃力。他开始和幼儿园之外的其他小朋友交往。他已经很久没有尿床了。我们建议母亲，不要帮孩子穿衣服，并建议她邀请其他孩子到家里和瑞克一起玩儿。母亲有时仍然会很生气，但她努力克制自己在生气时不说任何话、不做任何事。瑞克有时也会发脾气。

每当瑞克生过一次病后，他都需要花一点儿时间来重新适应幼儿园的生活。他在街上遇到熟人会微笑着打招呼。有时他仍然拒绝说话并做出一脸疏远的表情，不过，一般来说，当别人跟他交谈时，他会愉快地报以微笑。偶尔他会假装听不见。他比以前更加开朗，但仍不轻易信任其他人。有时他还是会惹恼其他孩子并退出集体活动，但大多数时候他还会参与集体活动并愿意合作。

在这次的会谈中，瑞克干脆利落地写出字母、画出图形，他的铅笔和蜡笔不断地从一只手里换到另一只手里。

又过了两三个月，瑞克患过一段时间的呼吸系统疾病，他痊愈后仿佛换了一个人。他和比自己小的孩子相处得很好，喜欢给小孩子当老师。不过当其他孩子拒绝他时，他又会大哭。有时他也会表现得很强硬，"我要揍你！我要打你！"每当他再次出现不良行为时，母亲仍然会在愤怒的情绪和过度的同情之间来回摇摆。尽管母亲已经有了很多进步，但她仍然有时做不到对瑞克保持坚定与客观的心态。

在又一次的会谈中，瑞克先是坐在父母中间，假装没听见我们对他说话。随后，他走到长椅前，向我们展示他画的一幅画，并且讲述他画的是什么。他仍然会按自己的意愿行事，做自己想做的事，不理会他不想理会的，也不会停止他正在做的事情，但他始终都保持着微笑。当我们告诉他会谈已经结束时，他假装没听见，继续在纸上写写画画。老师说他有时候愿意与人交往，有时候则不愿意理会别人。通常，当老师要求他做什么时，他还是很乐意合作的。

在游戏室里，瑞克涂色的效率很高，他在很短的时间内就要了好几张纸。他画了一幅以火车为主题的画，火车上面还画有旗帜、铃铛、烟囱，以及好多车轮。

在指导中心接受了一年半的治疗后，瑞克取得了巨大的进步。按照我们的预期，他最终应该能充分融入这个社会，尽管还会存在某些智力方面的缺陷。父母在整个治疗过程中很配合也很理性，表现出了很强的洞察力，尽管在控制自我情绪方面有时略有欠缺。

一年后，瑞克七岁了，他进入了公立学校。他的各科成绩都是"优秀"，学习上没有任何困难。他是一个令人喜爱、善于合作的男孩儿，不过有时仍会表现出疏远与古怪的态度，他仿佛是一个王子，观察着周围的世界。总体来说，他对社会生活的所有调整和适应是令人满意的。根据我们所得的最新消息，他现在已经远远领先于他的同班同学，学校正在考虑是否让他跳级。

这个案例具有重要价值，有以下几个原因。首先，当事情看起来毫无希望时，若悲观地以为毫无希望，那是错误的、不合理的。其次，没必要悲观，因为只要父母还没有学会如何恰当地对待孩子身上的问题，我们就无法真正懂得孩子有多么大的发展潜力。正是出于这个原因，我们没有重复测试瑞克的智商，因为这只会给父母和孩子造成负面影响，打击他们的信心。

那时，我们谁都无法知道，最后的结果是孩子非但不是一个智障儿童，相反，他实际上有着超越同龄人的智力水平。另外，从这个案例中，我们也可以清楚地看到，由于孩子的母亲不能保持坚定一致的态度，致使男孩儿在成长道路上几度起伏，经历数次波折。

总 结
Summary

现在，你已经读完了这本书，也许你想去验证自己从中学到了什么。在阅读的过程中，想必你的脑海中已经出现很多的想法。看着一个个案例，或许会让你深受激励，或许会令你惶恐不安。现在，你应该整合好这些想法。一本书到底对你有多大的价值，取决于你读完之后的一再思考和反思后的收获。

我希望，你能首先清晰准确地了解一个事实——你有能力给自己的孩子带来幸福和成功。既然如此，我希望你能进一步思考，这个事实背后所蕴含的深远意义。你当然会关心自己的家庭和孩子，但是你也不应忽视另一个事实，那就是你也掌控着整个人类的命运。每一代父母，都是人类未来的基础。虽然我们无法确定，外在社会环境和我们自身修养这两者能在多大程度上决定人类的命运，换句话说，是我们首先需要有优秀的个体去形成一个更好的社会，还是首先需要一个更好的社会来造就优秀的个体。实际上，这两者是相辅相成的。因此，如何培养孩子，能影响到整个社会的未来秩序，而现有的社会环境又决定了我们养育孩子的模式。人类社会的不断进步，与我们养育孩子的基本精神与方法的进步密不可分。如今，人类的不完美之处，在某种程度上也受到了一直所接受的教导与训练的限制。

今天，如何将这种不完美引向前所未有的高度，我们对这条路的方向依然非常模糊。我们对社会将能演变成何等形式的假设，人类的聪明才智有多大能力让大自然改变的新构想，都已经在我们的教学体验中得到了验证。我们已经认识到，只要从婴儿期开始施以更恰当的养育方式，孩子就能全面发挥出他的创造力，培养出远超我们想象的能力和品格。现在我们看到的，还只是最初的一丝微光。但是，我们已经认识到社会上普遍存在的挫折与压抑，也窥见了人类在道德、智力和情绪等方面向更高层次发展的巨大潜力，但迄今为止的儿童教导与训练方式没有使这些潜能被开发出来。

以前的对于一切都是遗传所致的信念，现在已经发生动摇。而这种基于悲观主义的信念，却是因为人们对可行而恰当的教导方式缺乏更深的认识而导致的，因此也是可以理解的。若说几千年来，教育一直基于彻头彻尾的错误原则，这显然是不正确的，否则人类就不可能一直延续至今。而我们今天的教育原则，也不能说是错误的，它只是从文明之初延伸到当今时代文化的合理反映而已，毕竟今天的时代文化是以人与人之间的相互冲突为特征的。而在我们的欧美文化之外，不论是过去还是现在，都仍然存在着一些社会群体、部落和氏族，并不以相互的竞争与敌对为社群秩序的基础（涉及两性关系的秩序除外），因此他们的教育通常从完全不同的前提出发，避免对孩子进行惩罚和侮辱，而他们的教育措施在许多方面证实了现代精神病学的研究结论。

确实，在父母养育孩子的前进道路上，我们的当代文化已经变成了具有时代特色的障碍，突显了目前在儿童教育训练方法上的缺陷。然而，毫无疑问，只要是称职的好父母，不论是现在还是过去，都有能力发现并应用真正有效的教育方式。我们对教育的新认知，是建立在无数前辈的经验上。许多高出同时代平均水平的杰出的男人和女人，在很大程度上是因为得到了更得体的良好教育（如果他们的成功完全是出于遗传的因素，那么这些杰出的男女的父母也就不应该不如自己的孩子）。同样，假如某个高中毕业班里人才荟萃，远远高于平均水平，也一定不是因为巧合，而是必定融合了多方的心血和努力才得以铸成的硕果。唯有得体的教育技巧，才能发掘出学生们更多的潜力，否则那些金子只能继续埋在泥土中无人知晓。

一个人的发展潜力有多大，我们不妨用一个简单的例子来说明。假如一个南非沙漠部族中的一个孩子，很小就被带到美国，在美国文化的浇灌中长大，不难想象，他能发展出的能力和本领，绝不是他在原来的环境所能获得的。无论他有多少来自遗传上的缺陷，不论他的大脑有多么愚昧，他成长后所达到的高度，都必定远远超过他原来部落的常规标准。因此，我们可以相信，只要我们遵循更好的教育方式，为孩子提供更好的成长环境，未来的人们必将超过我们现在的文化水平，毕竟我们如今已经超过了原始祖先的水平……此刻，我们正大步迈向人类崭新的时代。

父母最大的愿望就是让孩子快乐，
让孩子为成功而美好的明天做好准备。